【新装版】

朝倉日本語講座 1

世界の中の日本語

北原保雄 [監修]

早田輝洋 [編]

朝倉書店

刊行のことば

　新しい世紀が始まった。20世紀の，特にその最後の四半世紀においては，日本語をめぐる大きな変化があった。日本語自体の変化もさることながら，日本社会が急速に国際化，情報化したことに伴い，日本語の置かれている状況が著しく変化した。

　日本が経済大国になったこともあって，海外における日本語の需要あるいは日本語熱が高まり，また，国内にあっても外国人留学生が大幅に増加して，外国人のための日本語教育の充実が緊急かつ重要な課題となった。マスメディアが発達し，情報技術が開発され，それによって日本語が少なからぬ影響を蒙った。最近日本語を正しく使うことのできない若者が増えていると嘆く向きも多い。

　規範を重視する人は，新生の言葉遣いを日本語の乱れとして非難し，伝統的な言葉遣いを正しいものとして守ろうとする。しかし，言葉は本来常に変化して，定着することのないものである。いろいろの言葉が飛び交うのはいつの時代にも共通する現象である。しかし，それにしても，昨今の日本語の変化はあまりにも激しく速い。

　一方，日本語についての研究も，この2,30年の間に飛躍的に進展した。その中で，主として日本人だけが自国の言葉として日本語を研究する「国語学」から，外国人も含めた研究者が世界の言語の中の一つとして日本語を研究する「日本語学」へと転換したことが，特筆すべき変化であろう。日本語についての研究は今や世界規模のものになっている。

　そして，日本語の仕組みに強い関心を抱く人が激増している。日本語の仕組みについての理解がさまざまな分野で必要とされるようになっただけでなく，広く一般の人々の間にも，自分の使用している日本語の仕組みや歴史について知りたいという欲求が強くなっている。今，出版界では日本語ブームだという。むべなるかな，人々は，日本語について書かれた良書を強く求めているのである。

　最近，国の施策として，国語や国語教育が重視されるようになってきた。平成13年12月には，「文化芸術振興基本法」が公布，施行され，国の基本的施策として，「国は，国語が文化芸術の基盤をなすことにかんがみ，国語について正しい理解を深めるため，国語教育の充実，国語に関する調査研究及び知識の普及その他の必要な施策を講じるものとする。」こととなった。また，平成14年には文化審議会も，中央教育審議会も，文化を大切にする心を育てるために，あるいは教養を身につけ深めるために，国語を重視すべきことを答申している。これらを踏まえて，文部科学大臣から，文化審議会に対して，平成14年2月に，「これからの時代に求められる国語力について」の諮問がなされた。なお，ここでは，国語という呼び方がなされているが，日本語と本質的に異ならないものであることは言うまでもない。

　こういう機運の中にあって，これまでの日本語研究の成果を総括し，最新の切り口で，日本語の全領域にわたり，日本語の諸相について解明する講座を刊行することは，きわめて時宜を得たものであると言えよう。本講座は，現在学界の第一線で活躍している研究者の編集，執筆によって，最新の研究成果に基づく最高の内容を平易に論述した本格的な日本語講座である。このような本格的な日本語講座はここしばらく刊行されていないので，まさに現時点における最新・最高の日本語講座であると自負しても許されるだろう。

　専門外の研究者や，日本語に関心を持つ一般の方々にも，広く読んでいただきたい。

北 原 保 雄

は じ め に

　この種の講座に「世界の中の日本語」という1巻が設けられるのは珍しいことではなかろうか。日本語も世界の言語の中の一つである。日本語のことを考える場合に，つねに日本語以外の言語を考慮に入れるのは当然である。言語学は必然的に対照言語学なのである。しかし日本語研究者の中には，他の言語には全く関心を持たない，時には日本語は特殊な言語で世界の他の言語と比較対照しても意味がない，と言う人さえいる。この巻で我々は，日本語を世界の中の数ある言語の一つとして提示したいと思う。

　およそ言語である限り世界中のどの言語も等しく有する音韻，語彙・意味，文法に係わるものを第1章から第3章までに収めた。第1章では，世界の諸言語の音韻ということを意識しながら日本語を中心に，分節音・音節とモーラ・音調について若干の注目すべき点を述べた。第2章では，幾つかの印欧語と日本語・韓国語などを対象にして，若干の語彙形式の具体的な比較を行っている。第3章では日本語の文法構造を語順を中心にして分析し，他の言語と共通の面，違う面を，英語・ドイツ語・北京語などを例に，一般言語学的に捉え直すことを試みている。

　言語によってあったりなかったりする言語表記手段である文字，言語によって存在の程度・様態の大きく違う敬語，同一言語内の体系の違いである方言に関わるものを第4章から第6章までに収めた。第4章では，諸言語の文字の系統・タイプ，日本語で使われる文字のタイプ，文字と言語の組織との関係等について論じ，ヒッタイト語を表記する楔形文字と日本語を表記する文字との機能上の類似にも言及している。第5章では，言語によって著しく文法化の様相を異にすると見られる敬語について，英語を始めとする印欧語・韓国語・タイ語等と日本語との異同を見ながら敬語一般について論じている。日本の方言学は盛んなのであるが，諸外国における方言研究は古典的なものを除いては日本に余り知られていな

いのではなかろうか。第6章は日本語とスラヴ諸語の両方の方言調査にたずさわっていた著者の論考である。

　日本語の系統については諸説紛々として帰する所を知らない。それを打開するための一つの案，類型地理論からのアプローチが第7章である。容易に解決できない問題であるが，第7章の著者の提示するこの方法も一層の洗練が期待される。

　日本語を教える言語教育（国語教育と日本語教育）および言語政策を扱ったものが第8章から第10章である。第8章は諸外国の自国語教育の実際を視野に入れながら，日本における国語教育の戦後の，特にここ2，30年の，史的変遷を詳細な資料を提示しながら概観し，問題点を論じたものである。日本語話者に対する日本語教育すなわち国語教育と非日本語話者に対する日本語教育とは，当然ながら極度に違う。後者を扱ったものが第10章である。近年急速に需要の高まってきた日本語教育は，どのような意味においてであれ，日本語研究者の等閑視できない問題であろう。世界の中に広める日本語なのである。第9章は，主として戦後における日本の種々の言語政策とドイツにおける正書法改革を比較して論じたものである。ドイツでは改革が後退することはないのに対して，日本では改革と後退が繰返されているという。

　本巻の第6章までは，第2巻以降でも取り上げられているテーマを扱っているが，第2巻以降の単なる総論ではない。それぞれの著者の独自の蓄積と観点から世界の中の日本語として書かれたものである。第2巻以降の諸論考と併せ読まれれば，補い合う所もあれば考え方の異なる所もあるであろうが，必ずや益することの大きいものと信じている。

　執筆の皆様には，ご多忙中にもかかわらず無理を言って書いて頂いた。感謝するほかはない。本巻の出版が大幅に遅れたことについて，早期に原稿をお出し下さった執筆者各位ならびに読者の皆様に心からお詫び申上げなければならない。本巻をもって，本日本語講座が完結する。読者の方々に広く受けいれられることを期待したい。

　2005年4月

　　　　　　　　　　　　　　　　　　　　　　　早 田 輝 洋

監　修　者

北原 保雄（きた はら やす お）　前筑波大学長
日本学生支援機構理事長

編　集　者

早田 輝洋（はや た てる ひろ）　前九州大学・大東文化大学教授

執　筆　者

早田 輝洋（はや た てる ひろ）　前九州大学・大東文化大学教授

長嶋 善郎（なが しま よし お）　学習院大学文学部教授

田窪 行則（た くぼ ゆき のり）　京都大学大学院文学研究科教授

吉田 和彦（よし だ かず ひこ）　京都大学大学院文学研究科教授

川﨑 晶子（かわ さき あき こ）　立教大学コミュニティ福祉学部教授

中島 由美（なか じま ゆ み）　一橋大学大学院社会学研究科教授

松本 克己（まつ もと かつ み）　前筑波大学教授

甲斐 睦朗（か い むつ ろう）　前国立国語研究所所長

KAISER, Stefan（カイザー, シュテファン）　筑波大学人文社会科学研究科教授

上野 田鶴子（うえ の たづ こ）　放送大学客員教授

（執筆順）

目　　次

第9章　諸外国の言語政策と日本の言語政策

第10章　日本語教育 ……………………………………………（上野田鶴子）… 225

第 *1* 章
諸言語の音韻と日本語の音韻

早 田 輝 洋

は じ め に

　日本語は，その音韻的な面から見て，世界の諸言語の中でどのような位置にあるのか？　日本語は音韻的にはどの程度珍しい，あるいは珍しくない言語なのか？　日本語の音韻の幾つかの面を世界の諸言語の同様の面をも考慮に入れながら考えてみたい。現代日本語東京方言を中心に，時には東京以外の方言や，過去の日本語に遡ることもあるであろう。これは類型論と言語普遍性の問題に関わる。

　音連続を時間軸に沿って，理想的に，1個1個の単音に分割したもの——子音や母音——を「分節音」（segment）と呼ぶ。それに対して単音より大きい単位（モーラ，音節，単語，音韻句など）にかぶさる要素（長さ，声の高さ，強さ，時には鼻音性や母音のある種の素性など）を「音調」（prosody）と呼ぶ。アクセント（力点）やトーン（声調）と呼ばれるものは音調である。前者すなわち分節音は，その単音一個を聞いただけで一般に何の音か識別できる。例えば，［ア］という音声を聞いたら，それは［イ］や［エ］でなく［ア］であると分る。［ガ］という音声を聞けば［カ］（例えば《蚊》）ではなく［ガ］（例えば《蛾》）であることが分る。それに対して後者すなわち音調は，アクセントならアクセントのある所，例えば，［ハシガ］（高低低）《箸が》の［ハ］だけを聞いても高か低か確実には分らない。それの属する音韻句の他の部分［シ］や［ガ］の声の高さと較べて高であることが確実に分るのである。［ハシガ］（低高低）《橋が》の［シ］が高だということは，その音韻句の［ハ］や［ガ］の声の高さと較べて確実に分

るのである。すなわち，分節音でも音調でも，それの領域（分節音なら単音，音調ならモーラ，音節，単語，音韻句など）全体を聞かなければ何を発したのか確実には分らない。長さについても同様である。

　以下，第1節で分節音，第2節で音節とモーラ，第3節で音調について述べる。

●1　分　節　音

　概略，当該言語・方言で音韻的に区別されている抽象的な分節音「音素」と，実現した具体的な分節音「音声」とを呼び分けている。抽象的な分節音といっても，話し手の脳裏の辞書内で区別されている基底の分節音と，音声レベルで区別されている（対立のある）分節音とを分ける必要がある。伝統的には，後者を「音素」と呼んでいる。厳密に言えば，この狭義の「音素」は，基底の分節音から具体的な音声に到る生成過程の中間に出てくる分節音とは言えないのであるが，「区別された音声」として便利であり，本稿では「音素」として用いることにする。

　ある言語の母音の数は幾つ，子音の数は幾つ，などと言う場合は，音素の数で考えるのが通常であろう。日本語（東京方言など）の母音音素の目録は (1) のように考えるのが一般である。例として，カ キ ク ケ コ キャ キュ キョの音素解釈を同時に示す。

　　　(1)

　　　　　　　　　i　　u

　　　　　　　e　　o　　　　ka ki ku ke ko kja kju kjo

　　　　　　　　　a

母音音素の数が5というのは諸言語を見ても典型的である。これとても，以下の (2) (3) のように8母音や4母音とする説も出されたことがある。音素記号は多少改変して示した。

　　　(2)

　　　　　　　i　ü　u

　　　　　　e ö o　　　　ka ki ku ke ko kä kü kö

　　　　　　　ä a

(3)

　　　　　　　　e　　u
　　　　　　a　　　o　　　ka kje ku ke ko kja kju kjo

現代日本語8母音説 (2) も4母音説 (3) も，音声的に，例に挙げたカクケコの子音は口蓋化していないのに対して，キキャキュキョの子音は口蓋化していることを根拠にしている。(2) の8母音説は，現代風に言えば，[＋ATR]（舌根が前に引き出されている）の母音音素iäöüの影響で子音音素（この例ではk）が口蓋化したものとし，半母音音素jは不要になる。すなわち，音節構造は簡単になる。それに対し，(3) の4母音説では，半母音音素jの影響で子音音素（この例ではk）が口蓋化し，jに後続する母音も前寄りに，jeの場合は特に狭くなる，とするのであろう。(2) の母音音素aとä，oとö，uとüは音声的にそれほど違わないばかりでなく，子音に先行されないäüöがそれぞれja ju joで実現する，というのも，ロシヤ語の（先行子音を口蓋化しない）母音音素iが，先行子音のないときに [i] で実現する例はあるものの，いかがなものか。(3) の母音音素eも，jが先行するときは [i] で，jが先行しないときは [e] というのは日本語としては極端である。そのような音声的実現以外にも，(2)(3) の解釈は音素wの分布や長母音，動詞の活用の説明にも有利とは言えない。

　現代日本語（東京方言など）は (1) のような5母音音素からなる，とすべきであろう。英語の母音音素の数は研究者により意見が非常に違って難しい。

　ロシヤ語の母音音素目録は，基底母音分節音というよりは音声レベルに近い音素レベルに限れば，(4) のように5母音とするのが普通である（R. Jakobson など）。

(4)

　　　　　　　　i　　　u
　　　　　　　e　　　o
　　　　　　　　a

　北京語では，基底母音分節音としては，服部 (1954) の提案になる3母音説 (5) に筆者は賛成したい。氏はその後，音素レベルのものとして，4母音音素（/iɐ×a/）説を支持している（服部 1960）。

(5)

$$\begin{array}{c} ɨ \\ ə \\ a \end{array}$$

現代上海語の母音音素目録としては，早田・松浦（2001）は，ある程度抽象的なものとして（6）のような2母音説を唱えている。その後の松浦の調査によると，早田・松浦の時のコンサルタントの区別しない音の区別を有する話者を発見したという。その話者の母音音素は3母音ということになる。

(6)

$$\begin{array}{c} ɨ \\ a \end{array}$$

ラテン系の諸言語，イタリア語，ポルトガル語などの母音音素数は7であるという。フランス語やドイツ語のようなウムラウトを有する言語では，音素レベルである限りウムラウト母音だけでも音素数はふえるわけであるが，基底母音分節音の数には種々の説がある。

日本語（東京方言など）の子音音素はどうであろうか。細部には種々の意見があるが，（7）のような音素目録が考えられる。gとŋを区別する下位方言としない下位方言とがある。

(7)

p	t	k
b	d	g
s	h	
z		（zの音価は［dz]）
m	n	(ŋ)
	r	
w	j	

N, Q, H, J

（引き音素H，二重母音音素の第2要素Jについては反対の意見もある。）
閉鎖音と対立しない破擦音を，独立の破擦音音素と認める考え方，すなわち，［tʃi]を/ti/でなく/ci/とし，［tsu]を/tu/でなく/cu/とする説，この方言の

音節はすべて子音で始まるとして，他の子音で始まらない時，音素 /'/ で始まるとする説，などすべて省略する。

　gとŋの区別にも関連する「連濁」について Kuroda（2002）の「頭清」説を援用して筆者流に述べる。(8) の語中の g の音価は方言によってŋになる。

(8)　　　単独のときの形　　　複合語のときの形

1　kasa　傘　　　　　ama-gasa　雨傘
2　geta　下駄　　　　niwa-geta　庭下駄
3　kago　かご　　　　yuri-kago　揺りかご
4　tuti　土　　　　　aka-tuti　赤土
5　hasigo　はしご　　nawa-basigo　縄ばしご

紙幅の都合で詳説は避けるが，この清濁の交替を説明する従来の連濁説とKuroda の頭清説（に基づいたもの）とでは，以下のように規則と例外の指定が大きく違ってくる。

(9)　　　　連濁説　　　　　　　頭清説

　基底形

　　　1　kasa　　　　　　　1　gasa
　　　2　geta　　　　　　　2　geta
　　　　　　　　　　　　　　　　［−頭清］
　　　3　kago　　　　　　　3　kago
　　　4　tuti　　　　　　　4　tuti
　　　　　［−連濁］
　　　5　hasigo　　　　　　5　basigo
　　　　　［−ライマン］

　規則・例外

　連濁規則（複合連接で 清音 → 濁音）　　頭清規則（語頭で 濁音 → 清音）

　連濁規則の例外 ［−連濁］　　　　　頭清規則の例外 ［−頭清］

　ライマンの法則　　　　　　　　　　h-b 交替（頭清の時 b → h）
　　（語中に濁音があれば連濁しない）

　ライマンの法則の例外 ［−ライマン］

　h−b 交替（連濁の時 h → b）

gとŋを区別する方言では，上のgは，（筆者流）頭清説の基底で非共鳴鼻音
/~g/ であり，頭清して［k］，頭清しない語頭で［g］，語中で［ŋ］で実現する。
外来語やある種の語構成では，複合語中に語頭音が出る。以下「→」の左は基底
形：~gasa → kasa「傘」, ama-~gasa → amaŋasa「雨傘」, ka~go → kaŋo「籠」,
yuri-ka~go → yurikaŋo「揺りかご」, oo#~garasu［−頭清］→ oogarasu「大ガラス」
(cf. oo-~garasu → ooŋarasu「大烏」), kata#~gana → katakana「片仮名」(cf. hira-
~gana → hiraŋana), nama#~gomi［−頭清］→ namagomi「生ゴミ」,
kootoo#~gakkoo［−頭清］→ kootoogakkoo「高等学校」(tyuu-~gakkoo［−頭清］
→ tyuuŋakkoo「中学校」)。ここでのみ，長母音を同一母音連続で，促音を同一
子音連続で表した。/~g/ は以後 /ŋ/ で表す。

　さて日本語の子音音素数ほぼ17というのは，諸言語の中ではやや少ない方か
と思われる。英語の常識的な子音音素目録は（10）のようなものであろう。

　（10）

　　　　p t č k
　　　　b d j g
　　　　　　θ
　　　　　　ð
　　　　f s š h
　　　　v z ž
　　　　m n　　ŋ
　　　　w j
　　　　　　r
　　　　　　l

（その他原音素 N も認めるべきであろう。）

基底分節音としては/ŋ/は不要になる等のことがあるが一切省略する。英語の子
音音素は24くらいか。ロシヤ語の子音音素は20くらいであろう。
　北京語も（11）のように21個といえよう。

(11)

```
p  t    k
b  d    g
   c  č
   z  ž        (z ž はともに破擦音)
f  s  š  χ
m  n    ŋ
   l  r
w  j
```

　東京方言もロシヤ語も北京語も，半母音音素 j, w の後続した複合子音は 2 子音扱いされない。少なくとも，東京方言，北京語では語頭の子音群は許されない。例：日本語, /suHri/《数理》：/sjuHri/《修理》；ロシヤ語, /bjil/[bʲiˑɫ]《(彼は) 叩いた》：/bil/[bʲiɫ]《(彼は) 居た》；北京語, /ci/[tsʰɨ]《此の》：/cji/[tɕʰi]《七》：/cjwɨ/ [tɕʰɥi]《区》，など。

　東京方言の母音音素の数 5 というのは典型的であるが，子音音素の数が 17 というのは少な目と言えよう。これは摩擦音子音が /s/ と /h/ の二つしかないからと思われる。

　日本語の撥音（モーラ鼻音）の音声レベルでの逆行同化は珍しいほどに徹底している。鼻子音が後続の舌頂摩擦音に同化する言語では，多くは，その舌頂音が摩擦音であっても，同化した結果，手持ちの音素目録の一つ，舌尖の閉鎖する舌頂鼻音 [n] で実現させている。日本語の場合は摩擦音に同化した場合，舌尖の閉鎖しない鼻音（鼻母音等）で実現する（例：/oNseHŋaku/[oũseːŋakɯ]《音声学》）。これは日本語における音節末子音の特異性であり，音節末子音は音節初頭子音と大きく違いのあることによる。音節末子音と音節初頭子音が，音声的に相当似ている分節音でも別の音素でありそうな言語としては，漢語諸方言・東南アジア諸語が挙げられると思われる。基底で，いわば音節初頭音的指定を受けていながら，派生の過程で音節末音になるとかなり違った音声になるのは一般的な現象である。例えば，「死ぬ」si.nu の [n] と「死んだ」sin.da の [n]（以下，音節の境界を「.」で表す）とは持続時間，鼻音性ともに少なからぬ差異がある。言語間の違いは，基底分節音が派生の過程で音節中の違った位置を取るか否かで

ある。日本語では子音語幹動詞の語幹末子音だけが音節中の位置を浮動し，漢語諸方言・東南アジア諸語では位置固定，朝鮮語や印欧諸語では自由に浮動する，と概略言えよう。

　日本語は5母音音素体系でありながら，母音音素 /u/ の音声的実現がやや典型的でない。多くの5母音音素体系の母音 /u/ は奥舌円唇母音であるが，東京方言の /u/ はかなり中舌的であり唇も，左右はもとより上下も余り閉じない。発音時，前から見ると前歯が見えるほどである。/u/ に対して /o/ は，東京方言では，相当に奥よりで且つ円唇の母音で両唇を突出する。しかし，そうしない個人もないではない。

　日本語では摩擦音音素が極度に少ないが，音声的には沢山ある。有声閉鎖音は母音間で摩擦音に近づく。/g/ などは広母音間では摩擦もなくなって接近音 [ɰ] になることさえある。例：[koːtoːɰakkoː]《高等学校》。動詞条件形 -(r)eba > -(r)ja(ː) は /b/ の接近音化の結果であろう。しかし，有声破擦音は，東京方言では，広母音間でも完全な摩擦音にはならないようである。

　東京方言の摩擦音音素 /s, z/ の実現音声（音価）はそれぞれ [s, dz]，/i/ /j/ の前でそれぞれ概略 [ʃ, dʒ] で表せる音声であり，摩擦音音声 [z, ʒ] は広母音間でも聞かれない。音声 [z, ʒ] がないことは，周辺の朝鮮語，モンゴル語，北京語などでも同様である（錫伯語（シベ）では——満洲語でもおそらく——有声母音（無声化していない母音）間の /s/ が有声化して [z] で実現する）。ヨーロッパ語ではむしろ逆で，[z, ʒ] は一般的であるが破擦音 [dz, dʒ] がないか，あっても前後の音声との有声音同化による音声的実現としてしか現れない言語が目立つ。

　流音は，多くの言語でr系統の音と1系統の音とが区別されるのであるが，日本語には流音音素が一つしかないのは珍しい方である。一つしかない故，その音声的実現は多様である。日本語の周辺では，隣の朝鮮語では流音音素としては同じく一つしかないが，その音価としてのr系統の音声と1系統の音声の分布が極めて截然としている点は日本語と違う。北京語をはじめ漢語諸方言でもr音は影が薄い。北京語の /r/ は音節末では英語の [ɹ] に近いが，音節初頭では [ʐ] に近い。しかしその摩擦の程度にはかなりの幅があり，弱い場合には共鳴音に近づく。そもそも北京語の音節初頭の [ʐ] と音節末の [ɹ] とが同一音素に該当するのかどうか問題である。r化音と [l] との親近性は，漢語諸方言にも報告され

ている。満洲・ツングース，モンゴルまで行くと，/r/ と /l/ との区別は截然と
していると言えるが（語彙的に不安定なものもあるが），錫伯語では（おそらく
清朝時代の満洲語でも）音節末の /l/ が（あるいは語末音節「l＋母音」の母音
が脱落した時にその /l/ が）北京語の r 化音のような［ɹ］音で実現する。なお
錫伯語の /r/ は舌尖震え音［r］である。北京語では［l］音は明亮に存在するが，
同一音素が［l］と［n］の間を変異する方言も，南の方に多く見られる。

　アルタイ諸語では語頭に舌尖震え音［r］が立たない。/r/ と /l/ の区別のない
日本語・朝鮮語では，文献の遡れる限りの固有語には流音始まりの単語はない。
しかし，日本語では，［l］始まりと考えられる漢語が，日本の文献時代の初めか
ら，ラ行音で表記されてきたし，中世のポルトガル語・スペイン語起源の外来語
もラ行音で表記されていた。朝鮮語では，第二次大戦後あたりから流音始まりの
単語が容易に聞かれるようになったといえそうである。朝鮮語・日本語に対して，
満洲・ツングース，モンゴル，テュルク等純正（！）アルタイ諸語には，l 始ま
りの単語は幾らでもあるが，r 始まりの単語はいまだにない。何か母音を添える
のである。例えば，Rossija《ロシヤ》は Oros のような語形になるし，restau-
rant《レストラン》は，モンゴル語では erestoraŋ と発音されている。漢語では，
他言語の r 始まりの単語を自分たちの l 始まりの形で受け容れることに何の問題
もないようである。例：rum《ラム酒》「朗姆（酒）」（lǎngmǔ），Roma《ローマ》
「羅馬」（luómǎ）。なお Rossija「俄羅斯」（éluósī）はアルタイ諸語からの借用で
あろう。清朝初期には「羅刹」（luóchà）などと言っていた。

　日本語のすべての子音（ /w/ /j/ 以外）の口蓋化（拗音）が，5 母音音素中 3
母音音素の前で弁別的であるということは，ロシヤ語のような，ほとんどの子音
の口蓋化がすべての母音音素の前で，いや音節末子音においてさえ，弁別的な言
語ほどではないが，広範囲に弁別的であると言える。英語・ドイツ語・フランス
語などでは子音の口蓋化は弁別的でない。北京語では子音によって口蓋化の有無
の弁別に制限が厳しく，朝鮮語も制限が多いように思われる。日本語の一部の方
言に，軟口蓋子音にのみ弁別的な唇音化が見られる。

　現代日本語では，半母音 /j/ と較べ，半母音 /w/ は分布が厳しく，一般に母
音 /a/ の前で，しかも子音に先立たれない場合にしか現れない。古代日本語の
/w/の分布はかなり自由で，/a, e, i, o/ の前でその有無が弁別的であった。上代

日本語で区別のあった o 甲・o 乙と w との共起状態はよく分っていない。子音に先立たれない o と wo とが区別されて存在していたことは確かであるが，それらの音節の甲乙は文字表記上表れていない。/wo/ /Cwo/（C は子音）をオ列甲類音節，/Cwi/ をイ列乙類音節，とする案はたびたび出されるが，分布の上からも納得できないものである。満洲語でも半母音 /w/（音節初頭で [v]，子音の後で [w]）は母音 /a, e/ の前にのみ現れ，/i, o, u/ の前には現れない。それに対して，ロシヤ語の /w/ [v] も同じく音韻論的には半母音であるが，分布は極めて自由である。

　現代日本語・満洲語・北京語ともに音節初頭の CC は許されないのに Cj，Cw は許される（現代日本語の Cw は一部の方言のみ）。これらの j や w は通常の子音ではなく，半母音と言うべきである。上代日本語でも音節初頭の CC はなく，音素レベルで Ci/Cji，Ce/Cje の対立があったとされるが，基底レベルではその対立は認められまい。音節初頭に j を持つ ja, ju, je, jo 甲, jo 乙があった。Cw の存在は不明で，音節初頭に w を持つ音節が wa wi we wo（o の甲乙不明）というのでは，j も w も半母音であったかどうか断言できない。

　音素としての声門閉鎖音は東京方言にはないが九州・琉球の諸方言には音素として存在する。九州方言では音節末音（coda）に，琉球諸方言では音節初頭音（onset）に安定して実現する。例：佐賀方言の [jomu]《読む》，[jomuʔ]（< jomu-ru)《読める》，首里方言の [ʔiːtʃi]《息》，[jiːtʃiː]《いい気》。このうち少なくとも九州北部方言の上記の声門閉鎖音は，辞書形式（基底形式）としては ru である（早田 1998）。喉頭を調節して発する種々の変容母音は日本語諸方言には見られないようである。

● 2　音節とモーラ

　長い音節と短い音節の区別のある言語・方言で長い音節を 2 と数え，短い音節を 1 と数える規則のある時，その 2 なり 1 なりと数える単位をモーラ（mora）と言う。音声的に長短の別があっても，長い方を 2 と数える規則がなければ，モーラが有意味な言語・方言とは言えない。その意味で鹿児島方言などは，漢語，外来語に母音の長短の別があっても，その長い音節を 2 モーラというのは不適当

だと言える。日本語の方言には東京方言のような，音節の他にモーラが有意味な方言もあれば，鹿児島方言のような，モーラが有意味でない方言もある。古典ラテン語や古典ギリシャ語は音節の他にモーラが有意味な言語であり，ロシヤ語・イタリア語・フランス語・北京語・朝鮮語諸方言などには音節と区別されたモーラはない，と言えそうである。もっとも朝鮮語の方言では，基底の2音節が表面では2モーラ1音節になっている語彙が見られる。英語は，音節の他にモーラが有意味な言語とは考えられていなかったが，今ではモーラの有意味な言語として扱われている。

　モーラの有意味な，日本語諸方言・古典ラテン語・古典ギリシャ語はモーラがリズムの単位をなしているが，モーラが有意味だとされている英語ではモーラはリズムの単位をなしていない。リズムの単位とモーラとは別物である。「拍」という言葉があって，日本語ではモーラと同じ意味のように使われたりもするが，「拍」はむしろリズムの単位の方に相応しいというのは正しいと思われる。

　日本語の音節構造は，英語・中国語などに言われているように，C_1VC_2なら先ず C_1（声母）と VC_2（韻母）に分かれるのか，それとも C_1V と C_2 に分かれるのか。声母が韻を踏む「頭韻」は，萬葉時代から脚韻よりも多く見られるようである。萬葉時代の閉音節の存在には問題があるが，頭韻は脚韻と異なり，開音節にも閉音節にも通じて用いられる韻形式である。現在の我々には，音節は直感的に，{モ｜ン}《門》，{ト｜ッ}{タ}《取った》，{ト｜ー}{ブ}《頭部》，などのように，頭子音を含めてモーラ単位に分けられるように思われる。すなわち，声母と韻母という分け方は日本語には不適当のように思われる。現在見られる日本語の閉音節は，ほとんどが2音節に由来するからであろう。

　典型的な構造というものはあるにせよ，それぞれの言語によって可能な音節構造は違う。現代日本語（東京方言など）の音節構造は，子音群が少ない，という意味で簡単な部類に属するものと言えよう。なお音節についていう時に，次節の音調（prosody）に触れざるを得ない。話が多少前後することに留意されたい。

　日本語の音節構造は，常識的には（12）のようなものと考えられている。

　　（12）

　　　　(C) (S) V (M)

ここで，C は子音，S は半母音，V は母音，M はいわゆるモーラ音素（引き音素

H，二重母音の第2要素 J，撥音 N，促音 Q）。このうち核母音 V のみが必須である。服部四郎氏などは C も必須で，(12) で母音で始まる音節としたものも C として喉頭音音素 /'/ があるとする。引き音素を R で表す人もある。(12) は結局，M がなければ短音節（1モーラ音節），M があれば長音節（2モーラ音節）で，3モーラ音節を認めない形になっている。

　しかし「っ子」「っと」のような生産性の高いものが辞書外で続くと，「ウイーンッ子」の iHNQ や「ビューンッと」の bjuHNQ のような4モーラ音節かと思われるものも出る。これらの「子」や「と」のピッチは低く，少なくとも HN のピッチは高い，すなわち，どこかにアクセントがある。アクセントのある長音節は第2モーラが共鳴音であるなら，そこからピッチが下がる，ということを根拠にすれば，HN の高いこれらの例は少なくとも1音節のはずはない，という主張もできるし，事実そのように主張もされている。例えば bjuH.N.Q という3音節だ，といわれたりもする。しかし筆者としては，boHsaN+˥ra → boHsaN˥ra《坊さん等》（N まで高ピッチで ra が低ピッチ），tje˥HN+te˥N → tjeHN˥teN《チェーン店》（tjeHN が高——HN の N も低にならない；teN は低）などの例から，アクセントがモーラ音素に挿入されるあるいは後続する時は，語彙的に固定していない限り，それより左が無アクセントで（複合語の前部要素もアクセントがなくなって無アクセントになり）全高であれば，そのモーラ音素のピッチが高のままでもありうるし，「坊さんら」の「さん」は1音節だ，との見方を持っている。それゆえ，上のように基底レベルでない時には4モーラ音節さえも生れる，と考える。外来語・擬音擬態語・新造語ばかりでなく，純粋の和語の動詞の活用形でさえ，表面形では明らかに3モーラの音節も出てくる。例：toHQ.ta［to:tta］《通った》，heHQ.ta［he:tta］《へーった（入った）》。（この箇所について，意見は——方言も？——違うが，窪薗 1995, p. 242 のあたりも参照）

　2音節の /ai/ と1音節の /aJ/ との分節音の音声上の区別は，東京では近年なくなったに等しいようではあるが，音調の上からは存在していると言わなければならない。まず分節音上，/J/ は半母音であり，当然 /i/ でも /e/ でもないのであるから，その区別はない。「旅人のふりをして同行の他人の物を盗む賊」/gomanohaJ/ が「ゴマの灰」とも「ゴマの蠅」とも書かれるのは不思議でない。「灰」と「蠅」は筆者の子供の頃の絵本には，同じ音の言葉，として載っていた。

今，新仮名遣は発音通り書かれている，という迷信のもとに（本当は歴史的仮名遣「はひ」と「はへ」から機械的に作られた綴りで）「はい」と「はえ」に区別させられてしまった。しかし，a.i でなく aJ であることによる音調上の区別は保たれている。東京方言では，有アクセント動詞「生える」と「帰る」は，後者を現在［カエル］と発音する人でも，アクセント型は［ハエル］［カエル］のように違う（上線はピッチの高いところ。以下同じ）。なお，東海道筋で「生える」「帰る」を同じアクセント型［ハエル］［カエル］で発する方言もあるという（服部四郎先生直談）。

なぜ「帰る」は「生える」と同様に語幹アクセントを ru 直前音節まで引寄せて，ka.e⌐.ru にならないのか？　これは，「帰る」の語幹は /kaer-/ でなく /kaJr-/ だから，と考えられる。有アクセント動詞語幹は，語幹末 2 モーラ目（の母音）にアクセントが挿入されて ha⌐.e-, ka⌐Jr- になり，/ru/ の直前音節にそのアクセントが引寄せられる。その時，ha.e.ru の ru の直前音節は e であるのに対し，kaJr.ru の ru の直前音節は kaJr なのである。従って，ka⌐Jr- のアクセント位置は変らないが，ha⌐.e- のアクセントは e にきて ha.e⌐- になる。「帰る」の語幹を表面レベルで ka.e と 2 音節で発音する人でもピッチ形は［高低］になる。ということは，そういう人の基底形も /kaJr-/ であり，aJ を a.e で実現するある種の規則があるものと考えられる。「寝入る」は（13）のように /neir-/ であって，/neJr-/ ではない。eJ は存在しない。

　（13）

	「生える」	「帰る」	「寝入る」	
	/hae-ru/	/kaJr-ru/	/neir-ru/	基底形
	ha⌐e-ru	ka⌐Jr-ru	nei⌐r-ru	アクセント挿入
	hae⌐ru	——	——	アクセント引寄せ
	——	ka⌐Jru	nei⌐ru	子音脱落
	［低高低］	［高低低］	［低高低］	

「治る」na.o.ru［ナオル］/naor-/，「通る」toH.ru［トール］/toHr-/ も同じことである。

　筆者は現代東京方言の音節構造として（12）よりもむしろ（14）のようなものを考えている。

(14)

$$(C)\ (S)\ \left\{\begin{array}{ccc} V & (H) & (N) \\ & aJ & \end{array}\right\}\ (Q)$$

日本語東京方言においては，音節構造としては1モーラ音節（例：ka.sa《傘》の各音節），2モーラ音節（例：ta.roH.saN《太郎さん》の第2音節，第3音節）が典型的（無標）で，3モーラ音節（例：toHQ.ta《通った》，kaJQ.ta《帰った》，toHN《トーン》，kjaHQ.to《キャーッと》の各第1音節）も，4モーラ音節（例：u.iHNQ.ko《ウイーンっ子》の第2音節，bjuHNQ.to《ビューンッと》の第1音節）もあり，4モーラ音節が最長でもっとも有標である，と考えている。

　以上のように，3モーラ音節・4モーラ音節も可能なのであるが，さすがに同一母音の3連続した3モーラ音節は無理で，規則上そうなるはずの時には，2モーラ音節＋1モーラ音節からなる2音節に分かれるか，3モーラ音節を2モーラ音節に短縮してしまう。例：「多う（ございます）」oH + u → *oHHとはならず，o.oH［オオー（ゴザイマス）］かoH［オー（ゴザイマス）］になる。この例は，「多い」「遠い」などの語幹がoH-，toHである人の場合であり，o.o-, to.o- のような保守的な発音の持主は別である。［オオー（ゴザイマス）］は語幹が o.o- である保守的な発音の形の残存かも知れない。

　3モーラ音節は上述のように通常のものであるが，4モーラ音節は3モーラ音節の形で脳裏の辞書に貯蔵されている辞書項目（語彙項目）が，辞書外で促音Qを伴って複合して初めて作られるもので，確かに特別ではある。それでも筆者としては，東京方言に，母音を含まない音節を認める必要はない，と思っている。

　音声的な母音の長短は，英語・ドイツ語のように母音音素の違いによるもの，ロシヤ語・イタリア語，一部の朝鮮語方言のように音調（アクセント・単語声調）によるもの，日本語・古典ラテン語・古典ギリシャ語のように別の分節音（一般には同一母音とされているが，あるいは「引き音素」か）の後続したもの，等がありうる。最後の類のもの，すなわち2分節音連続がもっとも長短が明瞭で，通常2モーラをなす。現代日本語の固有語（和語）の長母音は，少数の2モーラ呼び掛け語（オカーサン〜カカサン，オトーサン〜トトサン等）を除けば，大部分が2音節の中間の子音が音韻変化の結果として消えたものである。例：toβoji > towoi > to:i《遠い》, tiβisaji > tiwisai > tʃiːsai《小さい》cf. tʃibi《ち

び》。近時に 2 音節語から出来たものだからであろう，今でもこれらの 2 モーラ音節を 2 音節で発音することが容易で，話し手の直感は音節よりモーラの方が把握しやすいといえる。

　子音がたくさん続く典型的な言語とは言えない英語・ロシヤ語などでさえ，子音は幾つかは連続しうるが，日本語の子音連続は極めて制限が強い。例えば英語では音節初頭に，制限はあるにせよ，strange《奇異な》のように 3 子音連続が可能である。ロシヤ語では vstreča［fstrʲétʃʼə］《出会い》のような 4 子音も，また tkan'《織物》のように音節初頭の閉鎖音連続も可能であるが，日本語では同一形態素中で音節末子音は 1 個，音節初頭子音も普通 1 個しか許されないから，音節連続でも 2 子音を越える子音音素連続はめったにない。しかし，音声レベルでは持続時間の違い，漸強・漸弱性を無視すれば，多様な子音連続が観察される。例：［arkʼŋdeʂ］《歩くんです》，［ʂterɯ］《棄てる》，［çterɯ］《為てる》等。

　北京語など音節中核母音の前後の半母音が音声的には母音的である故，三重母音という以上に多様な渡り的母音を有するが，日本語では/aJ/以外には一般に二重母音はない。これとても長母音［eː］になるか二音節［ai］になりやすく，二重母音は微弱である。/(C)jV/ の/j/ は非常に短い音で，音節構造上よく似た北京語 /tjan/《天》，ロシヤ語 /mjasa/《肉》（もっと抽象的には /mjaso/）等の/j/ のように母音的に発せられることはない。

●3　音　　　　調

　知らない音連続を聞いた時に，意味を理解しようとして無意識に"同一音調形"の"別の分節音形"の形式（単語など）を探すか，"別の音形"の"同一分節音形"の形式を探すか？　社会言語学的な問題でもあるが，社会言語学的な考慮（他方言の可能性など）は「後の学習」によるもので，後の学習がなければ音調を信頼する方が基本的・本来的なものではなかろうか。音調の方が分節音より原始的・原初的と言えるかも知れない。一層小さい言語形式（単語・形態素・音節・モーラ）に音調の区別がなくても，一層大きい単位の音調の区別（イントネーション）は，どの言語にも存在すると考えられる。以下種々の音調特徴について見てみたい。

〔1〕**アクセントと声調**

　筆者は，特定の音列中の「どこに」標識があるかが問題になる音調体系のその標識を「アクセント」と呼んでいる。また特定の音列が「どの」標識を有するかが問題になる音調体系のその標識を「声調」あるいは「トーン」と呼んでいる。例えば，ロシヤ語で，vódka《ウオッカ》は第1音節にアクセントがあり，Moskvá《モスクワ》は第2音節にアクセントがある，という。また，北京語で，běijīng《北京》は第1音節が（4種の声調のうち）第3声調を有し，第2音節は第1声調を有する，という。

　日本語の方言にも東京方言のようなピッチの下がり目の位置が有意味な（ピッチ）アクセント方言もあれば，鹿児島方言のような，単語単位の（表面形としては音韻句単位の）2種類の声調（ピッチ曲線の型）のうちのどの種類であるかが有意味な方言もある。さらに京都方言のような（ピッチ）アクセントと単語単位の声調の両方が弁別的な方言もある。

　筆者の言う「アクセント」は服部四郎博士の「アクセント核」に近いが，アクセント核の定義から外れる一層抽象的なものである故，アクセントと呼ぶ。服部博士の「アクセント核」は母音なり共鳴音なり（を含む音節・モーラ）の如き，いわば持続時間を有する分節音（列）が担うものであり，例えば，音節の境界のような，分節音でない抽象的なものはそれを担えない，とする。筆者の「アクセント」は音節境界が担うこともできる，としなければならないから，これを「アクセント核」と呼ぶことはできない。

　上記の vódka《ウオッカ》と Moskvá《モスクワ》は，筆者なら「アクセントの位置」が違う（この場合，ストレスアクセントだから「力点の位置」が違う，とも），あるいは「アクセント型」が違う，といい，服部博士なら「アクセント核の位置」が違う，あるいは「アクセント」が違う，ということになる。

〔2〕**ストレスアクセントとピッチアクセント**

　人は音の高さ（ピッチ）の微少な差に対しては敏感であるが，音の強さに対してはさほど敏感でない。それは楽譜の記号体系を見ても分ることである。ピッチアクセント（高さアクセント）は声の高さ，音声の周波数に，時間的なずれはあるにせよ，よく対応している。しかし，ストレスアクセント（強さアクセント，

力点）はピッチアクセントほど物理的な相関物がない。それのある所が「強い」
と感じられるのは，言語・方言により音の振幅も持続時間もピッチも関係するこ
とがあるが，何よりも明亮に顕著に目立って発音されている，ということが重要
であろう。従って，ストレスのある母音の音素数はストレスのない母音の音素数
より多いし，ストレスのある母音の調素（弁別的声調）数はストレスのない母音
の調素数より多い。ロシヤ語ではストレスのある母音音素は5個であるのに対し，
ストレスのない母音音素は3個である，と言われる。イタリア語ではストレスの
ある母音音素は7個であるのに対しストレスのない母音音素は5個である。トル
コ語では，現在その第1音節に音声学的なストレスアクセントが認められない
（福盛 2004）。しかし，第1音節の母音音素は8個であるのに対し，第2音節以
降では6個しかない。音韻論的には第1音節にストレスアクセントがあることに
なる。北京語ではストレスのある音節では4種の声調が区別されるが，ストレス
が弱まると声調の区別も顕著でなくなり，ストレスが全然ない音節では声調の区
別もなくなる。

　日本語諸方言を見渡したところ，アクセントの弁別のある方言は，皆ピッチア
クセントであって，ストレスアクセントと言えるものは見つかっていないようで
ある。種々の方言において典型的なストレスアクセントはない。しかし，音韻句
と音韻句との連なりにおいては，その統語構造からストレスアクセント的な現象
が表れ，一層強いストレスの音韻句のアクセント（ピッチの高低差）の方が一層
弱いストレスの音韻句のアクセント（ピッチの高低差）より大である。例えば，
音韻句連続「青いドレス」では，音韻句［アオイ］のピッチの高低差の方が音韻
句［ドレス］のそれより大である，と言える。これは音韻句「青い」のストレス
の方が音韻句「ドレス」のストレスより強い，と解釈できる。

〔3〕 種々の音調特徴の共存

ストレスアクセントとピッチアクセント　　　一般的にストレスアクセントとピ
ッチアクセントがどの程度共存できるのか，分っていないが，東京方言では上述
のように，弁別的ピッチアクセントと統語構造から予測できるストレスアクセン
トとが共存しているわけである。ピッチアクセントとストレスアクセントが共に
弁別的で，それが共存している言語というのがあるのかどうか，往時のスラヴ語

などが気になるが，筆者はよく知らない。

ストレスアクセントと弁別的声調　　北京語などは弁別的な4種の音節声調と造語法・統語構造から予測できるストレスアクセントとが共存している。しかし中国語諸方言のすべてにおいて音節声調とストレスアクセントが共存しているわけではないようで，南方諸方言にはストレスアクセントがないようである。北方の北京語にストレスアクセントがあるのは，アルタイ的要素なのかも知れない。

ピッチアクセントと弁別的声調　　京都方言などいわゆる関西方言は，弁別的ピッチアクセントと弁別的（単語）声調が共存している。アクセントについて筆者はさきにその標識が「どこにあるか」が有意味な特徴とし，その標識があるかないかは，「どこにあるか」に含ませていた。しかし，位置が特定している故，「どこに」は無意味で「あるかないか」だけの問題になっていながらも，複合語形成の性質からそれをアクセントと認めざるをえない言語が，現代チベット語ラサ方言である。そのように認めれば，この方言は現代京都方言と同様に，弁別的なピッチアクセントと弁別的な単語声調との共存する言語と言えることになる。

ストレスアクセントと母音の長短の対立　　そもそも，「母音の長短の対立」とは何だろう？　日本語でアクセントを捨象した場合，「叔母さん」オバサンと「お婆さん」オバーサンの，それぞれの第2音節の母音は［a］と［aː］である。音色に変りはないといえる。これを音韻的に（ⅰ）/ă/ /ā/ のように2種類の母音とするか，（ⅱ）/a/ /aa/ のように母音の数の違いとするか，あるいはまた（ⅲ）/a/ /aH/ のような「引き音素」を認めるか，の3通りの考え方があると思われる。（ⅰ）のように2種類の母音を認めると，東京方言も古典ラテン語も10母音体系ということになる。母音の長短だけの違いで音色に事実上差異がない場合には，長短で別の音素というのには抵抗を感じる。長い方の母音を含む音節が2モーラと数えられるなら，長い母音は2個の分節音からなる，とする（ⅱ）あるいは（ⅲ）の解釈をとりたい。

　英語の it と eat の母音のように，互いに音色はひどく違うが母語話者に感知される長さの違いがなく，ただ言語学上，一方（it）を1モーラとし，他方（eat）を2モーラとする根拠がある場合でも，その両種の母音は，2種の単純母音音素とされるのが普通である（上の英語の例は，それぞれ/ɪt/ /it/）。ドイツ語でも同様である。

〔4〕**音調と分節音との関係**

母音の音色　　ストレスアクセントの顕著な言語では，ストレスのある母音とない母音とでは音色が大きく変るものが多いが，東京方言では，上述の如く，ストレスの弱い音韻句でアクセントが顕著でなくなる程度のものであって，音色が大きく変るものではない。しかし，逆に，母音の音色によってアクセントの位置が変る，という現象はよく見られる。現代東京方言では無声化母音にアクセントがくると次の母音にアクセントが移りやすい。例：「来た」キ￢タ → キタ￢，「寿司」ス￢シ → スシ￢ 等，多くの例があるが，その固定化は個人・下位方言によって様々である。日本語諸方言を見ても，その方言の歴史の或る時期に，狭母音にアクセントが置かれにくくなって隣の母音にアクセントが移動した，あるいは正規の音韻変化に抗して狭母音にアクセントが移動しなかった，という痕跡は諸処に見られる。

　日本語の弁別的音調は徹底的にピッチを利用するものといえる。しばしばアルタイ諸語に加えようとの試みがあるにもかかわらず，日本語には後続音節連続中の母音を順行同化させる（母音調和と言われる）ほど強力なストレスは見当たらないようである。

　現代日本語諸方言の範囲内では，弁別的な音調のない方言の他，アクセント方言，声調方言，アクセント・声調方言の３種だけが認められる。世界の諸言語もアクセントと声調でかなり説明できそうに見えるが，バントゥー諸語などはアクセントと声調だけで説明することはできない，といわれている。

　日本語にストレスアクセントはないが，無声閉鎖音の気音はかなり強く母音の無声化は相当数の方言において極めて顕著である。

長母音　　母音が長短で弁別されているのでなく，音色で弁別されている言語では，ストレスアクセントを有する母音は音声的に長く実現するのが一般である。ロシヤ語やイタリア語のストレスのある母音は長く発音されることが多いが，長短の弁別はない。１モーラ母音と２モーラ母音の区別が言われている英語でも，ストレスのある音節では，１モーラ母音も２モーラ母音も音声的に長く実現される。しかし，音色の違いにより両母音の区別は存続している。

　朝鮮語のピッチアクセントのある方言の中では，前アクセント（語頭音節の始まりの音節境界にあるアクセント）を有する単語の第一音節の母音が長く実現す

る方言が多い。

　現代日本語諸方言では，アクセントにより母音が長く実現される例について筆者はよく知らないが，この点については琉球の諸方言がおもしろそうである。

　母音調和・子音調和　　アルタイ諸語では，その母音調和が語頭側第一重音節のストレスによる順行同化現象に発するものだからであろう，母音調和と弁別的ピッチ（声調・ピッチアクセント）が共存しないと言えるようである。しかし，15世紀朝鮮語と上代日本語はこの意味で問題である。15世紀朝鮮語は明らかに母音調和がありながらピッチアクセントもあった。現代朝鮮語でピッチアクセントを有する方言は多いが，母音調和は動詞の活用に痕跡をとどめているだけである。アルタイ諸語の母音調和は，母音とともにある種の子音の調音点も音声的に変るが，少なくとも清朝時代の満洲語の共時過程では，一部，子音調和が基本で，それに伴って母音調和が起る，としなければならないようである（早田 2003）。

　上代日本語には，ピッチアクセントと単語声調のあったことは確実であるが，母音調和はその存在さえ疑問視する研究者もあるほど明確でない。上代語文献で既に痕跡的なのである。勿論，現代語に共時過程としての母音調和は認められない。関西方言，東北方言などで新しい母音順行同化が多少見られるが，ほとんどが語彙化しているもののようである。例：[ikaheɴ]《行きはしない》，[okihiɴ]《起きはしない》，[ebessaɴ]《恵比寿様》，[tasuketekere]《助けてくれ》等。

〔5〕イントネーション

　弁別的アクセント・声調の有無にかかわらず，日本語諸方言でも諸言語に見られるとおりピッチによるイントネーションが一般的に見られるが，ストレスアクセントの所でふれたように，焦点・対比強調などの部分にストレス的な現象が観察される。

　イントネーションは一時代前までは文末にばかり注意が向けられてきたが，先学の努力により最近では他の面にも注意が注がれ，新たな研究が進んできている。

　多くの方言で，焦点を有する部分を含む潜在的最小音韻句の始まりを，現実の音声的音韻句の始まりとする。すなわち，焦点を含む最小音韻句が第一最小音韻句でなければ，焦点音韻句の始まりでリセットして，すなわち，そこで音韻句を

句切って，また第一最小音韻句が焦点音韻句であれば，その音韻句の始まりを多少ともプロミネンスを置いて強く・高く発話する。リセットした焦点音韻句の始まりもプロミネンスが置かれている。焦点音韻句以後の音韻句の切れ目は弱化する。例：句切りを「¶」で，プロミネンスを「ˆ」で示せば，「何食べた？」¶ˆナニタベタ↗；「何か食べた？」¶ナニカ¶ˆタベタ↗；「何食べたって言った？」¶ˆナニタベタッテイッタ↗（疑問詞疑問文）；¶ナニタベタッテ¶ˆイッタ↗（選択疑問文），等々。

　このような，焦点と音韻句の関係は，弁別的なアクセント・声調の有無にかかわらず，東北から九州に到る日本語諸方言を通じて広く当てはまるようである。

　イントネーションはアクセントや声調と違って極めて捉えにくいもので，日本語においてもその研究はやっと緒についたばかりといえる有様である。諸言語のイントネーションについても研究を進め，その普遍的な姿を捉えてみたいものである。

　おわりに

　日本語は多音節語であるが，圧倒的に2音節語が多い。単語の長さは，一般に，英語よりドイツ語が長く，ドイツ語よりロシヤ語が長いことは，それらの言語をその順に習っていくとよく感じられることであろう。母音音素の数も子音音素の数も，どちらかと言えば少ない日本語で，どうして2音節語のように短い単語が多くてすむのだろう。このあたりの事情の説明は，もっと別のアプローチを必要とするようである。

　一時代前に較べれば，世界の諸言語に関する報告は格段に豊富になってきた。それでも，やはりその言語の専門家でないと他言語のことは容易に分らない。例えば，「語頭（の音節初頭音）に立ちうる音素の種類数と，語中（の音節初頭音）に立ちうる音素の種類数の違う言語は有るのだろうか」という疑問を持って大部の言語学辞典を繙いても，さっぱり分らないのである。このようなことは幾らでもある。報告者は自分が関心を持っていることしか報告しないし，自明だと思っていることは報告しない。その言語の専門家にとっては自明であっても，非専門家にとっては全く自明でないのである。

　分らないことばかりではあるが，日本語の音韻を他の諸言語の音韻の中に置いて考えることを試みた。他の諸言語といっても少数の偏った言語に過ぎず，考察に加えた項目もほんの一部に過ぎない。しかし，このようなことを試みたのも，一つには，日本語を日本語だけの世界で見ないようにして頂きたいという希望から，他には，このささやかな試みを開陳することによって，他の諸言語に通じている専門家の方々から叱正を受け，日本語についても言語一般についても一層広い知見が得られるであろう，という期待からである。

文　　献

福盛貴弘（2004）『トルコ語の母音調和に関する実験音声学的研究』勉誠出版

服部四郎（1954）「北京語の音韻體系について」『言語研究』25. pp. 78-79, 服部（1960）pp. 276
　　-278 に再録

─────（1960）「北京語の音韻体系について」（再録）の「附記」p. 278『言語学の方法』岩波
　　書店

早田輝洋（1998）「佐賀方言の動詞未完了連体接辞の基底形」『九大言語学研究室報告』第 19 号
　　pp. 1-4.

─────（2003）「満洲語の母音体系」『九州大学言語学論集』第 23 号，pp. 1-10.

早田輝洋・松浦年男（2001）「現代上海語の母音体系─2 母音体系の提案─」『大東文化大学紀
　　要＜人文科学＞』第 39 号，pp. 127-134.

窪薗晴夫（1995）『語形成と音韻構造』くろしお出版

Kuroda, S.-Y.［黒田成幸］（2002）Rendaku. *Japanese/Korean Linguistics*, Vol. **10**：337-350.

第2章
諸言語の語彙・意味と日本語の語彙・意味

長 嶋 善 郎

はじめに

　個々の言語（ラング的レベル）をそれぞれ一つの表現様式のシステムと捉えると，その表現様式のあり方と意味内容には，ある種の制約が加わっていると考えられる。この制約に主として関与するのは，一つは文法形式——性，数，格，テンス，アスペクト，態などのカテゴリー，関係概念を表す語順，構文型など——であり，他の一つは語彙形式——熟語，慣用句を含む——である[1]。前者は閉じたシステムを成し，後者は，システムを成すとはいっても部分的にであり，全体としてはゆるやかな開いたシステムである。一般に，文法形式は，構文型は別にして，（古典的）印欧諸語のように語彙形式と融合した形を取るか，語彙形式に融合していなくても自立性を持たない bound form であることが多い。これら二つの形式は，言語外の事象を人間が把握し，「解釈」した結果もたらされたものと考えられ，したがって，それぞれの社会集団が置かれた自然環境やその歴史，文化，社会組織を背景に持っている。これらの背景的特徴は，特に語彙形式に反映される。特定共時態（idiosynchronie）における話し手は，暗黙のうちに定められたこの制約に従わざるをえない。このことから，個々の言語の表現内容は，多くの場合この二つの形式からもたらされる制約によって左右されることになる。語彙形式について言えば，たとえば，「寂しそうな後ろ姿」や「静かな屋敷町のたたずまい」といった表現内容を他の言語で表現しようとする場合，「後ろ姿」や「たたずまい」に相当する語彙形式を持たない言語においては，これらがどのような事象を表すかは説明をすればある程度わかる，ということはあっても，

日常の言語使用においてはその表現が難しくなる。一方また，話し手はその表現
行為において，文字（書き言葉）／音声（話し言葉）という伝達手段の違いや受
け手（読み手／聞き手，特定／不特定など）の種類などの要求する談話スタイル
による制約も受けている。これらの制約は，ある意味で話し手が意図的に操作で
きるものである。小論では，諸言語がどのような語彙形式によって外界の事象を
どのように捉えているかを考察する。

●1　語彙形式の比較

　語彙形式を比較する場合，少なくとも三つの視点が考えられる。一つは，個々
の言語を意味分野ごとに，そこに現れる語彙形式の数についてその分布密度を比
較するもので，これには統計的処理が必要になる。『日独仏西基本語彙対照表』
（国立国語研究所　1986）についてこの種の研究を行った高田（1991：10）によれ
ば，たとえば，「〔抽象的関係〕全体では，日，独，西がほぼ同じ値であるのに対
し仏の値がやや低い。下位の分野を見ると，15〔動き・変化・変形〕の分野で日
本語の値が低くドイツ語，スペイン語で高くなっている点に注目される。」のよ
うな指摘がある。二つめは，本稿が問題とする，個々の語彙形式の意味の比較で，
三つめは，語彙形式の派生パターンとその造語力あるいは語構成の面での比較で
ある。ここでは語彙形式の持つ「透明度」も問題となりうる。このほか，文法形
式を考慮して，たとえば「非対格性の仮説」による動詞分類とその比較という視
点もありうる。

●2　語彙形式の意味の比較

　意味の比較において，いわゆる「比較の第三項」が問題になるが，ここでは，
現実の事物・事態を共通の項と考える。ここで問題にする「意味」とは，我々が
その語彙形式によって指し示しうる個々の事象をある程度抽象化して言葉で表し
たものを指し，個々の語彙形式の全体の用法を考察して仮定される，より抽象的
な，たとえば「意義素」のレベルは扱わない。以下，本稿では，幾つかの印欧語
と日本語・韓国語を対象に，その表現内容を左右する二，三の語彙形式について

個別的に比較を行う。

〔1〕「絵」「かく（書，描）」

フランスの作家 A. サンテグジュペリの "*Le Petit Prince*"（邦訳名『星の王子さま』）という作品は多くの言語に翻訳されているが，その幾つかから例を引くことにする。この作品の冒頭とそれに続く文に以下のような描写がある[2]。

(1) Lorsque j' avais six ans j'ai vu, une fois, une magnifique image … Voilà la copie du dessin … j' ai réussi, avec un crayon de couleur, à tracer mon premier dessin. Mon dessin numéro 1.（p. 9）

この原文を英語，ドイツ語，現代ギリシャ語（以下，ギリシャ語またはギとする），日本語，韓国語に訳したものを見ると，次のようである：

英： Once when I was six years old I saw a magnificent picture … Here is a copy of the drawing. … And after some work with a colored pencil I succeeded in making my first drawing. My Drawing No. 1.

独： Als ich sechs Jahre alt war, sah ich einmal … ein prächtiges Bild. … Hier ist eine Kopie der Zeichnung … ich vollendete mit einem Farbstift meine erste Zeichnung. Meine Zeichnung Nr. 1.

ギ： *Κάποτε όταν ήμουν έξι χγονών, είδα … μια υπέροχη ζωγραφιά … Να ή αντιγραφή του σχεδίου … Κατάφερα κι εγώ, μ'ένα χρωματιστό μολύβι, να χαράξω το πρώτο μου σχέδιο. Το σχέδιο νούμερο 1.*

日：六つのとき，…すばらしい絵を見たことがあります。…これが，その絵のうつしです。…色鉛筆で，ぼくのはじめての絵を，しゅびよくかきあげました。ぼくの絵の第 1 号です。

韓：여 섯 살 때 나는 … 기막한 그림 하나를 본 적이 있다. … 여기 있는 그림은 그것을 그대로 그린 것이다. … 나의 그림 제 1 호, 그것이 이런 그림 이었다.

原著者も各国語の訳者も，その言語で使用に供された語彙形式を選択し，かつこの場合「童話」（？）という談話スタイルの制約のもとで書き，また翻訳を行っているわけだが，たとえば，絵を表す語彙形式に以下のような違いが見られる：

仏：image, dessin ；　英：picture, drawing ；　独：Bild, Zeichnung ；
ギ：ζωγραφιά [zoγrafjá]，σχέδιο [sçédio]；日：絵；韓：그림 [kuurim]

仏，英，独，ギの諸形式について，それぞれ Bénac（1956），The American Heritage Dictionary（1992³），Klappenbach & Steinitz（1977），Kriaras（1995）による定義を挙げる：

image：représentation oridinairement gravée et coloriée plus ou moins grossièrement, par ext. toute représentation de ce genre, par n'importe quel procédé existant isolément, ou dans un livre, accompagné ou non d'un texte.（程度の差こそあれ大体のところを，ふつう彫って，彩色して表したもの。転じて，手法を問わず，そのものだけを単独に，あるいは本の中でテキストの有無を問わず，表したこの種のもののすべて）

dessin：représentation sur une surface de la forme et non la couleur des objets.（事物を，その色でなく形で，ある表面に表したもの）

picture：A visual representation or image painted, drawn, photographed, or otherwise rendered on a flat surface.

drawing：the art of representing objects or forms on a surface chiefly by means of lines ; a work produced by this art.（draw：to make a likeness of on a surface, using mostly lines ; depict with lines.）

Bild：eine（technische, künstlerische）Darstellung, Wiedergabe von Dingen und Vorgängen der Wirklichkeit, der Phantasie.（現実の，また想像上の事物や事態を（専門的に，芸術的に）描いたもの，再現したもの）

Zeichnung：bildliche Darstellung, die vorwiegend in Strichen, Linien ausgeführt ist.（主として長短の線によって描かれたもの）

ζωγραφιά：*εικόνα, παράσταση ενός τοπίου, προσώπου, ή πράγματος που φτιάχνεται με τη χρήση χρωμάτων.*

（風景，人物，事物を色を使って表現したもの，絵）

σχέδιο：*παράσταση ενός ή περισσότερων προσώπων ή αντικειμένων με γενικές γραμμές πάνω σε χαρτί, πίνακα, κλπ.*

（一つあるいは複数の人物や事物を大体の線で紙や板などに表したもの）

これを見ると，一般的に「絵」を表す形式（image, picture, Bild, *ζωγραφιά*）と，描く手段や手法をさらに限定した形式（dessin, drawing, Zeichnung, *σχέδιο*）とを区別している。これに対して，日本語と韓国語では区別をしていない。日本語にも「デッサン」「素描」といった形式があるが，このコンテクストでは使いにくい。

「絵をかく」行為については次のような違いが見られる。

(2)　　── S'il vous plaît … dessine‐moi un mouton …（p. 11）

　　英："If you please ── draw me a sheep！"

　　独："Bitte … zeichne mir ein Schaf！"

　　ギ：── *Σας παρακαλώ… ζωγράφισέ μου ένα αρνί.*

　　日：「ね…ヒツジの絵をかいて！」

　　韓：양 한 마 리를 그려 줘

日本語の「かく」は，対象が文字なら「書く」，絵なら「描く」と表記上で区別は出来るが，語彙形式としては一つである。一方，韓国語はこの区別をし，ギリシャ語には上記の *σχέδιο* から派生される *σχεδιάζω*［sçeðiázo］という動詞がある。印欧語系の仏，英，独，ギでは「描く」場合，その手段や描き方による区別があり，これらの形式をまとめると，表 2.1 のようになる：

表2.1

かく対象	文字	絵	
手段		色を使わず主として線や点で／絵の具を使って	
言語			
仏	écrire	dessiner / peindre	
英	write	draw / paint	
独	schreiben	zeichnen / malen	
ギ	γράφω	σχεδιάζω / ζωγραφίζω[3]	
日	かく（書）	かく（描）	
韓	쓰다	그리다	

　ちなみに「絵を描く」を表す動詞と名詞「絵」の形態を見ると，日本語を除いていずれの言語でもそれらの間に派生関係があることがわかる：

	名詞		動詞
仏：	dessin	——	dessiner
英：	drawing	——	draw
独：	Zeichnung	——	zeichnen
ギ：	σχέδιο / ζωγραφιά	——	σχεδιάζω / ζωγραφίζω
日：	絵	——	かく
韓：	그림	——	그리다

英・独・韓では，動詞（draw, zeichnen, 그리다）から名詞（drawing, Zeichnung, 그림）が派生され，仏とギでは名詞（dessin, σχέδιο / ζωγραφιά）から動詞（dessiner, σχεδιάζω / ζωγραφίζω）が派生されている。この場合，動詞からの名詞派生接辞（–ing, –ung, –ㅁ），名詞からの動詞派生接辞（–er, –αζω, –ιζω）は，それぞれの言語でいずれも生産的な形式であるが，一般に語彙形式を増やす方法として，諸言語においてどのような派生パターンがどの程度生産的かが問題になる。

〔2〕「立つ」「座る」
　我々は日常ごくふつうに立ったり座ったりする動作を行っているが，この動作

を表す日本語の「立つ」「座る」は，それぞれその動作のみを表し，その結果として生ずる状態を表すには，「立っている」「座っている」としなければならない。主体が人間の場合，この動作／状態の区別を語彙形式のレベルでどのように表現するかを幾つかの言語で見ると，以下のようである（独の auf ＝は分離前綴りを示す。ロはロシア語で不完了形）：

	立つ	立っている	座る	座っている
英：	stand（up）	stand （be standing）	sit（down）	sit （be sitting）
仏：	se lever	être debout	s'asseoir	être assis
独：	auf ＝ stehen	stehen	sich setzen	sitzen
ギ：	σηκώνομαι（όρθιος）	στέκομαι	κάθομαι	κάθομαι
ロ：	встава́ть	стоя́ть	сади́ться	силе́ть
韓：	서다	서있다	앉다	앉아있다

韓国語では，状態を表す場合，日本語と同じ表現形式で，「立つ」「座る」に当たる形式と存在詞との迂言形式を取る。英語を除いた印欧語系の言語では，動作を表す形式に受動態の接辞（ギの σηκών-ομαι, κάθ-ομαι, ロの салить-ся）が付いたり，再帰形式を取る形がある（仏の se lever, s'asseoir, 独の sich set-zen）。ギリシャ語の σηκών-ομαι, フランス語の se lever, s'asseoir, ドイツ語の sich setzen は，同じ表現法で，他動詞の σηκώνω（持ち上げる），lever（ものを上げる），asseoir（座らせる），setzen（置く）に，受動形式の-ομαι（再帰用法），再帰形式の se, sich を付けた，いわば「自分の身を上げる」「自分を座らせる」「自分の身を置く」という表現である。状態を表す形式でも，ギリシャ語には受動接辞が付く（στέκ-ομαι, κάθ-ομαι）。フランス語（場合によって英語でも）では状態を表す場合，être（be）を伴う迂言形式になる。

　ここで日本語の「立つ，座る」とはかなり異なる英語の stand と sit の，次のような用法について見ておきたい（以下イタリックは引用者）。

（3）To his right, on a small black‐topped table *stood two telephones*, one white, one grey and beside them a pile of telephone directories.

（Collin Dexter, *The Silent World of Nicholas Quinn*, Pan Books. p. 59）

この同じ電話について次のような描写がある：

（4）It was only the *phones* that caused him trouble and （he admitted it） considerable embarrassment. There were *two of them* in each office ： a white one for internal extension, and a grey one for outside calls. And *they sat* squat and menacing, on the right－hand side of Quinn's desk as he sat writing. （p. 25）

（3），（4）の例は，いずれもある状態を表しているが，日本語では電話について「立っていた」とも「座っていた」とも言えない。一般に「事物がある場所にある／位置する（位置している）」ことを表す場合，英語では be 動詞あるは "There is （are）…" の構文を使うが，stand や sit を使う場合には，その物の形状あるいは何らかの条件が働いていることになる。具体物について見ると，「立つ（立っている）」は棒や柱，木など「棒状のもの」についてしか用いられず，「座る（座っている）」は基本的に人間の動作に限られる。これに対し，stand と sit は表 2.2 のような事物についても用いうる（この場合の構文は，"There is a(n) x sitting （standing）…" あるいは "The x is sitting （standing）…"。＋／－は，それぞれ可／不可を示す)[4] ：

表 2.2

	sit	stand
inkwell	+	－
cup	+	－
plate	+	－
ashtray	+	－
alarm clock	+	－
telephone	+	－
tape recorder	+	－
shoes	+	－
TV set	+	－
chair	+	－
bed	+	+
table	+	+
desk	+	+
ladder	+	+
boots	+	+
bottle of beer	+	+
glass	+	+
bookshelf	+	+
filing cabinet	+	+
piano	+	+

　ある位置における事物の存在を stand，sit で捉える場合，基本的には，人間の「立った状態」と「座った状態」に見られるように，

相対的にその高さに注目しうる物（stand）と，相対的にその高さよりも横への広がり，またその底面と水平面との接触面がより大きいもの（sit）とで区別されていると言える。Stand ではその形態上，高さに注目することから，stand out のように「より目立つ」という捉え方が出てくる。表2.2で telephone については stand が使えないという報告であったが，上例（3）で stand が使われている。この例についての母語話者の内省報告は，「その電話がなにか目立っているという感じがする」というものであった。このコンテクストは，Morse という警部が失踪した Quinn 氏の office を調べている場面で，警部は Quinn 氏が極度の難聴であることを知っている。難聴の人の机の上の電話は，警部にとって「目立つもの」として捉えられていることになる。一方，sit を表2.2のような物に使う場合，別の要因が働いている。一般に，人間が立つ動作をする時，それはこれからある行動を起こそうとする場合であり，いわば「一時的」あるいは「未来志向的」な行為であるが [5]，座る場合は，「安定した，動かない（あるいは休息）」状態へ向かう行為である。Sit はこのような特徴を持ち，

(5) The telephone *has been sitting* there. It has't rung for days.

(6) The blackboard *is sitting* for months in the corner. The teacher never uses it.（可動式の黒板）

のように，「使わずに置いてある」という含みを持つ。表2.2の事物に sit が使われる場合，いずれもこのようなニュアンスが出てくる。この点で3人の母語話者の内省は一致している。一方，stand も上記のような「一時的」「未来志向的」な側面を含んでおり，次のような表現が可能になる：

(7) Please get the beer. It's *standing* on the table.

(8) The train *standing* at Platform No.3 is the 8：15 for Edinburgh.（発車前のアナウンス）

また次例ではこの二つの動詞の意味的対立が現れている：

(9) a. The cars *are standing* at the start.

　　b. The car *is sitting* on the side of the race track.

a. は自動車レースでこれから一斉にスタートするという状況，b. は，故障してトラックの脇に止まっている状況である（ちなみに「駐車禁止」は No Parking で，「停車禁止」は No Standing）。英語の stand, sit では，このような人間の動作の持つ「方向性」を基本として，事物の存在についてもそれを援用するのが可能であるのに対して，日本語の「立つ」「座る」にはこのような「比喩的」な発展は見られない。

〔3〕「持って（連れて）行く」「持って（連れて）来る」

　日本語のこれらの迂言形式は，その対象が人か物かという点と話し手を基準とした移動の方向で区別され，少なくとも「持つ」「連れる」「行く」「来る」の四つの語彙形式を含んでいる。これらの形式で表されるような事態を他の言語ではどのように表すかを見ると，以下のようである：

英：take　　　　　　　　　　　　　　　　　bring

仏：em－mener/em－porter　　　　　　　　a－mener/ap－porter

独：bringen/mit＝bringen/hin＝bringen　　bringen/her＝bringen/mit＝bringen
　　/mit＝nehmen

ギ：$\pi\eta\gamma\alpha\acute{\iota}\nu\omega$ / $\pi\acute{\alpha}\omega$　　　　　　　　　　　　$\phi\acute{\epsilon}\rho(\nu)\omega$

ロ：a) нестӣ / вестӣ / везтӣ　　　　　　c) при-носи́ть/при-води́ть/при-вози́ть
　　b) носи́ть / води́ть / вози́ть　　　　d) при-нести́/при-вести́/при-везти́

韓：가지고／데리고 가다　　　　　　　가지고／데리고 오다

　移動という事態には，必然的にその起点，到達点，方向，経路，移動手段，移動の様態などの要因が関与する。携行動詞においては，これに様態の一つとして携行の対象という要因が加わるが，これらの諸形式の内にどのような要因がどのように捉えられているかが問題になる。

　形式自体について見ると，日・韓では，様態の部分（「持って／連れて，가지고

／데리고）が別の自立形式で表される迂言形式であるが，他の言語では，独が mit＝（「同伴」），her＝（「話者への方向」），hin＝（「特定の場所への方向」）などの分離前綴り，フランス語の，単純動詞と融合した形の接頭辞 en－（そこから）と a－（〜へ），ロシア語の接頭辞 при－（接近，到着）など，非自立形式を含むか，あるいは単一の語彙形式という違いがある。

　ロシア語は，「動詞の語類」全体に関わる文法形式「完了体／不完了体」の区別を持ち，携行動詞でも上例の a) b) c) は「不完了体」，d) は「完了体」である。さらに，「不完了体」の中で，接頭辞を持たない a) と b) は，「定動詞／不定動詞」として区別され，それぞれ「一方向／往復，移動中／全体としての動き」などの点で対立する。ギリシャ語の動詞にも文法形式として "imperfective/perfective" の区別があり，上例の πηγαίνω [pijéno] は "imperfective"，πάω [páo] は "perfective"，φέρ (ν) ω [féro, férno] では φερ－が "perfective" の語幹である。

　移動手段について見ると，ロシア語では，「行く」「来る」に相当する動詞がその移動手段（歩くか車などの手段を使うか）によって区別されるが（ドイツ語でも「行く」場合にはこの区別がある），携行動詞においても，徒歩による場合と乗物での場合とで次のような区別がある。

乗物	徒歩
ロ：везти́／вози́ть／при-везти́／при-вози́ть	нести́／носи́ть／при-нести́／при-носи́ть
	вести́／води́ть／при-вести́／при-води́ть

他方，英語，ドイツ語，ギリシャ語には移動手段による区別がない。

　携行の対象について見ると，英語，ドイツ語，ギリシャ語では「人（あるいは生き物）／物」による区別がないが，フランス語とロシア語ではこの区別によって次のように動詞が異なる[6]。

人	物
仏：em-mener／a-mener	em-porter／ap-porter
ロ：вести́／при-води́ть／везти́／при-вози́ть	нести́／при-нести́／при-носи́ть

韓国語は日本語と同じように，가지다 [kadʒida]（持つ），데리다 [terida]（連れる）で「人」「物」の区別をし，가다 [kada]（行く）／오다 [oda]（来る）との迂言形式を取る。日本語で「子供を連れて行く」という場合，ふつう，手を引

いて行く状況が考えられるが,「赤ちゃんを抱いて行く」場合はどうだろうか。この場合,「連れて（持って）行く」は使えない。このような携行の様態は,韓国語でも日本語と同じように, 안다 [anta]（抱く）, 업다 [ɔpta]（背負う）, などの形式を用いなければならないが, 対象を「物」としたロシア語の нести は, Akademija Nauk SSSR（1978）では次のように定義されており, ребёнок（赤ん坊, 子供）を使った下記の例がある:

> нести：Перемещать что-н., держа в руках（или на спине, на плече）
> 　　　腕に持って（あるいは背中, 肩に乗せて）何かを移動させる

> (10) Нести ребёнка на руках. 赤ちゃんを（両腕に）抱いて行く。

一方, 対象を「人」とした вести には ребёнок（子供）について下記の例がある:

> (11) Вести ребёнка за руку. 子供の手を引いて行く。

ロシア語では, 自分で歩ける「子供」を「人」と捉え, 自分では歩けない「赤ちゃん」を「物」のカテゴリーに入れて, 日本語にはない二つの単純動詞での区別が可能になる。

　次に起点と到達点あるいは方向に関わる特徴を見よう。英語の take と bring は, 以下に引用する辞書の定義にも見られるように, その意味要素として, それぞれ go と come を含んでいる:

> bring：When you *bring* someone or something with you when you come to a place, they come with you or you have them with you, for example in a bag or in a pocket.
>
> take：　If you *take* something with you when you go somewhere, you carry it or have it with you.
> 　　　If you *take* someone somewhere, they go there with you, especially when you are driving or you are leading them there.
>
> 　　　　　　　　　　　　　（*Collins Cobuild English Language Dictionary*. 1987）

Go は基本的には話し手の位置を離れることを問題とし，come は話し手あるいは聞き手のいる（はずの）位置への移動を問題とするから，"deictic" であるが，しかし，bring について次のような定義と例も挙がっている：

> bring：If you *bring* something to someone, you fetch it for them or carry it to them. ... A *servant would bring out a chair for him.*

したがって，bring は take と違ってある点への到達を問題にするが，その場所は話し手あるいは聞き手のいる所とは限らない。

ドイツ語の bringen は特定の場所への携行を問題にし，次例のようにその方向は問わない（例（12），（13）は Farrell（1963），（14）は冨山（1987）から）：

(12) Ich werde ihn an den Bahnhof *bringen*.　彼を駅へ送って行きます。

(13) *Bringen* Sie ihm bitte diesen Brief so schnell wie möglich.　できるだけ早くこの手紙を彼のところへ持って行ってくれ。

(14) *Bringen* Sie mir ein Glass Wasser！　私に水を1杯持って来てください。

Bringen は英語の bring より用法が広い。これは，英語の take に当たる nehmen に携行動詞としての用法がなく，bringen がその位置を占めているためである。

到達点での状況に関して，この動詞はある条件を持つようである。Farrell（1963）は，take と bringen の違いについて，次のような指摘をしている：

> *Bringen*, the most general term, means to take to a destination and then leave. It is accordingly not used in the sense of 'take' to a place of entertainment and remain there with him or her.

したがって，たとえば「誰かをパーティに連れて行く」という場合に，take は使えるが，bringen とは言えず，おそらく mit＝nehmen を用いることになる[7]。英語が with，from here，there などの前置詞，副詞（句）で「共に」や方向の概念を表すところを，ドイツ語は，上述のような mit＝あるいは hin＝/her＝など

の分離前綴りを単純動詞に付けて，これらの概念を表している。Klappenbach & Steinitz（1977）は，hin = bringen を「何かまた誰かを特定の場所へ bringen する」と定義し，her = については，「話し手への方向を指す」前綴りとしており，her = bringen は deictic な要素を含んでいることになる。

　ロシア語の諸形式のうち，接頭辞を持たない単純形は，移動の方向を問わず，また特に「起点／到達点」を問題にしない。一方，при−（到達／接近）を持つ形式では到達点に焦点が置かれており，状況によって日本語の「―て行く／来る」のいずれにも対応しうる。

　ギリシャ語は上述の印欧語と少し異なっている[8]。Πηγαίνω /πάω は英語の go に相当する動詞で，

　　(15) a. Πηγαίνω στο σχολείο κάθε μέρα　毎日学校へ行きます。
　　　　 b. Άυριο θα πάω στο σχολείο.　明日学校へ行きます。（θα は未来を表す形式）

のように用いられる一方，

　　(16) Πήγαινε το καφέ στη Μαρία.　マリアのところへコーヒーを持って行きなさい。
　　(17) Θα σας πάω σπίτι με τ'αυτοκίνητο.　車で家まで送ります。

のようにほぼ「持って行く」「連れて行く」に当たる携行動詞としての用法を兼ねている。一方 φέρ (ν) ωは，

　　(18) Μπορείτε να μου φέρετε ενα ποτήρι νερό；　水を1杯持って来てください。
　　(19) Θα φέρω τη Μαρία στο πάρτι το άλλο Σάββατο.　今度の土曜日にマリアをパーティに連れて来ます。

のようにほぼ「持って来る」「連れて来る」に相当する用法を持つ。

　フランス語の諸形式について見ると，単純動詞の mener（文章語的）と porter
は，英語の carry と同様，「起点／到達点」について明示的な特徴を持たないが，
上掲の携行動詞には「起点」を示す接頭辞（en-（ある所から）と「到達点」を
示す a-（ある所に））が付いている。「人」を対象にする amener/emmener につ
いて見ると，たとえば，話し手が家にいて，自分は忙しくて家にいなければなら
ないけれど，子供達を動物園に「連れて行って」くれないかと言う場合[9]，

  （18）Veux‐tu *amener/emmener* les enfants au zoo ? Moi, je suis occupé et je
      dois rester à la maison.

のように両方の動詞が可能である。ふつう「家から連れて出る」点を問題にする
から，emmener のほうが一般的だか，動物園そのものに何か意味があると話し
手が考えていれば，amener が使われる。また，ピクニックに行く 2 人の友人が
電車のなかで話をしていて，一方が他方に「彼ら（たとえば子供たち）を連れて
来なかったの？」と聞く場面では，次例のように，emmener だけが可能であ
る：

  （19）Vous ne les *avez* pas *emmené* avec vous ?

例（18）のように「到達点」を焦点に置く場合とは違ってここでは amener は使
えない。emmener は例（18），（19）で「家から連れて出る」こと，つまり「起
点」あるいは「起点を離れる」点を問題におり，日本語の「連れて行く／来る」
の両方の事態を表しうる。
　「物」を対象にする apporter / emporter についても同様の区別が働いている
（例 23 は Dubois（1979）から）：

  （20）*Apporte*‐moi un café. 　コーヒーを<u>持って来て</u>くれ。
  （21）*Apporte*‐lui un café. 　彼にコーヒーを<u>持って行って</u>くれ。
  （22）*Emporte*‐moi ces verres sales dans la cuisine.
      この汚れたコップ，台所へ<u>持って行って</u>くれ。
  （23）Vous *avez emporté* de quoi manger ? —— Oui, c'est dans le sac.
      何か食べるものを<u>持って来ました</u>か。——ええ，袋に入っています。

apporter は「到達点」あるいは「到達点に達すること」, emmener は「起点」あるいは「起点を離れる」ことに, それぞれ焦点が置かれる。したがって次例のように同じ文脈で両語を使うことができる:

(24) Si vous allez le voir, *apportez / emmportez* lui le livre que je vous ai prêté.
　　 彼に会いに行くんだったら, 僕が貸した本を彼に<u>持って行って</u>くれないか。

apporter では, 彼の所にという「到達点」が焦点になり, emporter では,「起点を離れる」つまり,「あなたの所」からその本を持って出ることに焦点が置かれることになる。

お わ り に

　以上, 日本語の幾つかの語彙形式とそれらが指し示す事態を表わしうる他言語の諸形式について述べたが, すべて現象自体の記述であって, なぜそのような現象がもたらされているかの説明といった, 幾つかの問題が残されている。たとえば,「絵」「絵を描く」という事物・事態について, 印欧語系の言語が, 日本語, 韓国語とは異なって, 日常語の単純語のレベルで少なくとも二つの語彙形式を区別しているが, これはどうしてなのか。言語による外界の事象の把握には, 一般に, 我々が生物として持つ普遍的な認知フィルターを通すことと, (立つ, 座るなどに見られるような) 人間の身体的あり方がその前提となるが, その際, 何らかの意味で我々が生存・生活上, 関心を持つ, あるいは持たざるをえない事物・事態の特徴に注意を向け, それに言語形式を与えるのだと考えられる。さらにそれぞれの社会集団の持つ「歴史的・文化的フィルター」が働くことも考えられる。「絵」「絵を描く」の場合, この種のフィルターが関与しているのかもしれない。あるいはまた,「持って (連れて) 行く／来る」で見たように, 日本語・韓国語の迂言形式とは異なり, ここで扱った印欧語系の言語では, いずれも単純語あるいは接頭辞や分離前綴りを持つ, 単純語に近い形式が用いられている。「移動＋持つ (伴う)」のような「複合概念」を表す際のこのような形式の違いは, 他の

語彙分野における諸形式の事象の捉え方と何らかの（相関）関係があるのか。
「立つ」「座る」において，フランス語（se lever, s'asseoir），ドイツ語（sich
setzen），ロシア語（садиться），ギリシャ語（σηκώνομαι, στέκομαι, κάθομαι）
などの，動詞の語類全体に関わる文法形式（再帰形式と受動形式）を用いた表現
法が見られる。このような表現法の背後には，日本語や韓国語にはない事態の捉
え方があると考えられるが，それはどのようなものなのかといった問題もある。

　文法形式については，個々の言語の統語的・形態的諸特徴から，類型論あるい
は "implicational law" などが可能になる。語彙形式の意味について諸言語の類
型論といった企ては可能だろうか。たとえば基本色彩語彙では，視神経の普遍的
制約からある種の "implicational law" が考えられるが，そのような扱いが困難
な分野では，おそらく，諸言語の系統関係を視野に入れながら，個々の言語集団
が置かれている自然環境や歴史的・文化的伝統を共有する文化圏の違いを考慮す
ることが必要になるであろう[10]。

<h2 style="text-align:center">注</h2>

1) この他に，諸言語には「好まれる言い回し」とでも呼べる表現様式が備わっている。日本
語で「長年の酒の呑み過ぎのせいで彼は死んだ」と表わせる事態を，たとえば，フランス
語では "Le vin l'a tué"（酒が彼を殺した）のように，無生物主体を主語にする形式で表わ
せるが，日本語の「酒が彼を殺した」は不自然で，「酒（が原因）で彼は死んだ」とでもし
なければならない。このような「好まれる言い回し」のあり方も緩い制約として働くと思
われる。
2) 参照した諸版については最後に「資料」としてまとめた。以下，韓国語については魏聖銓
君（学習院大学大学院。ソウル出身）の協力を得た。
3) ζωγραφίζω は，絵の具でかく場合と，単に鉛筆などで素描する（σχεδιάζω）ことも含む。
4) 判定に協力頂いた母語話者は，Thomas Cogan 氏（米国 Ohio 州 Columbus 生まれ），
Chandler Bostwick 氏（米国 Georgia 州出身），Miss S. Carry 氏（英国 Liverpool 出身）の三
氏。三氏の間で微妙な差異があるが，ここでは Cogan 氏による判断を挙げる。長嶋（1979）
参照。
5) D. Bolinger（1978：16）は「耐える」意の stand と endure の微妙な違いについて，"future
orientation" という用語で次のように指摘している：
　　Even here we detect a future orientation with *stand* that is absent in *endure*：He stood it for
　　five minutes（and then simply had to get up and move around）. He endured it for five
　　minutes.
　　The expectation of 'and then' is stronger with *stand*.
6) Dubois（1979）によると，日常のくだけた会話では amener と emmener が「事物」につい

ても用いられるようになっている。これに対し，Girodet（1976）は，これらの動詞を「事
物」について用いてはならない，と注記している。

7) Klappenbach & Steinitz（1977）は，mit = bringen について「贈り物として何かを誰かに
持っていく」という意味のほかに，"mit sich irgendwohin nehmen" という定義を挙げてい
る。また，Wahrig（1978）は，mit = bringen に"(irgendwohin) mitnehmen" いう語釈を
付けている。この動詞と mit = nehmen との違いは未検討である。

8) 母語話者として Αγησίλαος Θεοδωρόπουλος 君（アテネ出身）の協力を得た。

9) 母語話者として France Dhorne 氏と Christine Guillon 氏（両氏とも出身地未確認）の協力
を得た。長嶋（1986）参照。

10) 小論では十分に扱えなかったが，個々の語彙形式の持つ「比喩的」展開の方向も問題にな
る。たとえば「立つ」で言えば，「噂（評判）が立つ」「予定（計画）が立たない」「腹が立
つ」などのような表現が可能だが，英語の stand はこのような表現で表される事態を指し
示しえない。

資　料

Antoine de Saint - Exupery：*Le Petit Prince.*Gallimard. 1995 ［1946］.

　Katherine Woods（訳）：*The Little Prince.* Harcourt Brace & Company. 1971.

　Grete und Josef Leitgeb（訳）：*Der Kleine Prinz.* Karl Rauch Verlag. 2000.

　内藤　濯（訳）：『星の王子さま』. 岩波書店. 1996 ［1962］

　Melina Karakosta（訳）：*O Mikros Pingipas.* Ekdosis Pataki. 1997.

　김제하（訳）：어린왕자, 소담출반사 . 1990.

Collin Dexter, *The Silent World of Nicholas Quinn*, Pan Books. 1977.

参照した主な辞書

（英語）

The American Heritage Dictionary of the English Language.（1992[3]）Houghton Mifflin Company.

Collins Cobuild English Language Dictionary. 1987.

小西友七・安井稔・國廣哲（編集主幹）.（1980）『小学館　英和中辞典』

（ドイツ語）

Farrell, R. B.（1963）. *A Dictionary of German Synonyms.* Cambridge.

Klappenbach, R. & W. Steinitz.（1977）*Wörterbuch der deutchen Gegenwartsprache.* 6 Bde.
　　Akademie der Wissenschaften der DDR. Berlin.

冨山芳正（編）（1987）『郁文堂　独和辞典』

Wahrig, G.（編）（1978）*Wörterbuch der deutchen Sprache.* dtv.

（フランス語）

Bénac, H.（1956）*Dictionnaire des Synonymes.* Hachette. Paris.

Dubois, J.（編）（1979）*Dictionnaire du français. Langue étrangère Niveau 2.* Larousse.

Girodet, J.（編）（1976）*Logos, Grand Dictionnaire De La Langue Française.* Bordas.

三宅徳嘉・六鹿豊（監修）（2001）『白水社ラルース仏和辞典』

（ロシア語）

Akademija Nauk SSSR.（1978）*Kratkij Tolkovyj Slovar' Russkogo Jazyka dlja inostrantsev* Izdatel'stvo "russkij jazyk".

米重文樹（編）（1994）『パスポート初級露和辞典』. 白水社.

（ギリシャ語）

Kriaras, E（1995）Νεο Ελληνικο Λεξικο της Συγχρονης Δημοτικης Γλωσσας. Ekdotiki Athinon. Athens.

Stavropoulos, D. N.（1988）*Oxford Greek‐English Dictionary*.

（韓国語）

小学館／韓国・金星出版社.（1993）『朝鮮語辞典』

参考文献

Bolinger, Dwight（1978）"A Semantic View of Syntax : Some Verbs that Govern Infinitives". *Linguistic and Literary Studies, In Honor of Archiboald A. Hill. vol. II : Descriptive Studies.* Mouton.

高田　誠（1991）「基本語彙の対照研究――量的な対照をめぐって――」『筑波大学文芸・言語学系紀要　文藝言語研究　言語篇』19

長嶋善郎（1979）「Sit と stand の意味について」『外国語辞書改善のための基礎研究』（文部省科学研究費による特定研究報告書）II

―――（1986）「Amener / Emmener, Apporter / Emporter の意味について――仏和辞典の記述に関連して――」『獨協大学外国語教育研究』第 5 号

（文献追記）
1.　「立つ，座る」について。下記の文献は，これらの語に「横になる」を加えて，英語，日本語，韓国語，オランダ語，ラオ語，パプア諸語，オセアニア語などを対象にした論文を含んでいる。
　　　　John Newman（ed.）（2002）*The Linguistics of Sitting, Standing, and Lying.* Typological Studies in Language 51. John Benjamins.
2.　「行く」「来る」について。多くの研究があるが，ここでは日本語，英語，中国語を対照して興味深い考察を行っている下記の文献を挙げておく。
　　　　中澤恒子（2002）「「来る」と「行く」の到着するところ」，生越直樹（編）『対照言語学』東京大学出版会。
3.　認知意味論の立場から，諸言語の語彙化パターンなどを詳細に扱った下記の文献は，語彙意味の類型研究において必読の文献の一つと思われる。
　　　　Leonard Talmy.（2002）*Toward a Cognitive Semantics.* vol. 1 : *Concept Structuring Systems*, vol. 2 : *Typology and Process in Concept Structuring.* MIT Press. 2000.

第3章
日本語の文構造
語順を中心に

田 窪 行 則

はじめに

　この章では日本語の文法構造を一般言語学的な議論の中で捉えなおすことを試みる。特に語順を中心に，日本語がどのような面を他の言語と共通して持ち，どの面が違うのかおおづかみに捉えることが本章の目的である。

　まず第1節では，日本語の特徴として広く受け入れられている入れ子型の構造を，三上（1970），南（1974），北原（1981）などの階層的な構造枠組みを拡張することで捉える。次に第2節では，このような階層的な意味構造を線状化する際の日本語の特徴を見て，入れ子構造と橋本式の文節構造とを線状化規則によって関係付ける試みを非常に単純化した形で紹介する。さらに，第3節では日本語の階層的構造のもうひとつの特徴である，従属節の従属度がどのような性質を持つかを見る。

●1　入れ子構造と階層的構造

　日本語学の伝統では日本語の文構造に対して次のような構造が想定されることが多い（北原（1981），仁田（1997），野田（2002）などを参照）。

　　(1)　[[命題（的意味）] モダリティ（的意味）]

すなわち，文は，命題部分とそれを包み込むモダリティを表す部分とに分かれ，

いわゆる入れ子の形で表現されるとするものである。命題部分は，dictum モダリティ部分は，modus などとも言われる。命題部分は，主語を含む部分と命題から主語を取った残りである動詞句部分とにさらに分かれる。モダリティ部分に関しては命題目当てのものと聞き手目当てのものとを区別すると次のような構造になる。

(2)　［［［主語　動詞句］命題目当てモーダル］聞き手目当てモーダル］

命題目当てモーダルには命題目当てモダリティ修飾句が付き，聞き手目当てモーダルには聞き手目当てモーダル修飾句が付く。これを表示すると（3）のような入れ子構造になる。

(3)　［聞き手目当てモダリティ修飾句［命題目当てモダリティ修飾句　［主語　動詞句］命題目当てモーダル］聞き手目当てモーダル］

入れ子関係は，左にくる要素と右にくる要素が呼応関係にあることを表している。つまり，聞き手目当てのモダリティの修飾句は，聞き手目当てモーダルと呼応し，命題目当てのモダリティ修飾句は命題目当てモーダルと呼応する。また，主語句は述語句と呼応するので，（3）のような入れ子の構造ができる。南（1973, 1991）の A，B，C，D 4 段階の階層関係はこのような構造を表していると解釈することができる。このような考慮から田窪（1987）では，句構造規則として表し，次のような階層構造を想定した[1]。

(4)　A ＝様態の副詞＋補語＋述語
　　　B ＝制限的修飾句＋主語＋ A ＋（否定）＋時制
　　　C ＝非制限的修飾句＋ B ＋モーダル
　　　D ＝呼掛け＋ C ＋終助詞

聞き手目当てモーダルを終助詞，それと呼応する修飾句を「呼掛け」と呼んでいる。また，命題目当てのモーダルは単にモーダル，それに呼応する修飾句を非制

限修飾句と呼んでいる。

　(4) は，それぞれの段階がどのような要素を含むかを示した句構造規則になっているが，これは主要部と補語からなる句に付加的な句が修飾するという形式をとると考えることもできる。そこで (4) は，次のように，［付加句［補語　主要部］］という構造を持つと考えられる[2]。

　　(4') A ＝［様態の副詞＋［補語＋述語］］
　　　　 B ＝［制限的修飾句＋［主語＋［［A＋(否定)］＋時制］］
　　　　 C ＝［非制限的修飾句＋［主題＋［B＋モーダル］］］
　　　　 D ＝［呼掛け＋［C＋終助詞］］

南の4つの階層は，日本語の階層構造を非常にうまく表せていると同時に意味構造を表しているといってよい。田窪 (1987) ではこれらはそれぞれ次のような統語範疇と対応する意味タイプを表していると考えた。(多少簡略化してある)

　　(5) A ＝動詞句　　動作のタイプ
　　　　 B ＝節　　　　事態のタイプ
　　　　 C ＝主節　　　判断
　　　　 D ＝発話　　　伝達

しかし，A-D類を句構造として表し，それに関わる上のような意味的階層関係を考えると階層関係が4層である根拠はそれほど強くない。実際，南以降4段階以上の階層関係を想定する研究が非常に多く出ており，この4層の階層構造をさらに詳しく分類し，より詳細な区別をする。たとえば，野田 (2003：12) では述語部分に次のような区別がされている。

　　(6) 述語語幹］ヴォイス］アスペクト］肯否］テンス］対事的ムード］対他的ムード］

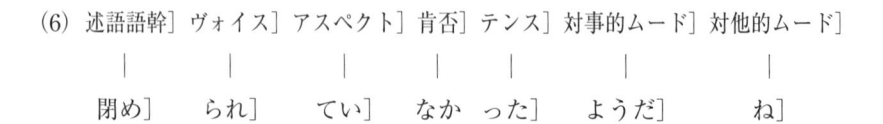

　　　　　閉め］　　られ］　　　てい］　　なか　った］　　ようだ］　　　　ね］

この詳細な述語構造に対応して，対応する副詞類などが呼応すると考えると，さらに詳細な階層構造ができる。しかし，このような「文法カテゴリー」を立てることにはそれほど強い根拠はない。受身の「られ」は，（7）のように「アスペクト」の一形式とされる「て‐い」の前にくることもできるし，（8）のように，後にくることもできる。

　（7）　この本はいろんな人に読まれている。
　（8）　そんなところに立っていられては邪魔になる。

もちろん，「て‐い」の後にくる「られ」は，いわゆる被害の受身であり，「て‐い」の前にくるものは直接受身であるなどといって区別することは可能である。また，前者の方がより広い範囲の要素をとると見ることもできる。これらを互いに異なる文法カテゴリーであるとするとこれらを区別してヴォイス1，ヴォイス2とでも名前をつける必要が出てくるだろう。また，過去時制を表すタの形は，モーダルの要素より前にも後にも出てくる。「行ったようだった」のごとくである。そこで，文法カテゴリーを立てるなら，時制1，時制2とでもしなければならなくなる。この場合ももちろん時制1はアスペクト，時制2はテンスなどと区別することも可能である。

　一つの文法カテゴリーはいわゆる縦の関係をなし，他の対立するメンバーとパラディグマティックな関係を持つ。たとえば，非過去の「る」形と過去の「た」形は「るた」，「らる」のように連結して現れることはないため，一つの文法カテゴリーをなすと考える根拠になるかもしれない。しかし，「る」や「た」に対し，アスペクトとテンスの二つの用法があるとすれば，このような連結形がないのは，単に形態の問題で，文法カテゴリーとして連結は許さなければならない。また，使役の「させ」と受身の「られ」は「させられ」の形で連結できる。このようにパラダイムをなさず，シンタグマティックな関係に立つものをヴォイスとして一つの文法カテゴリーのように扱うのは問題である。となると，それぞれを別の文法カテゴリーとして，たとえばサセは述語語幹の一部とし，「られ」はヴォイスとするという不自然な取り扱いをせねばならない。また，その場合，「られさせ」が不自然なのは意味的な問題ではなく，文法的な問題であるとしなければならな

いが，これが適切かどうかは疑問である。また，D類の主要部となる終助詞も「わ」，「よ」，「ね」を重ねることができるが，これらを D1，D2，D3 と別のカテゴリーにする必要はなく，単に，終助詞として連結できるとすればよい。また，これらの「よわ」，「ねわ」，「ねよ」などが言えないのも特に文法的なというよりはそれぞれの終助詞要素が持つ意味操作からくるものだと思われる[3]。

　これらの点を考慮に入れると特に4段階の文法カテゴリーのようなものは立てず，単純にこれらの述語要素がそれぞれ主要部となって補部をとるような構造を考える方が簡単である。主要部要素がとる補部の構文的性質はほぼ意味的な選択により決まると考えられる。たとえば次のような意味的な選択があると考えてみよう。

(9)　述語主要部の意味的選択

　　　食べ：［食べられるもの］をとってそれを食べる動作（のインターバル）を与える

　　　させ：［動作］をとって，使役動作を与える

　　　られ：［動作］をとって，受身過程を与える

　　　アスペクトの「た」：　動作のインターバルをとって終点を与える。

　　　ようだ：　命題をとって現実に対する説明を与える。

　　　テンスの「た」：　動作のインターバルをとって参照点（無標では発話時）より以前に位置付ける

述語にこのような意味的な選択が想定されるとすると，述語がとれる補語句の性質はこのような意味的性質を持つものに限られる。

　「させ」は動作を表す動詞句をとって，使役動作を表す動詞句を作る。「られ」は動作を表す動詞句をとって，被害受身を表す動詞句を作る。「させ」の構造を次のようなものだとしよう。「させ」は，動作を表す動詞句を補語として動詞句を作り，それに被使役者を付加句としてとるような下位範疇化特性を持つとすると，たとえば次のようになる。

(10) ［被使役者ニ ［［動作］－させ］］

　　　［太郎に ［ ［りんごを食べ］－させ］

受身は，動作を表すものをとって，受身過程を与えるとしよう。その下位範疇化特性は，動作を表す動詞句を補語として動詞句をとり，受身動作主を付加句としてとるとする。したがって，受身は使役化されてできた動作をとることができる。これを受身にすると次のようになる

(11) ［受身動作主 ［［使役動作］＋られ］

　　　［次郎に ［被使役者ニ ［りんごを食べ］－させ］－られ］

被使役者は，受身過程と結びつく，経験者と同一になるので表面には現れないから，これを pro で表すと次のようになる。

(12) ［経験者 ［受身動作主 ［pro ［使役動作］］＋られ］

　　　太郎が ［ 次郎に ［pro ［りんごを食べ］させ］－られ］

　次に，「られ－させ」を見てみる。

　「られ＋させ」は，「られ＋補語句」に受身動作主を付けたものを補語句にしてそれに「させ」を付ければできる。

(13) ［太郎に ［次郎に ［りんごを食べ］－られ］－させ］

このとき，「られ」は過程を作るもので，動作を作るものではないし，受身動作主は，ニ格であるために，「させ」がとる被使役者のニ格と重なり，ニ格が二つ続く。意味としては，被害を受けさせるという意味になる。「に」が二つ続くことと「被害を受けるということをさせる」ことが可能であるという不自然な想定ができれば意味はとることができることになり，実際には使えないが，文法的には適正な組み合わせであることになる。

　次に「モーダルの助動詞」が二つ続く例を見てみよう。「だろう」は，後ろに

終助詞以外はくることができないが，これが意味上の問題なのか形態上の問題なのかはよく分からない。形態上の問題をクリアできれば，モーダルの助動詞とされているものも重ねることが可能である。以下のものは google 検索によるものであり，多少不自然ではあるが，非文とまではいかず問題なく解釈できる。

(14) 彼はずっと寝たきりらしいそうだ。

(15) 思索というのは非常にいいらしいそうだ。

(16) 太陽熱温水器というものは凍結期は使えないもので無理して冬に使う場合は凍結期のパンク修理件数は結構多いらしいようだ。

(17) 株が下がる，下がる，景気が下がる，下がる日本もドイツもアメリカも中国までもデフレ経済にはまったみたいらしい。

つまり，日本語では意味的制限が守られれば，述語は補語句をとって重ねていくことができるものであり，特に文法カテゴリーによる制約は必要ないと考えられる。日本語の主要部の承接は形態的な制約と意味的な制約による。これに対し，英語では後述するようにモーダルの助動詞を組み合わせることはできず，may can, must can などの組み合わせは許されない。これは，意味的な制約ではなく，モーダルの助動詞の位置が節に一つしかないことからくる統語的な制約である。

　主要部と補部とでできた句にさらに付加的な要素が加わった日本語の基本構造は次のようになる。

(18) X：補語＋主要部
　　 Y：付加句＋X

このようにしてできた句をさらに別の述語要素が補部としてとるとすると次のような構造ができる。

(19) ［付加句3［付加句2＋［付加句1＋［補語1＋主要部1］］＋主要部2］＋主要部3］］
　　　　　｜　　　　　｜　　　　　｜　　　　｜　　　　｜　　　　　｜　　　　｜
　　　　［山田が＋　　［彼に＋　　［ゆっくり＋［カレー＋を食べ］］＋　　させ］　　　た］

このような単純な構造の繰り返しにより，層をなす日本語の階層構造ができているのだと考えよう。A－Dのような区別は，このようにしてできた意味階層構造に対して，適用される連続的な区別として見ることができる。

●2　日本語の語順と線状化規則

　1節で見た日本語の階層は語（あるいは形態素）を，形態的な制約に従って順次組み合わせて作っていく意味的な階層と考えることができる。この階層構造と日本語の実際の語順との関係は自明ではない。(4')で述べた句構造は，句構造自体に語順の情報が書き込まれており，それに従えば，語順が指定できる。

　　　(20) = (4')
　　　　　A =［様態の副詞 ＋［補語 ＋ 述語]]
　　　　　B =［制限的修飾句 ＋［[主語 ＋ A] ＋ (否定)] ＋ 時制]]
　　　　　C =［[非制限的修飾句 ＋ B] ＋ モーダル]
　　　　　D =［[呼掛け ＋ C] ＋ 終助詞]

句構造規則は，句の構成要素とその構成要素間の順序をコード化したものだから，たとえばAであれば，様態の副詞，補語，述語をこの順序で並べることを意味する。したがって，A－Dのような4段階を認めず，単に，付加句，補語，主要部からなる階層構造を認める場合でも，たとえば，付加句，補語，主要部という順序を認めておけば，語順を指定しておくことができる。しかし，このような順序を含んだ句構造を想定し，これにより語順を指定することは次の点で問題がある。

　まず，意味的な階層から意味解釈をする場合，語順の指定は意味には直接関係がない。語順が意味に関係があるのは可能な語順が複数選択できる場合に限られ，名詞と格助詞とか，関係節（連体修飾節）とそれが修飾する名詞とかのように完全に語順が決まっている場合には，語順は意味とは無関係である。つまり，意味的な階層に語順を指定するのは，レベルの混同がある可能性がある。

　次に，いわゆるハシモト単位の問題がある。広く知られているように日本語で

は文の発音の単位は上で見たような階層構造ではなく，文節という単位で行われ
る。文節による分析は，上で見た意味的階層とは異なることが知られている。た
とえば，(20)は次のような文節に分けられる[4]。

(21)｜お母さん｜，｜どうも｜　｜お隣は｜　｜息子さんが｜　｜大学に｜　｜入ったよう
　　　だね｜。

　文節は，「ね」「ですね」「あの」のようないわゆる間投詞が入りえる切れ目や
ポーズ，方言によってはアクセント規則などの配置にもかかわる発音の単位と
して有用であるため認めざるをえない。しかし，(4)のような構成要素に順序をつ
けた句構造がそのまま線状化の規則であるとすると，それだけではこのような音
韻句が出てくる余地はない。したがって，1節で見た意味的な階層構造と，この
文節という音韻句を持つ線状的構造とを結びつけるような線状化規則が必要とな
るのである。
　これまで意味階層構造がどのようにして日本語の語順として線状化されるかに
関しては，日本語学ではあまり具体的な議論はないように思われる。階層構造を
基本とする分析では，それほど明示的な文節を認めていない。そこで，ここでは
意味階層構造には語順の指定をせず，線状化規則を別途立てることで，意味階層
構造を文節構造に写像する試みを行う[5]。

〔1〕日本語の線状化規則
　線状化というのは，半順序構造を持つ階層的な構造を全順序構造に変える操作
である。日本語の基本的な線状化規則は，次のように述べることができる。

(22)　日本語の線状化規則
　　 ⅰ) 階層構造の上から構成素をはずして線状化する。
　　 ⅱ) 構成素は非主要部 > 語彙的主要部の順に線状化する。
　　 ⅲ) 線状化は先端に到達したら，線状化の後，隣接した同位要素 (sis-
　　　　 ter) を線状化する。

この規則に従えば，階層構造の上の方から非主要部の方を先にとって並べ，その
あとに主要部を並べていく形で日本語の語順が出来上がる。つまり (20) = (4')
で見た意味的な階層構造の一番上から始めて，左側の要素を順次取り外して，線
状に並べていき，下に降り，一番下についてから上に上がっていくことで日本語
の基本語順が出来上がる。このため，意味的構造は (23) のようにたまねぎの皮
のように，外から中へと入れ子のような構造となっているが，線状化された構造
は，幾つかの構成素を並べたあとで，主要部が連続した形となった，いわゆる文
節構造となっている。

(23)

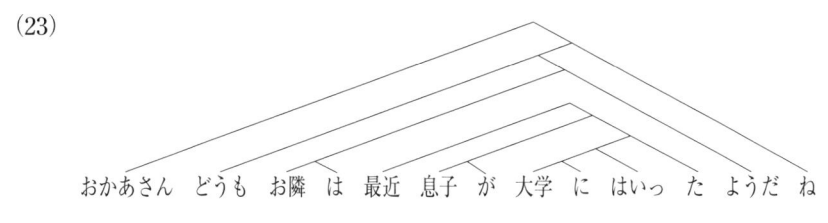

おかあさん どうも お隣 は 最近 息子 が 大学 に はいった た ようだ ね

一番上の階層で，非主要部の ｜お母さん｜ を取り外す。同様の理由で，次の階
層の非主要部の ｜どうも｜ を取り外して，その次に並べる。

(24) ｜お母さん｜ ｜どうも｜

次に，｜お隣－は｜ を取り外し，このなかで非主要部の ｜お隣｜ を先に並べ，
次に ｜は｜ を並べる。このとき，助詞類は，拘束形態素であるためそれが付く名
詞類に拘束され，ひとつの句を形成する。以下，順次，上から取り外していくと
一番下の句に到達し次のようになる。

(25) ｜お母さん｜ ｜どうも｜ ｜｜お隣｜ ｜－は｜｜ ｜最近｜ ｜｜息子｜ ｜－が｜｜
　　　｜｜大学｜ ｜－に｜｜

これで，非主要部はすべて線状化されたので，次に主要部を取り外し，｜大学
に｜ の次に並べる。そして(iii)に従い順次，並べていく。「た」「ようだ」「ね」も
拘束形態素として先行する形態素に拘束されると以下のような文節構造になる[6]。

(26)　｜お母さん｜　｜どうも｜　｜｜お隣｜　｜－は｜｜　｜最近｜　｜｜息子｜　｜－が｜｜
　　　　｜｜大学｜　｜－に｜｜　｜｜入っ｜　－た｜　｜－ようだ｜　｜－ね｜

日本語の構造に対する分析は，いわゆる時枝，三上，南式の入れ子構造と橋本式の文節構造との相反する立場からなされる。上の分析は，意味的な階層構造を線状化規則により文節構造に写像することで，両方の構造を認めた[7]。

〔2〕言語間の語順の差異

　さて，上で見た階層構造は意味的階層を反映していると考えられる。このような意味的階層構造が一般的なものであるとすると，言語間の語順の違いは線状化規則の違いに帰着することになる。

　例として英語に対してほぼ同じような意味的階層関係を仮定して，線状化規則の違いで日本語との違いを説明してみよう。英語では補語は一般に主要部に後続する。

(27)　V + PP ： go to school
　　　V + NP ： read a book
　　　A + PP ： afraid of dogs
　　　P + NP ： in the mountain

英語の付加句はそれが修飾する要素の右，左どちらでも可能であるが，基本的には右にくるとして，左にくるものは移動したと見ることにしよう。

(28)　will　go to school on Monday

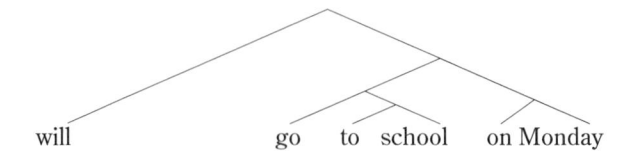

(29)　英語の線状化規則：

　　　ⅰ）階層の上から構成素単位をはずして線状化する。

　　　ⅱ）構成素は，主要部 ＞ 非主要部　の順序で線状化する。

これらの規則を適用して順次線状化していくと次のような順序になる。

一番うえ，ǀwill, go to school on Mondayǀ ： will ＞ go to school on Monday

2 層　　　 ǀgo to school, on Mondayǀ ： go to school ＞ on Monday

3 層　　　 ǀgo, to schoolǀ ： go ＞ to school

4 層　　　 ǀto schoolǀ ： to ＞ school

4 層　　　 ǀon, Mondayǀ ： on ＞ Monday

少なくとも述語の階層だけなら，日本語と英語は同じ意味的な階層構造を仮定し，それに上の線上化規則を適用するだけで，語順の違いを導き出すことができそうである。英語には，冠詞類と主語と動詞の一致があるためすこし複雑になる。

　まず，冠詞類は，それが関係する名詞に先行するため，冠詞＋名詞からなる構成素において名詞を主要部とすると上の規則は間違った規則を与える。これに対しては冠詞類を主要部とする理論に従うことにすれば問題はなくなる[8]。

　次に，主語であるが，英語には定形の動詞と主語とは人称と数で一致しなければならない。一致は，主要部と付加位置で行うとすると，一致のために主語が本来の意味階層の位置から定形動詞を主要部とする句に付加する位置に移動しなければならない。主語の位置は基本的に日本語の意味的階層と同じだとし，もとの位置を t で示すと次のようになる。

(30) a. ǀwill, ǀJohn, ǀ ǀgo to schoolǀ , ǀon Mondayǀ ǀ

　　 b. ǀJohn, ǀwill, ǀt ǀ ǀgo to schoolǀ , ǀon Mondayǀ ǀ

このとき，主語は付加的な位置にくるが，この位置は時制やモーダルのような定形動詞と一致するため，他の副詞句などと違い特別な位置を占めると考えられる。一致がある付加句を指定部というとすると，語順の指定に関して次の規則を仮定する必要がある。

(31) 英語の語順指定規則追加

　　 (iii) 指定部＞主要部を含む構成素　の順序で線状化する。

主語が指定部に移動した段階で（i, ii, iii）を適用すると，次の英語の語順が出来上がる。

(32)　{John}　{will}　{t}　{{go}　{to}　{school}}　{{on}　{Monday}}

つまり，日本語と英語の違いは主語が定動詞が一致するため定形節の節頭に移動し，それを先に線状化すること，構成素の線状化の際に主要部の方から先に線状化するという2点にあると見ることができる[9]。

　次にドイツ語のような言語は日本語と英語と両方の性質を持つ線状規則を持つ。ドイツ語では，主文では，定形動詞が必ず2番目に来るという性質を持つ。そして，従属節では定形動詞が節末に，非定形動詞は，定形動詞の前にくる。

主文：XP	定形動詞	付加句	補語	非定形動詞
Ich	habe	bei Ihnen	ein Zimmer	reseviert.
私	完了	で　あなた	不定冠詞　部屋	予約する（完了分詞）

　　　　　「私はこちらで部屋を予約しました。」

Bei Ihnen habe ich ein Zimmer reseviert.

　　　　　同上

従属節：補文標識（= C）	主語	付加句	補語	非定形動詞	定形動詞
dass	ich	bei Ihnen	ein Zimmer	reseviert	habe

　主文におけるドイツ語の語順は，次のように説明されている。まず，ドイツ語の構造では，文頭に文のタイプを示す空の補文標識主要部Cが存在すると仮定する。この要素はたとえば英語のWH移動の受け皿になるような位置と考えられ，平叙文，疑問文など節のタイプを決める主要部である。英語ではWH移動や，否定倒置（Never have I thought that ... のような文）のときにだけこの位置が使われるが，ドイツ語では平叙文でもこの位置が存在すると見るのである。この空の主要部の指定部に要素が移動し，さらに空の要素を支えるために，この主要部の位置に定形の動詞が移動してきて，定形動詞の位置が決まる。そのために

動詞は必ず 2 番目となるわけである。この空の指定部より下の位置は，述語句内部では主要部が後続する。そこでここでは次のようなドイツ語の線状化規則を想定しよう。

(33) ドイツ語の線状化規則
　ｉ）階層の上から構成素単位をはずして線状化する。
　ⅱ）指定部 ＞ 非指定部で線状化する。
　ⅲ）述語を主要部とする構成素は非主要部 ＞ 主要部の順序で線状化する。
　ⅳ）述語以外の要素を主要部とする構成素は，主要部 ＞ 非主要部の順序で線状化する。

（ｉ，ⅱ）により，C の指定部が最初に線状化され，C は述語でないとすると，そこに移動した動詞は述語でなく，その次に線状化される。さらに補語や付加句は階層が高い順に線状化され，述語主要部である定形述語が最後に線状化される。

　英語とドイツ語の違いは，C の規定が英語より一般化されていること，述語に関する指定が日本語と同じで述語の主要部が先行する形になっていることである。

　次に中国語を見てみよう。中国語では，動詞の後には補語が一つと頻度句が一つしかこれない。他の要素はすべて動詞に先行する。そこで階層構造上で付加句が主要部に先行し，補語と量副詞（回数，時間など）だけが主要部に後続する構造を考えればよい。さらに X を補語としてとる主要部からなる述語句を Y，それに付加句をつけた句を Z とする。

(34) X ：[[主要部]（量副詞)]（補語句)]]
　　　　　 去　　　　一趟　　　 北京
　　Y ：主要部 ＋ X
　　Z ：付加句 ＋ Y

これを繰り返していくと次のような階層構造となる。

(35)　[付加句　[付加句　[主要部　[　[主要部　回数]　補語]]]]
　　　　　　|　　　　　|　　　　|　　　　　|　　　　|　　　　|
　　　　[下个月　[　我　　[　要　　　[[去　　一趟]　北京]]]]

　実際には，中国語ではアスペクトのような文法関係に関わる接尾辞的な要素は，それが付く要素に後続するし，頻度の副詞は補語が代名詞の時は補語に後続し（我看过他一次），固有名詞のときは補語に後続することもあり（我去过北京一趟），先行することもあるので（我去过北京一趟），細部の語順の指定は，それほど簡単ではない。

　しかし，それらも動詞にどの要素が意味的に近いかという問題に帰着すると思われるので，基本的には上のような階層構造の上の方からとっていけば，表面的な語順が出来上がる。中国語の線状化規則は次のように述べることができる。

(36)　中国語の線状化規則
　　　i）階層の上から線状化する。
　　　ii）付加句を先に線状化する。
　　　iii）述語句内では主要部 > 非主要部の順に線状化する。

付加句や主語は主要部より上の階層にあるとすると，この規則により文の意味的な階層構造から中国語の語順が導出できる。いわゆる兼語式と言われる動詞が補文をとる構造も次のような構造とし，[去吃冰激凌]を「请你们」の補語とすると (36) により，線状化ができる。

(37)　我　　请　　　你们　　　去吃冰激凌
　　　私　　招く　　あなたたち　行く　食べる　アイスクリーム
　　　「アイスクリームを食べにつれていってあげるよ」

(38)　[　我　　[[　请　　你们]　[　去　　[　吃　　[冰激凌]]]]
　　　　　|　　　　|　　　|　　　　|　　　　|　　　　|
　　　　[付加句　[[主要部　補語]　[主要部　[主要部　　補語]]]]

また，いわゆる介詞構造といわれる，前置詞＋名詞句の構造も，この兼語式に準じ，主要部と補語からなるとするとし，全体を付加句とすれば，(36) により線状化ができる。

(39) a. 付加語　［付加句　［主要部　［付加句　［主要部　回数］］
　　　　　下个月　　我　　　　　要　到　北京　　　去　一趟
　　　　　来月　　　私　　　つもり　に　北京　行く　一度
　　　　　「来月私は一度北京に行くつもりだ。」

　　　b. ［到　［北京］］
　　　　　主要部　補語

　以上，日本語と英語，ドイツ語，中国語に関してほぼ同じ意味的な階層を設定し，線状化の規則を変えるだけで語順の違いを記述する試みを行った。実際には，語順の問題は意味的な階層以外に多くの複雑な要因を含むためこれほど簡単にはいかないが，単語を組み合わせていく意味的階層構造を想定して，それを線状化するという方向で，ある程度まで言語間の類似と相違が浮き彫りにできることを示した。

　日本語とこれらの言語との違いは，線状化規則だけではない。英語は主語と定形述語とが一致するため，文のなかの定形述語は一つしかくることができない。このため，定形しか形を持たない助動詞類は意味的には可能であっても重ねることができなくなる。たとえば，可能の can と may，should などは意味的には問題なく重ねることができるが，may can，should can の形はない。Can は be able to などとして，非定形の形で同じ意味のものにしなければ定形動詞が定形節に一つしかくることができないという制約を破ってしまうからである。これは，英語の定形動詞が義務的な一致をしなければならないということから来ている。

　英語では，疑問詞が一つだけ節頭に移動するのに対し，日本語では移動がないという事実も節頭の疑問文の節タイプを担う C 要素が疑問詞との一致をするためであるという説がある[10]。このとき，C 要素が疑問という節タイプであることを示すため，助動詞が C の位置に移動する。つまり，ドイツ語の動詞 2 番目の

原則に対応する現象である。従属文でこれが起きるのは間接疑問文の場合で，その場合Cの位置は，その上位にくる動詞が疑問詞節を要求するという選択制約により，Cが疑問という節タイプであることが保証されるため，助動詞がCの位置に移動する必要はない。先に述べたように英語ではこのタイプの一致は，否定文と疑問文とでしか起きない。ドイツ語では必ず起きる。英語とドイツの区別も主文のCの位置が否定と疑問以外でも義務的な一致を持つか否かということから来ているとも考えられる。

　日本語ではこのような一致にかかわる制限はないが，形態的な制約が存在する。たとえば，丁寧形の「ます」は，動詞の連用形にしか付かないため，意味的にまったく問題なく結合できる「過去」，「否定」の形とは形態上の理由で結合できない。「行ったます」「行かないます」は，形態的に不可能であり，「行きました」「行きません」という「ます」自体が形態変化した形式を使わねばならない。これに対し，韓国語では，「ka（行く）－ess（過去）－upnita（丁寧）」のように，「動詞語幹＋過去＋丁寧」という形式が使われる。意味的な階層としてはこちらの方がより無標であると考えられる。このため，日本語では最近では形態的に「過去」や「否定」に「丁寧」が付けられるような形式が作られている。「です」がそれで，「行ったです」「行かないです」の形が可能である。ただ，この形式には，「行きませんでした」のように「ません」に限り，「でした」の形があり複雑である。

●3　従　属　節

　この節では従属節に関して，階層構造と線状化の関係を見る。
　最近の日本語研究において広く受け入れられている原則に次のようなものがある[11]。

　（40）　文の成分の係りの深さと受けの広さには正の相関がある。

1節で見たように主文の成分がこの原則に従うのは定義による。A，B，C，D類の成分が，それぞれ同じ類の述語要素に係るのは当然である。係り受けの概念自

体は，この原則に合うように定義されているからである。

　しかし，従属節でこの原則がはたして成り立つのか，成り立つとすればなぜなのかは実は自明ではない。よく知られているように「と」が導く引用節は，この原則が成り立たない例である。引用節は，D 類の要素を下位範疇化するが，引用節自身は A 類と見ることができるからである。一方，他の従属節ではほぼこの原則が成り立つように思われる。野田（2002）は，次のような例を示して，この原則が，従属節でも成り立つことを主張した。

表3.1　主文述語の階層構造から見た節の種類（野田 2002：27）

節の種類	節の例
語幹階層節	早く逃げろと叫んだ。
（ヴォイス階層成分）	喜んで資金の援助をした。
アスペクト階層節	テレビを見ながらご飯を食べている。
肯定否定階層節	よく見ずに買った。
テンス階層節	ぼくは生まれたとき，体重がすくなかった。
対事的ムード階層節	安いので買った。
対他的ムード階層節	環境はいいけれど，不便です。

野田によれば，これらの下線を引いた要素は，それぞれ主文の節の当該の階層の述語成分と呼応する。たとえば，「よく見ずに買った」とはいえるが「よく見ずに買わなかった」とは言えないからである。

　さて，これらの節構造がそれぞれどのような内部構造をとるかに関して，野田は次のような表をあげる（表3.2）。

表3.2　節の内部構造からみた節の種類（野田 2002：15）

節の種類	節の内部に現れる要素	ヴォイス（ら）れる	アスペクト ている	肯定・否定 ない	テンス た	対事的ムード だろう	対他的ムード ね
（節ではない）	喜んで	×	×	×	×	×	×
ヴォイス分化節	～ながら	○	×	×	×	×	×
アスペクト分化節	～ずに	○	○	×	×	×	×
肯定否定分化節	～とき	○	○	○	△	×	×
テンス分化節	～ので	○	○	○	○	×	×
対事ムード分化節	～けれど	○	○	○	○	○	×
対他ムード分化節	～と（発言引用）	○	○	○	○	○	○

　表3.2は次のように見る。「表の左の方に上下に並んでいるのは，節の内部構

造から見た節の種類とその代表的な節である。表の上の方に左右に並んでいるの
は，節の内部に現れる要素のカテゴリーとその代表的な要素である。」（野田
2002：15）

　以上二つの表から，階層から見た節と内部構造から見た節の相関関係について，
野田（2002：16）は次のような表をあげる。

表3.3　階層から見た節と内部構造から見た節の相関関係

節の例	階層から見た節	内部構造から見た節	南の分類
～ながら	アスペクト階層節	ヴォイス分化節	A類
～ずに	肯定否定階層節	アスペクト分化節	B類
～とき	テンス階層節	肯定否定分化節	B類
～ので	対事的ムード階層節	テンス分化節	B類
～けれど	対他的ムード階層節	対事的ムード分化節	C類

つまり，内部構造から見た節は，それより一つ上の階層の節となるという一般化
ができるわけである。ここで，1節で見たように主節の方の主要部が，補部にと
る節は定義上一つ下の階層の節となる。そこで上の関係を主節を示して表わすと
次のようになる。

　　　(41)　　　補部　　　　　　　主要部
　　　　　　［ヴォイス分化節］＋アスペクト
　　　　　　［アスペクト分化節］＋肯定否定
　　　　　　［肯定否定分化節］＋テンス
　　　　　　［テンス分化節］＋対事的ムード
　　　　　　［対事ムード分化節］＋対他的ムード

この補部と主要部からなる構造に対して，従属節が係ると以下のようになる。

　　　(42)　　　従属節　　　　　　　　　　補語　　　　　主要部
　　　　　　［ヴォイス分化節＋ながら］［ヴォイス分化節］＋アスペクト
　　　　　　［アスペクト分化節＋ずに］［アスペクト分化節］＋肯定否定
　　　　　　［肯定否定分化節＋とき］［肯定否定分化節］＋テンス
　　　　　　［テンス分化節＋ので］［テンス分化節］＋対事的ムード
　　　　　　［対事的ムード分化節＋けれど］［対事的ムード分化節］＋対他的ムード

つまり，これらの従属節を導く要素は，同じ階層の節要素を結びつける，という点ではいわば「等位接続詞」と似たような役割をしていると見ることができるのである。

　たとえば，「ながら」「から」などの従属節接辞を conj と名づけ，それが受ける要素を X，X + conj が係る要素を Y とすると節は次のように表せる。

　　(43)　$[[X + conj] + Y]$

　ここで X と Y は同じ深さの階層になる。conj は付加句を作る主要部とすると，この構成素全体の主要部は，構成素 Y の主要部である。これをさらに主要部 Z が補語としてとると次のような構造になる。

　　(44)　$[[[X + conj] + Y] + Z]$

これを 1 節の線状化規則で線状化すると，X，conj，Y，Z の順番となり，さらに，X の主要部と，conj は連結し，ひとつの文節となるので，正しい文節構造が得られる。以下の例で見てみよう。

　　(45)　｜｜｜テレビ－を｜＋見｜－ながら｜　｜｜ご飯－を｜＋食べ｜｜ている｜

　「テレビを見」と「ご飯を食べ」が等位構造をなし，同時に「テレビを見ながら」は「ご飯を食べ」に係る付加句となる。階層の上から，付加句，補語句のほうを先に線状化していくと，｜テレビを見ながら｜ が先に線状化され，以下の文節構造ができる。

　　(46)　｜テレビ－を｜　｜見ながら｜

これに「ている」の補語句である「テレビを見ながら，ご飯を食べ」の主要部である「ご飯を食べ」が線状化され，最後に全体の主要部である「ている」が線状化されて，「食べ」と連結される。

　(47)　|テレビ－を|　|見ながら|　|ご飯を|　|食べ－ている|

　これらの従属接続助詞類（および従属節を作る形式名詞類）を，ここでいう同じ階層の節要素に対する付加句的等位節を作るものであると考えると（39）の原則が記述できる。

　上で述べたように従属節がこのような性質を持つことは，自明ではない。引用を表す「と」はこの性質を持っていないし，英語の従属節は，このような性質を持っていない。日本語の従属節の多くがこのような性質を持っているとすると，日本語が一致を持たず単に要素の意味的選択により，階層構造を作るという性質からきていると思われる。しかし，尾上（1999 a, b）中村（2001）[12] のように，この性質自体を認めない立場をとる研究者もあり，さらなる分析が待たれる。

おわりに

　以上，非常に簡略化したかたちであるが，日本語の意味的な階層構造を示し，それから文節構造を持つ構造に線状化する方法を示した。ここで対照したのは，英語，ドイツ語，中国語という非常に限られた言語にしかすぎない。世界の言語の中にはこのような形では分析が難しい言語も多く存在する。本章で示したのは，日本語のような意味階層を想定でき，それに線状化を適用することが可能であると思われる言語のみである。また，意味階層に関しても，さまざまな階層が提唱されているが，それらがどの程度普遍性を持つのかも議論できなかった。ただ，言語が人間による外界の認識を反映している限りにおいてかなりの部分は共通しているようである。とすれば，その階層構造から，ここで議論した以外の言語の語順を導出する方法としてはここで想定した線状化の手法は有効であると思われる。

注

1) 田窪では B 類を二つに分けたがここでは無視する。
2) このような立場からの具体的な構造の提案に関しては吉本（1993）参照。
3) 田窪・金水（1997）では，「よ」は情報の間接知識領域への設定を表すとし，「ね」を計算，特にこの場合は設定された仮説的情報と外的証拠との一致の計算を表すとして「よね」の順序しかないことを導出しようとした。
4) このようにして分けられた文節をさらに結びつけて階層構造にしたものがいわゆる連文節であるが，文節とは異なり，連文節という単位に根拠があるか否かは疑問である。
5) ここで想定した線状化の規則は Takano（1996），Fukui and Sakai（2003）など（特に高野の DEMERGE の概念）から基本的アイデアを得ているが，非常に簡略化してあるため，細部や理論的な前提は必ずしも同じものではない。理論的な前提や詳細に関してはこれらの文献に直接当られたい。
6) 主要部を上の主要部に移動して付加するという主要部上昇規則を考える研究者もいる。たとえば，「入る」が「た」の位置に付加して，［［入る］＋た］］のような構造を作ることになる。これにより，主要部が一つの複合主要部になることは記述できるが，その場合でも主要部間の語順を別途指定しければならず，やはり，線状化したあとで複合主要部のまとまりを作らなければならない。
7) Sells（1995）は LFG の理論的枠組みを使い，ハシモト的な連文節構造から意味階層構造が指定できるようなシステムを構築している。
8) また，英語では補語をとらない形容詞句は名詞に先行する。これに対しても特別の扱いをしないといけない。
9) 実はこれだけではすべての構成素の語順を指定することはできない。ある種の副詞句は語順の指定が特にないとしないといけない。
10) Fukui（1986），福井（1989）およびそこに出ている文献などを参照。
11) この原則の存在の可能性を明示的に示したのは尾上（1999 a, b）であると思われるが，そこではこの原則が成り立たないこと，従属節の包摂可能性とその係りの部分は原則として別であると主張されている。
12) 中村（2001）は，従属接続詞ごとに，それが受ける節要素と，係り先を指定するという提案をしている。

文　　献

尾上圭介（1999 a）「南モデルの内部構造」『言語』28 巻 11 号，大修館書店
尾上圭介（1999 b）「南モデルの学史的意義」『言語』28 巻 12 号，大修館書店
北原保雄（1981）『日本語助動詞の研究』大修館書店
田窪行則（1987）「統語構造と文脈情報」『日本語学』5 月号，明治書院，37-48.
田窪行則・金水敏（1996）「複数の心的領域による談話管理」『認知科学』Vol. 3, No. 3, 59-74.
中村ちどり（2001）『日本語の時間表現』くろしお出版

仁田義雄（1997）「文の構造と意味」，益岡隆志他著『岩波講座言語の科学5文法』岩波書店

野田尚史（2002）「単文・複文とテキスト」，野田他著『日本語の文法4複文と談話』岩波書店

福井直樹（1989）「日英比較統語論」井上和子編『日本文法小事典』大修館書店，89-108.

三上章（1953）『現代語法序説』くろしお出版，1972年復刊

三上章（1970）『文法小論集』くろしお出版

南不二男（1974）『現代日本語の構造』大修館書店

南不二男（1992）『現代日本語文法の輪郭』大修館書店

吉本啓（1993）「日本語の文階層構造と主題・焦点・時制」『言語研究』103号，141-166.

Fukui, Naoki. (1995) *Theory of Projection in Syntax.* CSLI

Fukui, Naoki and Yuji Takano. (1998) Symmetry in syntax：Merge and Demerge. *Journal of East Asian Linguistics,* 7：27-86.

Naoki, Fukui and Hiromu Sakai (2003) The visibility guideline for functional categories：verb raising in Japanese and related issues. *Lingua*, 113. 321-375

Sells, Peter. (1995) Korean and Japanese Morphology from a Lexical Perspective. *Linguistic Inquiry*, vol. 26. No. 2, 277-325.

Takano, Yuji. (1996) Movement and Parametric Variation in Syntax. Doctoral dissertation. University of California, Irvine

第4章
諸言語の文字と日本語の文字

吉 田 和 彦

● 1　世界の文字の系統

　言語の起源は人類の誕生とともにあったが，文字の歴史は言語の歴史に比べると，はるかに短い。人類の祖先がはじめてこの地球上に現れたのは，今から1400万年も昔のことと推定されている。これに対して，最初の文字のひとつが生まれたと一般に考えられているメソポタミアにおいて，シュメール楔形文字が粘土板に刻まれたのは紀元前四千年紀のことにすぎない。さらに，いまなお文字を持たない言語社会も存在している。

　また，言語の系統に比べると，文字の系統，すなわち文字の伝播の歴史的経路は比較的たやすく理解することができる。言語間の系統関係を決定するためには，文字によって書かれた文献記録が重要な役割を果たすが，文字が発明されるはるか以前に，すでに世界のさまざまな地域で互いに伝達不可能な多種多様な言語が使用されていた。したがって，かなりまとまった量の文献記録を持つ言語の場合でも，その言語の歴史的位置付けを正確な形で示すことは決して容易ではない。一方，音声による直接伝達だけでは社会生活を営むことが困難になり，空間的にも時間的にも離れた人間同士の間接伝達の手段として文字が発明されたとき，この人類の偉大な産物は，必要な場合には変更を蒙りながら，異なった言語に対しても系統を越えて広がっていくことが多かった。そのプロセスを跡づけることは言語の分岐の場合ほど難しくはない。

　現在この地球上で確認されている言語の数は六千とも，七千とも言われているが，文字の数は三百ほどにとどまる [1]。この両者の数のうえでの大きな差は，上

のような事実から自然に説明されるであろう。

　今日，世界で用いられている文字の多くは，系統的にみてフェニキア文字か，あるいは漢字に遡る。ヨーロッパの言語の多くは，アルファベットによって文字を記録している。アルファベットは，そもそも古代ギリシア人がセム系のフェニキア文字の体系を継承して，それに決定的な変更を加えたことによって成立した。よく知られているように，セム系の文字は子音だけを表記して，母音の違いを考慮しないという特徴を持っていた。ギリシア人は，フェニキア文字のうち彼らにとって異質の子音を含む文字を純粋の母音を表すのに用いた。他方，ほかのフェニキア文字によって，母音をのぞいた子音を代表するようにした。ここでギリシア人が確立した原則は，ひとつひとつの音に対して特定の文字を与えるという原則，いわゆるアルファベットの原則であった。このようにして成立したアルファベットは，地中海世界を経てヨーロッパの諸言語，あるいは直接，小アジアの諸言語やスラブの諸言語において受容されるようになった。

　フェニキア文字は，アラム文字を経由して，アラビア文字，ヘブライ文字，シリア文字などに代表される同じセム系言語を使用する民族にも採り入れられた。さらに，南アジアのインド系文字，チベット文字，ビルマ文字，カンボジア文字や中央アジアのソグド文字，ウイグル文字，さらに蒙古文字，満洲文字ももともとはフェニキア文字に来源する。このフェニキア文字も，より古くは古シナイ文字を原形とし，究極的にはエジプト象形文字に遡ると一般には考えられている（図4.1参照）。

　一方，東アジア地域には，非常に古い時代から，漢字が使われていた。漢字の原型となったのは甲骨文と金文という文字であり，篆書，隷書という字体の変容を受けつつ，漢代には楷書を生み，現代中国では簡略化された簡体字が用いられている。漢字を素材として，あるいは手本として，周辺の文化圏ではさまざまな擬似漢字が作られた[2]。10世紀以降に作られた契丹文字，西夏文字，女真文字がそれである。また，漢字を転用した字喃（チュノム）系文字や，漢字よりも象形文字的性格の強い納西（ナシ）文字（モソ文字）や彝文字（ロロ文字）も作られた。納西文字と彝文字はいずれも表音文字に発展した（図4.2参照）。

　現在ではもはや使用されていないが，メソポタミア文明の担い手によって考案された文字として，シュメール楔形文字がある。この地域の河川の流域では，粘

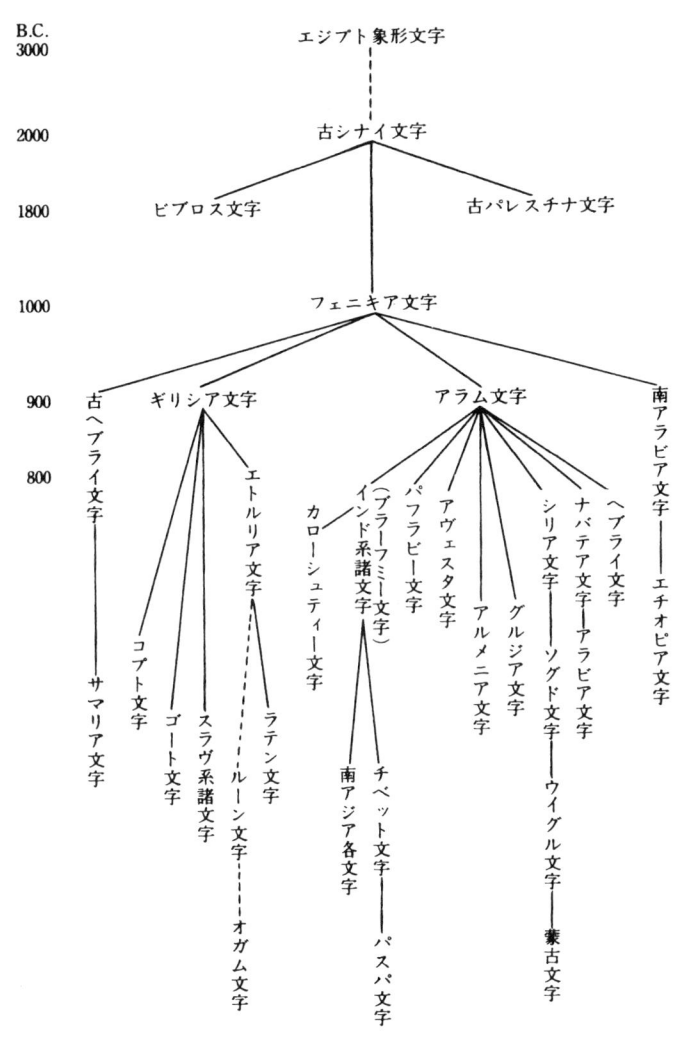

図 4.1 エジプト象形文字の発展
(西田龍雄編『言語学を学ぶ人のために』世界思想社, 1986 年, 232 頁より)

土が簡単に手に入れることができたために, 先の尖った細い棒か葦を用いて湿った粘土板に文字を刻み, 書いた後に乾燥させれば, 十分保存に耐えることができた。考案当初は穀物の量や家畜の数などを記録しておくために用いられていたと考えられるが, オリエント世界は当時いろいろな民族によって交易が盛んであっ

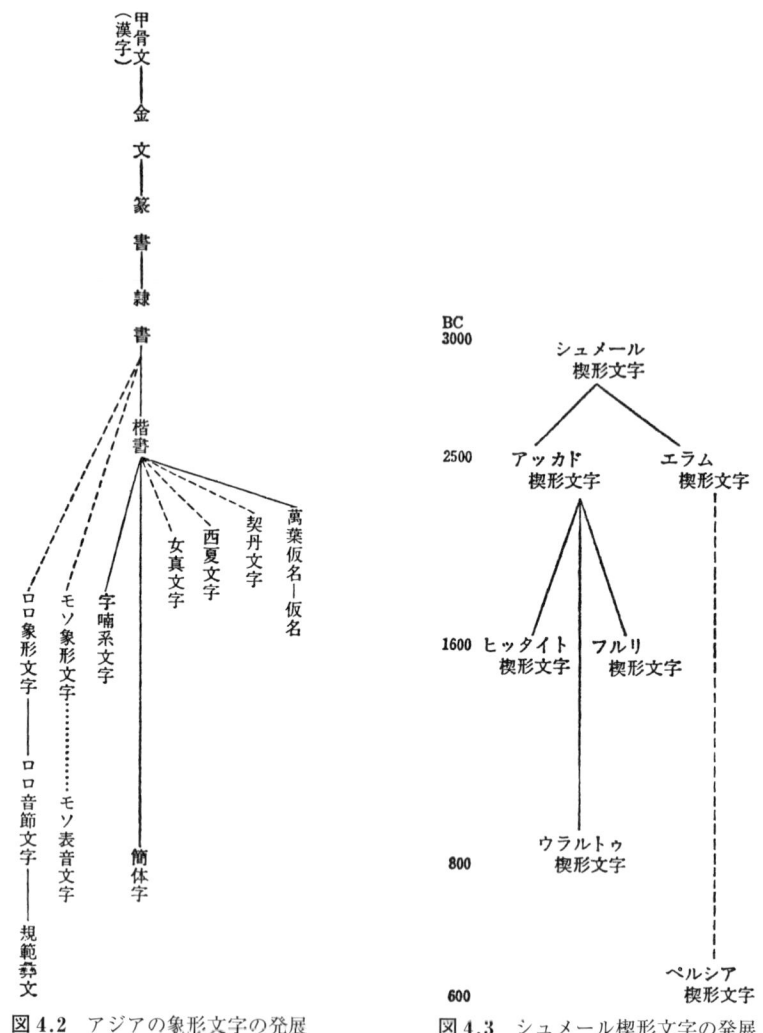

図 **4.2**　アジアの象形文字の発展
（西田龍雄編『世界の文字』大修館書店，
1981 年，29 頁より）

図 **4.3**　シュメール楔形文字の発展
（西田龍雄編『世界の文字』大修館書店，
1981 年，24 頁より）

たために，多くの言語によって楔形文字が採用されるようになった。系統不明の
シュメール語から，紀元前三千年紀の中頃にはアッカド語（セム系）に伝播し，
アッカド語は当時の国際語として重要な位置を占めるようになった。さらに，印

欧系のヒッタイト語やルウィ語，ミタンニ王国を興したフルリ人の言語であるフルリ語，フルリ語と親縁関係のあるウラルトゥ語においても楔形文字が用いられるようになった。他方，メソポタミアの東方においては，エラム楔形文字がある（エラム語は系統不明）。古代ペルシアのダリウス王を賛えたベヒストゥン碑文は，エラム語，古代ペルシア語（印欧系），アッカド語という三つの楔形文字言語で書かれている（図 4.3 参照）。

　以上，歴史的関係がかなりはっきりしている三つの文字の系統を見た。しかしながら，古代インドで使用されたインダス文字などに代表されるように，系統不明の文字も世界のさまざまな地域でみられる。

●2　文字のタイプ

　文字によって言語を書き表す場合，その文字が言語の体系と何らかの機能的な関係で結びついていることは言うまでもない。一般に，この機能的な繋がりは表意的な関係と表音的な関係の二つに分けることができる。前者の役割を担うのが表意文字，後者は表音文字とよばれる。

　表意文字は意味的な情報を表すために用いられる。非常に分かりやすい例をあげると，数字は典型的な表意文字と言うことができる。たとえば，「10」というアラビア数字が与えられると，それをみた人は，母国語がどの言語であれ，「10」が伝える意味情報を認識することができる。つまり，各言語で「10」をどう発音するかということに関係なく，それが表す意味情報が伝達されるのである。中国語のように，表意文字が示す意味単位が単語の概念と一致する場合には，表語文字という名称が使われることもある。

　これに対して，表音文字は言語の持つ音声面の情報を示す役割を果たす。この表音文字は 2 種類に大別され，音節を単位とするものは音節文字，音素（単音）を単位とするものは音素文字（単音文字）あるいはアルファベットとよばれる。

　どの言語であれ，表意文字だけによって，その言語の体系を書き表すことはほぼ不可能と言えるであろう。文法的な微妙なニュアンスを表意文字のみで表記するのは困難であり，伝達面から言ってきわめて不経済と言わざるをえない。したがって，より効果的にコミュニケーションを行うために，表意文字が表音文字に

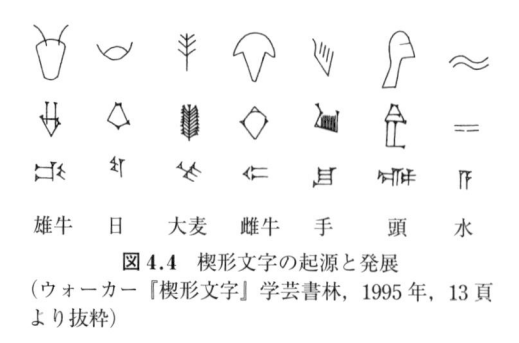

| 雄牛 | 日 | 大麦 | 雌牛 | 手 | 頭 | 水 |

図 4.4　楔形文字の起源と発展
（ウォーカー『楔形文字』学芸書林，1995 年，13 頁より抜粋）

改変される必要があった。この現象は，世界の文字の歴史においてよくみられることである。たとえば，漢字の六書のひとつである仮借がそのひとつの代表であり，既成の表意（表語）文字がもともと表していた語の意味を離れ，その音を表す表音文字として運用されるようになっている。また，漢字が万葉仮名として表音的に用いられるようになり，そこから純粋に音声情報だけを担う音節文字である仮名が誕生したことはよく知られている。エジプト象形文字の場合も，たとえば，本来「口」を表す表意文字 ⌒ は，その音声形式が r で始まっていたために，r を代表する表音文字としても使用されている。ここでは，この表意文字から表音文字への移行を，シュメール楔形文字を例にとって，少しくわしくみてみたい。

　図 4.4 には，発展段階に従って，上段に絵画的な文字，中段に楔の形の体裁を帯びた線形文字，下段に楔形文字が示されている[3]。楔形文字に限らず，古代文字は，エジプト象形文字にしても，甲骨文字にしても，象形文字から発展していった。象形文字は，事物の形状が強調された字形を持ち，図 4.4 の上段の文字もその特徴をよく表している。たとえば，「雄牛」を示す文字は雄牛の頭部，「日」を示す文字は太陽が地平線から顔を出そうとしている状況を表している。楔形文字は，当初は縦書きであったが，後に 90 度左に傾き，左から右へ横に書かれるようになった（図 4.4 の中段の文字と下段の文字の方向を比べられたい）。

　古い時期の粘土板資料では楔形文字は純粋に表意的であったが，後の資料ではいくつかの文字は音節文字として表音化している。たとえば，シュメール語で「大麦」を意味する表意文字が図 4.4 に含まれているが，これに対応する音声形式は še であった。そこで，この文字は楔形文字諸言語で「大麦」を表す表意文字ばかりでなく，še という音節文字としても使われるようになった。また，「手」を意味する表意文字も，その音声形式である šu を表す音節文字として使われるようになった。この場合，šu という音声形式を持つ表意文字は他にもあるので，転写においてはそれぞれの文字が特定化できるように，šu（šu の 1 番）や šú （šu の 2 番）というふうに補助記号を用いて表記されるのが慣例となっている。これは，ある特定の音を表記するのに，複数の文字を使用する同音異字の現象である。

　漢字，エジプト象形文字，楔形文字のいずれの場合も，新しく誕生した表音文字が古い表意文字に完全に取って代わってしまうことはなかった。本来の表意文字は，新しい表音文字に支えられるような形で依然として存続し，表意文字と表音文字が混在する文字体系ができあがった。他方，前節でみたギリシア・アルファベットの場合には，すでに表音文字であったフェニキア文字の新たな改変という表音文字内部での二次的発展を示している。

● 3　日本語の文字体系

　第 2 節で世界の文字は表意文字と表音文字の二つのタイプに大別されることを述べた。ここで，世界の文字のなかで，日本語の文字体系がどのように位置付けられるかについて考えてみたい[4]。

　言うまでもなく，我々が日常生活において書いたり，読んだりする日本語のほとんどは漢字仮名交じり文である。現代日本語では，漢字が表意的に，平仮名と片仮名が音節文字として表音的に用いられているが，古代日本語では事情が異なっていた。日本には固有の文字はなく，漢字の伝来によってはじめて文字が使用されるようになった。当初，漢字は日本に伝えられた漢字音で読まれたが（いわゆる「音読み」），そのうちにその漢字の意味に相当する日本語でも読まれるようになった（いわゆる「訓読み」）。万葉仮名では，音読みであれ訓読みであれ，漢字のもともとの意味が捨象され，音声のみを表記するために漢字が用いられている。たとえば，「春」に対する「波流」（音仮名）や，「懐」に対する「名津蚊為」（訓仮名）という表記のように，漢字は，それが本来持っている意味とは関係のない仮の文字であった。万葉仮名が真仮名とも言われるのはこのような事情による。

　万葉仮名の誕生によって，日本語を表音的に書き記す方式ができあがった。しかしながら，万葉仮名は漢字をそのまま借用しているために，長い文章を書き記すには，たとえ画数の少ない漢字を選んだとしても，多くの時間が必要であった。

そこで，万葉仮名の字形を簡略化する工夫がなされた。現在の平仮名と片仮名は，ともに万葉仮名から導き出されたものであるが，それぞれの字形は違った方法によって派生されている。それは，万葉仮名の草書体を簡単な字形に作り変える方法と万葉仮名の一部を取って，全体を代表させる方法である。たとえば，前者の例として安→あ→あ，後者の例として伊→イなどがある。基本的に，平仮名は前者の方法で，片仮名は後者の方法で，成立したものである。

　一般に表音文字が作り出されたときは，ひとつの文字が特定の音に対応するという原則がある。しかしながら，時間が経過するにつれて，言語は変化していくものである。したがって，発音は変化するが，文字の書き表し方の原則はそれまでと同じであるために，発音と文字表記のあいだに食い違いがみられることはよくある。この現象は，たとえば，英語の know や would という綴り字のなかに，かつては発音されていたが，現在では消失してしまった音が k と l という文字に反映されていることからも窺われる。

　これと同様の問題が，現代日本語の歴史的仮名遣いにもみられる。たとえば，いわゆる「ハ行転呼音」との関係からこの問題を考えてみよう。日本語のハ行音は，語中と語尾においてワ行音化するという音声面での大きな変化を蒙った。さらに，後に「わ」以外では [w] も脱落した（たとえば「かは」に対して「かわ」，「おもひ」に対して「おもい」，「まへうしろ」に対して「まえうしろ」など）。ハ行転呼がいつ頃起こったかについては，「かは」と「かわ」のように同一文献資料のなかで交替している例を根拠に，平安時代以前と推定されている。この大規模な音変化においては，文字も対応する形に改めることによって，おおむね発音と文字との一対一の対応関係は守られている。しかしながら，助詞の「は」と「へ」については，歴史的仮名遣いのままである。

　日本語の文字体系がきわめて複雑であり，まれにみる多様性を示していることは，これまでしばしば指摘されている [5]。表意文字の漢字があり，表音文字の仮名があり，仮名にも平仮名と片仮名がある。さらに，ローマ字などの外国の文字も，広く使用されている。また，表意文字である漢字に対してルビや送り仮名を施す方法も用いられる。書く方向に関しても，縦書きでも横書きでも許される（おそらく下から上に縦書きする言語はないであろうが，各行ごとに横書き方向が変わる「牛耕式」は，5節で触れる象形文字ルウィ語などにみられる）。

　このような複雑な文字体系は，もちろん習得するのに多大な時間を要するという問題がある。しかしながら同時に，簡単な文字体系では表しきれない表現機能が兼ね備わっていることを忘れてはいけないだろう。たとえば，外国の文字を受容することによって，中国人が欧米人の人名を漢字で書くときにぶつかるような困難は解消されている。また，片仮名表記によって，視覚的にそれが外来語か，あるいは擬声語・擬態語であることがただちに認識できる。さらに重要に思える点はまだある。それは，日本語では漢字は表意的に，仮名は表音的に用いるという基本的な役割分担がなされている点である。すでに上でみた楔形文字でも，エジプト象形文字でも，さらに中国の漢字の場合でも，同一種類の文字が表意的機能と表音的機能の両方を担っていた。したがって，同じ文字であるにもかかわらず，それが表意的に用いられているのか，あるいは表音的に用いられているのかが瞬時には識別できないことがある。この点で，日本語の文字体系の多様性は，コミュニケーションを効果的に行うのに大いに役立っていると言えるであろう[6]。

●4　日本語に似た文字運用を持つ言語——ヒッタイト語——

　前節では，自国語の表記に多くの文字を取り混ぜて使っている点に，日本語の文字体系の特徴があると述べた。ところで，文字運用の面に限って考えるならば，同じような特徴を示す言語として，ヒッタイト語をあげることができる。ヒッタイト語は紀元前 16 世紀から 12 世紀にかけてアナトリア地方（現在の小アジア）で使用されていた印欧系の言語であり，シュメール語やアッカド語と同じく，楔形文字で粘土板の上に記録されている[7]。もとより，日本語にみられるようないくつもの字種はヒッタイト語にはなく，楔形文字だけが用いられている。しかしながら，日本語の文字と同様の機能的な違いをヒッタイト語楔形文字は持っているのである[8]。

　楔形文字が表音文字として使われる場合，一つの音節を表している。この点で日本語の平仮名，片仮名と同じである。しかしながら，日本語と違って，V と CV 以外に，VC や CVC の音節を示す文字も存在する。

　表意文字については，その字形は楔形文字言語において共通している（これは，たとえば，「愛」という漢字が中国人にも日本人にも同じ意味を伝えるのと同様

である）。たとえば，<!-- cuneiform --> という表意文字は「神」を意味するが，音節文字で
ši-ú-na-aš（単数主格）と書かれている場合もあることから，ヒッタイト語で「神」
は šiunaš であることが分かる。他方，シュメール語では「神」は dingir，アッカ
ド語では ilum である。表意文字をアルファベットに転写する場合，DINGIR と
いうふうに大文字のシュメール語によって代表させるのが慣例となっている。表
意文字がヒッタイト語でどのように読まれていたかを知るには，類似した言い回
しのなかで，表意文字で書かれている例と音節文字で書かれている例を捜し出し，
比べればよい（あまりよい例とは言えないが，日本の子供が「大袈裟」の読みが
分からない場合，「おおげさ」と書かれている個所から読みを当てるのと同じこ
とである）。しかしながら，「息子」を意味する表意文字 <!-- cuneiform --> DUMU のように，
基本語彙でありながら，常に表意文字で書かれているために，それに対応するヒ
ッタイト語が不明である場合も多い。

　ヒッタイト語の単語は，音節文字だけでも書き表せるが，ちょうど日本語の送
り仮名のように（たとえば「始まった」や「始まり」），表意文字の後に音節文字
を付与することによって表記することも可能である。たとえば，「私は打った」
という定動詞形式に対して，音節文字で <!-- cuneiform --> u̯a-al-ḫu-un と書かれる場
合もあるし，表意文字に表音文字を付け加えて <!-- cuneiform --> GUL-un と書かれる場合
もある。名詞の曲用の場合も同様である。「王」を意味する単数主格形は音節文
字で <!-- cuneiform --> ḫa-aš-šu-uš と書かれる場合もあるし，表意文字と表音文字の組み
合わせによって，<!-- cuneiform --> LUGAL-uš と書かれる場合もある。

　楔形文字には，語が意味的にどういう範疇に属するかを示す限定符もあった。
たとえば，<!-- cuneiform --> は表音文字としては an の音価を持ち，表意文字としては「神」
を意味するが，限定符として使われた場合は（上付きの大文字 D で転写），次に
来る名詞が神であることを示す（<!-- cuneiform --> DTe-li-pí-nu-uš「テリピヌ」）。ま
た，<!-- cuneiform --> GIŠ という限定符は木でできているものを示すのに用いられた（<!-- cuneiform --> GIŠPA
「棒，しゃく」）。これらに代表される限定符は，それに続く語を解釈するうえで
手掛かりを与える符号であり，実際に読まれることはなかった。この点で，漢字
の字形構成における偏や冠といった意符が果たしている役割に通じるところがあ
ると言える。

　ヒッタイト語の書記記録はまた，当時の国際語であったアッカド語を数多く含

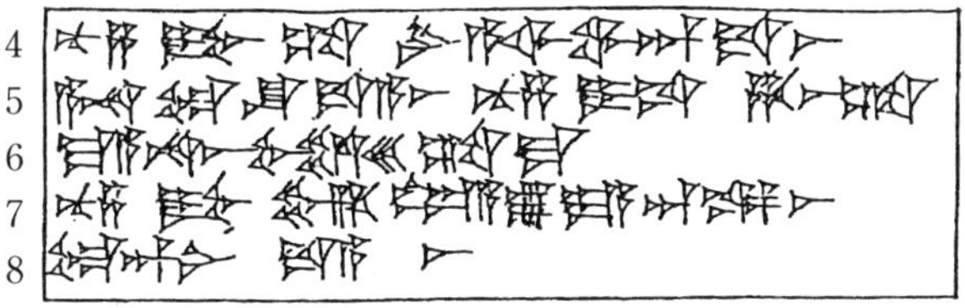

(4) nu-za DUMU.SAL　*ŠA*^{LÚ}a-ši-ụa-an-da-aš
　　　そして　娘　　　　　の　　貧乏人の

(5) *A-NA* DAM-*ŠU* da-a-aš nu-za DUMU.NITA ḫa-aš-ta
　　　に　　妻　彼のとった　　　息子　　　　もうけた

(6) ma-a-na-aš šal-li-eš-ta-ma
　　　とき‐彼が　大きくなった

(7) nu-za DUMU.SAL ^{MUŠ}il-lu-ịa-an-ka-aš
　　　　　　娘　　　　　イルヤンカの

(8) DAM-an-ni da-a-aš
　　　妻に　　　　とった

訳 (4)（天候神は）貧しい者の娘を彼の妻にして，男の子をもうけた。(6) 彼が大きくなっ
　　たとき，(7) イルヤンカの娘を妻にした。

図 4.5 「竜イルヤンカとの戦い」から
（大城光正・吉田和彦『印欧アナトリア諸語概説』大学書林，1990 年，98 頁以下より）

んでいる。たとえば，「主君」を意味するヒッタイト語 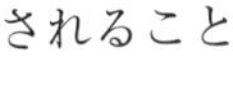 iš-ḫa-a-aš（単
数主格）に対して，アッカド語  *BE-LUM* が使用されることもある（アッ
カド語は斜体の大文字で転写されるのが慣例である）。上で，表意文字に続いて
ヒッタイト語表音文字が送り仮名のように付与される場合について述べたが，同
様にアッカド語が送り仮名のように使用されることもある。たとえば， 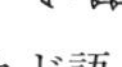
KUR^{*TUM*} = *MA-A-TUM* 「土地」。さらに，一つの表意文字に対して，アッカド語と
ヒッタイト語の両方が送り仮名として添えられている場合もある。 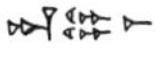
DINGIR^{*LUM*}-aš = *ILUM*（アッカド語）= šiunaš（ヒッタイト語）。このような表記
は，日本語にはみられないように思える。興味深いのは，アッカド語の前置詞が，
格関係を表したり，格の意味を補うためにヒッタイト語のなかで用いられたり

（たとえば，*ŠA*「〜の」，*ANA*「〜に」など），アッカド語の所有接辞がヒッタイト語名詞に後接されて，所有関係を明瞭にするために用いられることである（-*KA*「あなたの」，-*ŠU*「彼の」）。これらのアッカド語の前置詞や所有接辞は，音声情報を伝えているとは考えられず，ヒッタイト語粘土板の上では表意的に用いられていたに違いない。

　アッカド語以外に，ヒッタイト帝国内で話されていたルウィ語やパラー語もヒッタイト語に交じっていることもある。これらの語の前には，一本か二本の斜めの楔（ ，ドイツ語で Glossenkeilwort）が記されることがある。これは，当時国際語として用いられていたアッカド語の場合と違って，それらが外来語であることを示すための工夫であったと推定できる。ちょうど，外来語を日本語で書くとき，片仮名で，あるいはそのままローマアルファベットで表記するやり方と機能的には類似していると言えよう。

　図4.5に示したのは，「竜イルヤンカとの戦い」と言われるヒッタイトテキストの一部およびその翻字と訳である[9]。楔形文字が音節文字，表意文字，限定符として果たす運用上の役割の違いやアッカド語の受容がよくみてとれる[10]。

●5　文字と言語の組織

　文字が特定の言語を書き表すために用いられていることは言うまでもない。文字は言語を伝達するための手段であるので，文字だけを切り離して考えることはできない。したがって，その背後にある言語の組織との関係が常に問題となる。ちなみにわが国の文字研究の分野での碩学である河野六郎氏と西田龍雄氏は，ある対談のなかで，文字研究でいちばん重要であるのは文字と言語との関係であると述べておられる[11]。

高平調 zo^1	
中平調 zo^3	
低降調 zo^4	

図4.6　規範彝文
（西田龍雄編『言語学を学ぶ人のために』世界思想社，1986年，248頁より）

　しかしながら，言語の組織にみられる対立がすべて文字の上に書き表されることはない。特に，アクセントのような超分節的な対立は一般に文字化されない。たとえ文字に表されることがあっても，それは補助記号による表記

である[12]。これに該当しないケースとして，中国四川省の涼山彝族によって古い彝文字から改変された規範彝文では，声調の対立がそれぞれ特有の字形に表されているという報告が西田龍雄氏によってなされている（図4.6参照）[13]。しかし，このようなケースは膨大な数の音節文字を作り出すことになるために，きわめて例外的と言ってよいだろう。

　現在も使用されている文字で，その文字が代表している言語の話し手がいる場合，文字と言語の組織との関係の解明は困難ではない。さらに，言語の組織の研究だけなら，なにも文字を通して行う必要もない。ところが，死語の研究の場合はそうはいかない。一般に，民族の滅亡とともに，その民族が使っていた言語も消滅してしまう。したがって，滅んだ言語の組織を明らかにするには，その言語が記録されている文献を通じて行うよりほかに方法がないのである。ところが，上で述べたように，特定の言語にとって有意味な対立がすべて文字情報として表記されているわけではないので，文献言語の研究にはおのずから限界がある。特に超分節音素については，不明なことが多い。以下では，アクセントについての文字情報を欠いている文献言語において，語アクセントの位置についての推定がどのようにして可能になるかについて述べたい。

　図4.7に示したのは，象形文字ルウィ語の一つの碑文である[14]。図から明らか

図4.7　象形文字ルウィ語の碑文
（吉田和彦『言葉を復元する――比較言語学の世界』三省堂，1996年，17頁より）

なように，人物や動物を象った文字は奇数行では右方向，偶数行では左方向を向いている。これらは行の書き始めの方向を向いていて，奇数行では右から左に，偶数行では左から右に文字が書かれている。この書き方は牛耕式とよばれている。この文字はルウィ語を書き表しているが，文字自体はヒッタイト帝国の時期に遡るためにヒッタイト象形文字と一般に言われている。

　この象形文字ルウィ語には，ロタシズム（r-音化）という現象がみられる。たとえば，特定の動詞において3人称単数の語尾 -ti（現在），-ta（過去）が，しばしば -ri，-ra と交替している（á-ia-ti-i「作る」に対して á-à+ra/i，tu-pi-ti「打つ」に対して tu-pi-ri+i など）。他方，ロタシズムを決して示さず，-ti と -ta という語尾しかとらない動詞もある（pi-ia-ta「与えた」など）。この違いは何によってもたらされたのであろうか。r と交替する t と交替しない t のあいだに音声的な違いがあることが予想されるが，象形文字ルウィ語では子音の有声と無声の対立は文字のうえで表されないので，正確な情報はこの言語からだけでは得られない。そこで，象形文字ルウィ語と同じアナトリア語派に属する楔形文字ルウィ語とリュキア語の対応形式をみてみよう。

象形文字ルウィ語	楔形文字ルウィ語	リュキア語	印欧祖語
á-ia-ti-i, á-à+ra/i	a-ti 'makes'	adi, edi	*i̯éh₁-ti (> *i̯ǽ-ti)
tu-pi-ti, tu-pi-ri+i	du-ú-pí-ti	tubidi	*(s)tú-i̯e-ti
pi-ia-ta	pí(-i)-i̯a-at-ta	pijetē	*pi-i̯é-to

象形文字ルウィ語において -ri で現れることもある形式に対して，楔形文字ルウィ語では語尾 -ti を持ち，語尾に含まれている t は母音間でシングルで綴られている。他方，決して -ri と交替しない象形文字ルウィ語の形式に対しては，-tta という語尾を持ち，-tt- は母音間でダブルで綴られている。楔形文字で書かれている印欧系諸言語では，母音間のシングルの子音，ダブルの子音は，それぞれ弱い（閉鎖時間の短い）子音，強い（閉鎖時間の長い）子音を表していると考えられ，それぞれ印欧祖語の有声子音，無声子音に遡る。次にリュキア語の形式をみてみよう。リュキア語はギリシア文字から派生したアルファベットで書かれている。図4.8 はそのサンプルである。

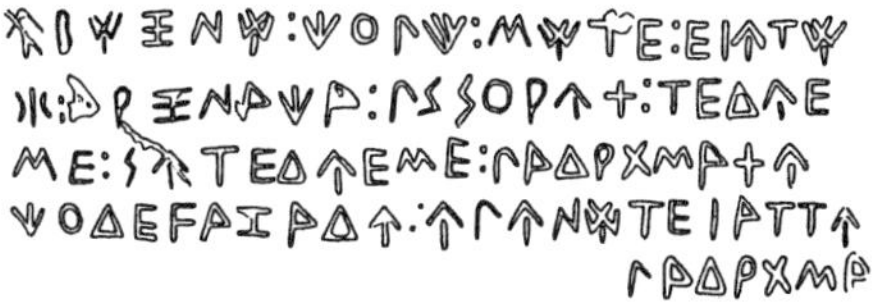

リュキア語では，閉鎖音の有声と無声の区別が文字のうえで書き表されているが，楔形文字ルウィ語の語尾にみられるシングルの -t- とダブルの -tt- は，それぞれ d と t で対応している。楔形文字ルウィ語とリュキア語にみられるこれらの事実か

図4.8 リュキア語の刻文
（吉田和彦「言語の先史の復元」『日本言語学会第115回大会予稿集』4頁より）

ら，象形文字ルウィ語の -ri （および -ra）という動詞語尾に対して，つぎのような解釈を施すことができる。象形文字ルウィ語では，子音の有声と無声の区別が文字のうえで欠けているため，語尾の -ti は ［-ti］とも ［-di］とも読まれていた。起源的には，印欧祖語に再建される *-ti をそのまま継承する ［-ti］のほうが古いが（サンスクリット語の bharati「彼は運ぶ」を参照），この ［-ti］がある条件のもとでアナトリア祖語の段階で ［-di］になった。リュキア語ではこの二つの語尾の違いがアルファベットによって示され，また楔形文字ルウィ語では子音の有声と無声の対立が子音の強弱の対立に置き換わった。他方，象形文字ルウィ語では ［-di］という語尾がさらにロタシズムを蒙った結果，-ti ではなく -ri と書かれることもあった。-ti と -ri の交替は，一つの碑文のなかの同一の動詞においても観察される。したがって，ロタシズムという変化がなお進行中だったのかもしれないし，保守的な綴りと新しい綴りのあいだのゆれを示しているのかもしれない[15]。

それでは，一体どのような条件のもとで印欧祖語の動詞語尾 *-ti がアナトリア祖語の時期に *-di になったのだろうか？　上に示した動詞の対応表のいちばん右に他の諸言語から推定できる印欧祖語の形式が示されている。これらの例に代表されるように，*-ti が *-di に変化した動詞グループでは，語尾の直前にアクセントのある長母音が来るか（*i̯éh₁-ti > *i̯ǽ-ti），あるいはアクセントのない母音に先行されている場合（*(s)tú-i̯e-ti）である。他方，*-ti が *-di に変化しなかった動詞グループでは，語尾の直前にアクセントのある短母音が来ている[16]。したがって，これらは二種類の弱化規則としてつぎのように定式化することができる。

a)　V́tV > V́dV

b)　V́CVtV > V́CVdV

ここで，アクセントのある長母音を，二つのモーラ連続の最初にアクセントがあると解釈するならば，「アクセントのないモーラの後で子音は弱化する」というふうに，上の二つの規則 a）と b）は一つの規則に簡略化できる [17]（ゲルマン語に生じたヴェルネルの法則も摩擦音の弱化規則であるが，まったく同じやり方で説明できる）。

　以上の分析から，文字のうえでアクセントを表記しない象形文字ルウィ語のような言語の場合でも，アクセントの位置を推定できることが明らかになった。つまり，-ti, -ta という動詞語尾が -ri, -ra と交替する動詞ではアクセントは語尾直前にないが，常に -ti, -ta で書かれる動詞の場合はアクセントが直前にあるということが分かる。

　この節で行った分析は，いわゆる比較方法とよばれるものである。歴史的に関係づけられる言語が二つ以上ある場合，比較方法は，単独の言語だけを対象にした分析では得ることのできない知見を引き出すことを可能にしてくれる。

お わ り に

　本稿では，限られた紙数のなかで，諸言語の文字の系統と文字のタイプ，日本語の文字の特徴，文字と言語の組織との関係といった問題について，可能な限り体系的に論じることを心掛けた。しかしながら，文字にかかわる問題は多岐にわたっており，触れることのできなかった問題も多い。それらの問題については，注に示した文献を参照していただければ幸いに思う。

注

1) 世界の文字についての書物は数多くみられるが，代表的なハンドブックとして，邦文で書かれたものとしては西田龍雄編『世界の文字』大修館書店，1981 年（昭和 56 年）があげられる。欧文で書かれた比較的最近のものとしては，ダニエルズ（Peter T. Daniels）とブライト（William Bright）が編集した *The World's Writing Systems*, Oxford University Press, 1996 がある。文字に関する大部な辞典としては，河野六郎・千野栄一・西田龍雄編『世界文字辞典』三省堂，2001 年（平成 13 年），クールマス（Florian Coulmas）*The Blackwell Encyclopedia of Writing Systems*, Blackwell Publisher, 1996 がある。
2) 漢字の歴史と擬似漢字の成立については，西田龍雄『漢字文明圏の思考地図』PHP 研究所，1984 年（昭和 59 年）に詳しい。

3) ウォーカー（Christopher Walker）著，大城光正訳『楔形文字（*Cuneiform*）』学芸書林，1995 年（平成 7 年），13 頁から代表的な文字を抜粋した。

4) 日本語の文字に関する代表的な書物としては，中田祝夫編『講座国語史 2　音韻史・文字史』大修館書店，1972 年（昭和 47 年），大野晋・柴田武編『岩波講座日本語 8　文字』岩波書店，1977 年（昭和 52 年），武部良明編『講座日本語と日本語教育第 8 巻　日本語の文字・表記（上）』明治書院，1989 年（平成元年）などがある。これらのなかには日本語の文字に対するさまざまな角度からの論考が含まれている。

5) たとえば，河野六郎『文字論』三省堂，1994 年（平成 6 年），2–3 頁などをみられたい。

6) 最近では少なくなる傾向にあるが，ハングルに混じっている漢字も同様の機能を果たしていると言えるだろう。表意文字と表音文字の併用の利点は，あらためて言うまでもない。たとえば，「ことしはやるぞ」に内在する仮名表記のみでの曖昧性は，漢字を用いることによって取り除かれる（「ことし流行るぞ」）。

7) 言語類型論的にみた場合，ヒッタイト語は常に主要部が右にくる語順をとる。つまり，動詞句では動詞が目的語の後ろに置かれ，名詞句では形容詞，属格名詞，関係節などの後ろに被修飾名詞が置かれる。この点でもヒッタイト語は日本語と軌を一にする。

8) ヒッタイト語研究で著名なノースキャロライナ大学のメルチャート教授（H. Craig Melchert）は，筆者との個人的な談話のなかで，「表意文字はアメリカの学生にとってなかなか理解しづらいものである。ヒッタイト語の入門コースを教えるときは，必ず日本語の文字体系に触れることにしている。」という趣旨の発言をされたことがある。

9) 大城光正・吉田和彦『印欧アナトリア諸語概説』大学書林，1990 年（平成 2 年），98 頁以下。

10) なお，翻字に含まれている ^{LÚ} と ^{MUŠ} は，それぞれ「男」と「竜，蛇」を意味する限定符である。また，ヒッタイト語では属格名詞は被修飾名詞に先行するが，4 行目の DUMU.SAL *ŠA* ^{LÚ}ašiuandaš や 7 行目の DUMU.SAL ^{MUŠ}illuiankaš にみられるように，表意文字が用いられる場合には逆の語順になる。

11) 河野六郎・西田龍雄『文字贔屓』三省堂，1995 年（平成 7 年），13 頁。

12) 河野六郎『文字論』三省堂，1994 年（平成 6 年），4 頁を参照されたい。

13) 西田龍雄編『言語学を学ぶ人のために』世界思想社，1986 年（昭和 61 年），248 頁。また，西夏文字においても，声調の対立が字形の違いとして表わされている例がある。詳しくは，『世界文字辞典』（前掲）に所収されている西田龍雄「西夏文字」の項の 543 頁以下を参照されたい。

14) 象形文字ルウィ語の解読の経過と現在の状況については，吉田和彦『言葉を復元する――比較言語学の世界』三省堂，1996 年（平成 8 年），17 頁以下をみられたい。

15) d から r へのロタシズムは，ヒンディー語，マラーティー語などのインドの言語で反り舌の d が r になる変化などにもみられる。また，s が z を経て r になる変化は，たとえば「ヴェルネルの法則」によって生じた z が r になる変化としてゲルマン語においてもみられる（現代英語の was と were にも反映されている）。

16) 他の多くの例については，次の二つの論文に詳しい。アイヒナー（Heiner Eichner）"Die Etymologie von heth. meḫur." *Münchener Studien zur Sprachwissenschaft*, 31 （1973）。モルプルゴ・デイヴィーズ（Anna Morpurgo Davies）"Dentals, Rhotacism and Verbal Endings in the Luwian Languages." *Zeitschrift für vergleichende Sprachforschung*, 96 （1982/83）。

17) 詳しくは，つぎの論文をみられたい。アディエゴ (Ignacio‐J. Adiego) "Lenición y acento en protoanatolio." *Anatolisch und Indogermanisch*（*Akten des Kolloquiums der Indogermanischen Gesellschaft, Pavia, 22.‐25. September* 1998), Institut für Sprachwissenschaft der Universität Innsbruck, 2001。

　一般音声学的には，声帯の緊張が緩むと，母音のピッチが低くなると同時に阻害音の無声の状態が妨げられる。ロカ・ジョンソン (Iggy Roca and Wyn Johnson), *A Course in Phonology*, Blackwell Publishers, 1999 などの近年の音韻論の教科書で用いられている［stiff vocal folds］という弁別素性は，母音のピッチと阻害音の有声無声とのあいだの相関性に注目したものである。すなわち，この弁別素性は，一方で無声阻害音と有声阻害音を区別するのに用いられ，他方で高いピッチの母音と低いピッチの母音を区別するのに用いられる。

第 *5* 章
諸言語の敬語と日本語の敬語

川﨑晶子

はじめに

　本章では「世界の中の日本語」という視点で敬語を見直してみる。日本語は日本人だけのものではない。世界各地で日本語学習者は増えており，その人達にわかりやすい説明をしたい。また我々も日本の中にだけいるわけではない。世界各地で日本語母語話者は現地の人達と関わりをもって生活したり仕事をしたりしている。日本語以外の言葉による心遣いの表し方を知りたい。そこまでわからなくても，日本語以外の言葉のルールを見つけたり理解できたりする柔軟なものの見方を身に付けたい。そのために，二つの視点で諸言語の敬語と日本語の敬語を考えてみる。まず，日本語の敬語の説明方法をもって世界の諸言語の敬語は説明できるだろうか。そして，諸言語，例えば英語のことばづかいに見られる配慮の説明方法をもって日本語の敬語は解説できるだろうか。そこで発見する違いは何か，比較をしながら見えてくる新しい側面に期待し，またその異同を知りまた知ろうとする努力が言語理解，人間理解につながると確信しながら，日本語の敬語を見直してみたい。

　「1. 敬語のある言語：敬語の運用とその記述」では，日本語の敬語のように文法に組み込まれた敬語専用の言語要素を持つ言語がどれくらいあるのだろうかという点，そして，似たようなものがあった場合，それとはどう違うのだろうかという点を見ていく。その作業を通じて敬語の記述の中の運用の記述の大切さを考える。

　「2. 日本語の敬語の発想から見た諸言語の敬語」では，日本語の敬語意識と同

じようなものが諸言語にどのように存在しているだろうかという点を，丁寧語・尊敬語・謙譲語という狭義の敬語の運用と，相手や場などに対する心遣いというような広義の敬語の運用の両方から見ていく。

　「3. 諸言語の発想から見た日本の敬語」では，西欧の一般的なことばづかいの記述と言語学者による研究の両面を整理し，その発想が日本語の敬語の発想とどう違うのかを考える。

　上記 3 段階を経た上で，「4. なぜ敬語があるのか：敬語の役割」で敬語は社会でどのような役割をはたしているのかを再考し，日本の敬語と諸言語の敬語の社会での働きについて考えてみる。

　世界の中の日本語という立場をとったことで，読者の中に一つでも日本語の敬語を見る新しい視点が生まれればうれしい。一つだけ，本稿の制約について記すべきことがある。筆者は東京生まれ・育ちで日本語を母語とし，英語を外国語として頻繁に使用する以外は，辞書があればどうにか読めるフランス語以外「諸言語」を語るほど多くの言語を知らない。留学生などから話を聞き出すのがうまいというのが唯一の特技とでもいえるのだが，そこでわかることにも限界がある。「諸言語」「日本語」という標題のもとに話をすすめるが，言語使用や言語意識の例として取り上げるものは東京山の手の日本語，大学レベルの教養のある話し手の使う方言色のない米語・英語，そして本で調べ母語話者に聞いたソウルの韓国語，バンコク育ちの大学卒の女性のタイ語，など，というように限られている。より一般的な普遍的な議論にするためには，読者が自らの言語観を持って本稿を批判的に読み，議論をさらに発展させていくことを望む。

●1　敬語のある言語──敬語の運用とその記述──

　敬語を『広辞苑』（第五版）で引くと「話し手（または書き手）と相手と表現対象（話題の人自身またはその人に関する物・行為など）との間の地位・勢力・尊卑・親疎などの関係について，話し手（または書き手）が持っている判断を特に示す言語表現。普通，尊敬語・謙譲語・丁寧語に分ける。待遇表現。」，また「敬語法」として「敬語の体系。また，敬語表現上の法則。」という解説が得られる。尊敬語・謙譲語・丁寧語と呼ばれる敬語専用の語句があり，そこには体系が

見られる。日本語は敬語専用の語句が高度に発達した体系を持つ言語なのである。この「敬語専用の語句の高度に発達した体系」を以降狭義の敬語と呼ぶ。

　菊地は「日本語の敬語は部分的にではなく広汎にいわば高度に体系的に発達している点で，世界の数千の言語の中でも著しい…こうした広汎で体系的な敬語の発達は，他に，韓国語/朝鮮語，チベット語，ジャワ語など，少数の言語に見られるだけ」（菊地　1996：13）とまとめている。本節では，高度に体系的な敬語を持つ韓国語と，日本語の「です・ます」に似た体系を持つタイ語を取り上げ，敬語としてどのように異なるかを見ていく。

〔1〕韓国語/朝鮮語と日本語の尊敬語・謙譲語

　日本語の敬語に最も似ていて身近なのが韓国語/朝鮮語の敬語である。梅田は朝鮮語の敬語の解説の冒頭に以下のような概説を書いている。

> 　朝鮮語には，日本語と同じように，いわゆる「敬語」が存在する。朝鮮語で言語表現を行なう際には，話題の人物に対して敬意表現をするか否かの選択を必ず行なわなければならないし，また話し相手に対しても敬意表現を行なうか否か，もし行なうならば，どの程度の敬意表現を行なうかという選択をすることが義務づけられる。「敬意表現」は，話し手と聞き手あるいは話題の人物との間の年齢・身分の上下関係や，親疎関係，更にあまえや怒りなどのいろいろな感情などを表わす。したがって聞き手は，話し手が選択する「敬意表現」によって，話し手が聞き手または話題の人物に対していかなる待遇をしているか，あるいはいかなる感情を抱いているかを容易に推察できるし，また「敬意表現」の用い方いかんによって聞き手の感情を害したり，あるいは好感を与えたりする例は，日常よくあることである。

（梅田　1974：43）

この記述を見て，「あまえや怒り」という部分は少し例を考えるのに時間がかかるとしても，日本語についての解説ではないかと思った人は多いであろう。

　日本語と韓国語/朝鮮語（以下韓国語とする）[1]の敬語を対照してみると敬語形式は非常に似ている。「食べる」に対して「召し上がる」にあたる尊敬語がある。しかし，どうもその使われ方には多少の違いがある。例えば，「先生のお子さん」に対して，日本語では「先生のお子さん」であるので「召し上がる」と言うが，

ソウルでは「先生の子供」[2]であり子供は子供であるので「食べる」を使うとい
う。さらに，社会的地位と年齢の上下の関係も日韓に違いが見られる。例えば韓
国の大学に 60 歳ぐらいの警備員がいたとする。校門を入るときに，50 代の教授
は自ら敬語を使いながら警備員に挨拶をするという。これは，社会的地位が下で
あろうとも，年上の人には敬語が必要というルールがあてはまり，そのとき韓国
では年齢差のルールが優先するわけである。

　形式が似ていると外国語でも母語の運用規則をあてはめて使ってしまいがちに
なり，似ているがゆえの混乱が起こる。両言語を対照して異同が明確になるよう
な運用規則の記述があってはじめて，実際の使い方が見えてくる。しかしそれで
敬語の記述が十分かというと，まだ足りない。敬語の使用は敬語だけでなく，場
面の判断に基づく適切な発話内容など，前後のことばづかいや内容が総合されて
実際に行われるので，敬語を含む一文が敬語文法的に正しいだけでは十分ではな
いかもしれないのである。実際，韓国語の尊敬語の存在，絶対的に目上に対して
使う運用のルールなどがわかっても，日本人が韓国語のやりとりから感じるエネ
ルギッシュでダイレクトな印象は何も説明されておらず，コミュニケーションを
するには別の角度からの敬語運用に関連した記述が必要である。

　韓国語母語話者に詳しく聞いてみよう。謙譲語はどうであろうか。韓国語にも
謙譲語はあるが，日本語のように「お（ご）～する」というようにたくさんの動
詞に使える文法的な要素にはなっておらず，「やる」に対して「さしあげる」に
相当する謙譲語，「問う」に対して「うかがう」，というような単語レベルのもの
が，それも若干あるだけだそうである。「確かに謙譲語は少ないし，謙遜は苦手
かもしれない」という説明が得られる。17 世紀頃は謙譲を表す動詞があったが，
18，19 世紀になるとそれらは使われなくなった。「謙譲の美徳」は現代の韓国で
はそれほど受け継がれていないようだ。聞き方を変え人類言語学的な質問をして
みる。「親が子育ての時にどのようなことをよく言うか？」日本では「人に迷惑
をかけないように」とよく言うが，韓国ではそういう言い方はせず「人の助けに
なれるような人になれという」とのことである。どちらかというと，自分が立派
になることが中心で，謙遜や遠慮はあまりなじまない。関連した話で，日本人は
同僚に仕事を頼むときに，役割としてやることが当然なことでも，「申し訳ない」
「お願いできないか」と遠慮したり低姿勢で頼んでくる，これに慣れるのが大変

だったとの話。日本人の遠慮に違和感を覚えると同時に，友達の宿題の手伝い，食事のおごり，引っ越しの手伝いなど，韓国人にはやるのが当たり前と思えることが日本人にはそうではないらしい，きっと韓国人はなんでも図々しく人に頼むと思われているのではないかとのこと。はっきり意見を述べることが美徳として評価される韓国語の言語行動の原則と，そうではない日本語の言語行動の原則のようなものが存在する可能性があるとすれば，そのような言語行動の原則がわからないと，日本人は韓国語話者に対し敬語を話す同じようなアジア人というイメージで接し，それと異なる実際に遭遇したとき大きな誤解を招きかねないのである。断片的でもいろいろな違いが示され，日本語と韓国語は似たような敬語体系を持つが，言語運用に関してはさまざまな違いがあり，韓国は考え方のかなり異なる国という印象になってきた。

　「謙遜が苦手かも」という話を母語話者から聞き，「エネルギッシュでダイレクトな韓国」という感覚的な印象が少し裏打ちされたような気がするが，言語行動にそれが本当に表れているものなのだろうか。社会言語科学会で興味深い発表があった。金（2001）の発表は「ほめに対する返答」がテーマで日韓の大学生30組ずつに実際に会話の中でほめてもらったものを録音し，ほめに対する返答部分を分析したものである。回答部分が単独な場合，肯定も否定もしない回避が約半数を占めたが，その他では日本語話者は否定的な返答が多く韓国語話者は肯定的な返答が多かった。複合の返答では，日本語話者は否定的な方向へ変化する返答が多かった。つまり，談話レベルの分析で，実際日本語話者はほめに対し謙遜する傾向があり，韓国語話者は日本人ほど謙遜しないということがはっきりしたわけである。近年談話レベルの日韓対照研究が増えてきており，これまで印象的に言われてきたものが，実証的に論じられるようになってきた。しだいに，韓国語のコミュニケーションの傾向と日本語のコミュニケーションの傾向があきらかになりつつある。そして，言語行動の根底にある文化的な価値観，美徳なども見えてくれば，韓国語のやりとりではこういう傾向があるという予測が立ち，コミュニケーションもスムーズになってくるのである。

　敬語を実際に使うとき，敬語的要素がきちんと文章に使われていれば敬語が使えたことにはなるが，それだけでは相手とのスムーズなコミュニケーションが行われたとは言い難い。敬語及び敬語関連の諸相が複合してはじめて効果的なこと

ばの使い方が実践される。敬語の記述が文化論的なものまで含んでしかるべきだという実例である。

〔2〕タイ語と日本語の丁寧語

　日本語の狭義の敬語を説明するときに，対者敬語と素材敬語[3]という基本的分類の仕方がある。「です・ます」で代表される丁寧語は対者敬語，尊敬語・謙譲語は素材敬語である。南は敬語の一般的性格として，話し手（あるいは書き手，送り手）の持つ顧慮（気にする，気配りをすること）があると定義している。そして，対者敬語は聞き手（あるいは読み手，受け手）に対する顧慮のことが多いという（南 1987：4）。対者敬語はまさに相手の人物に対する気配りとしての敬語である。

　日本語の「です・ます」に形が非常に似ているものに，タイ語の kha/khrap がある。Kha は女性が，khrap は男性が使う文末詞で，丁寧さを増すものであるという。

　タイの敬語について，バンコク生まれの大学出の女性の敬語意識を聞いてみた：

　　言葉の丁寧さとして第一に思い浮かぶのは，王と僧侶に対する話し方で，日常のタイ語とは全く異なるものである。ただし，王には会うチャンスがまずなく，僧侶に対することばなら使い分けられる。最近兄が僧侶になるための修行をした。3ヶ月特訓コースのようなものだったが，この間は家族も兄に僧侶に対する尊敬語を使い続けた。特に黄色い法衣に関しての言葉には気をつけた。日常の言葉で丁寧さに関係する言語形式は自分や相手をどう呼ぶかという呼び名と kha/khrap である。呼び名は複雑なルールがあり，初対面の人で自分より年上か年下かがわからないと何と呼んでいいかわからず困る。だから相手の年を聞くのは失礼ではない。人間関係では上下意識がはっきりしていて，上司，先生は尊敬すべき，また年上も尊敬すべきと考える。家族の中でも父母は上，兄姉も上と考える。家によってルールは違うかも知れないが，自分の家では自宅では丁寧な言葉は使わない。第三者がいるときに使う。全体として，尊敬の念を表すにはイントネーションが一番大切だと思う。(Y.S. 32F)

タイ母語話者，Y.S.の言語意識では，イントネーションが大切であるが，敬語のようなものとして文末詞 kha/khrap がやはりあがっている。Y.S.が日本に留学に来ていることもあり，日本語の「です・ます」と比較しながら kha/khrap についてさらに話を聞いた。日本語の「です・ます」は，相手に対して丁寧さを付加し，心理的には相手との距離を置く，ゆえに，親しい先輩などには，先輩であるから「です・ます」を使うが話題や発話の種類をうまく利用してしばしば「です・ます」を省略した話し方をし，親しさを増すことができる，という説明をすると，「だから私の日本語の話し方は少しおかしいと言われるんだ」という反応が返ってきた。タイ語の kha/khrap の使い方で，日本語の「です・ます」を使っていたからだという。

　改めてタイ・英辞典を引いてもらう。kha/khrap はポライトネスを表すために勧誘や質問の時に付け加えるもの（to be added up for invitation or question in order to show politeness）という解説がある。勧誘や質問というのは，限定しすぎの感がするが，「晴れている」というのに kha/khrap をつけるのはおかしいが，「だから外に行こう」というさそう気持ちがあるときは kha/khrap をつけてもいいという。黒板に「1 + 1 = 2」と言いながら書くときに，kha/khrap はつけられないが，答えを言うとき，あってますよねというニュアンスを込めて「1 + 1 = 2」と言うときには kha/khrap をつけることが可能である。kha/khrap は話し言葉で，書き言葉ではない。つまり，相手との関係において情報を与え，かつ誘ったり，説得したり，返答を要求したりするニュアンスのある時，やりとりのある発話には kha/khrap がつき，そうでないときにはつかないとまとめられるであろう。この点は日本語の「です・ます」がほとんどの文章に付加できるのとは少々違う。

　実際の使用をもう少し見てみよう。
　(1) Sawaddee kha.
Sawaddee は「おはよう，こんにちは，今晩は」など広範囲に使われる挨拶言葉である。ここでは女性の話者を想定して kha がついている。先生や先輩にはこの言い方をするが，後輩に対しては
　(2) Sawaddee.
となる。年下でも相手が子供の幼稚園の先生であったりすると kha/khrap を使

う。先生という社会的地位に対して使うわけである。

　これだけを見ると日本語の「です・ます」とほとんど変わらないように見える。上記の例から kha/khrap を使う相手は年上の人であると推測できるが，実際は同い年や年下の人にも使うという。その時は丁寧さを増すというより，親しさや感じ良さを増すという。そのため，waddee というカジュアルな挨拶に kha をつけて

　　(3) Waddee kha.

という言い方もよく使われる。ここでタイの留学生が日本の「です・ます」は距離を感じさせる言葉で省略することによって親しさがわくという発想にびっくりした理由がわかる。kha/khrap は「です・ます」の省略で表そうとする親しさを，kha/khrap そのものの中に持っているのである。kha/khrap は目上の人などに使われると丁寧さを，同じあるいは目下の人に使われると親しさや感じ良さを感じさせる発話になるのである。実際には，はじめ見知らぬ人として，kha/khrap を丁寧な発話づくりに使い，そのうち親しくなると今度は親しさを表すために使い続けるわけである。また，親しい間柄で，kha/khrap を使ったり使わなかったり自分の気分で使うことが多いが，頼み事があるときなどは kha/khrap を使うという。この場合は kha/khrap は丁寧さと親しさとを強調し，頼み事がうまくいくストラテジーとして活用される。

　kha/khrap に似たもので，ja という文末詞があるが，これはもっぱら親しさを表すのに用いられる。ja は親が子に，人が動物に，などのようにかなり上下差が大きいときに使われ，フォーマルな場面では用いられない。na や wa という全く丁寧でない文末詞もあり，

　　(4) Arai kha.

　　(5) Arai na.

　　(6) Arai wa.

は「なあに」「なんだ」「なんだよ」というような違いがある。それが時には

　　(7) Arai na kha.

と kha/khrap と組み合わせて使われることもあり，感じのよい親しさが表せるようである。

　日本語の「です・ます」の使用ルールに凝り固まった頭で聞いていくとますま

す混乱してくるのだが，kha/khrap は実は使っても使わなくてもいいものだという。イントネーションで充分丁寧さや尊敬の念が表現できるので，使わなくてもいい，ただ，使えばそれなりに話し手が丁寧な，よい人であるという印象が強まるという。町の商店の主人などは kha/khrap をあまり使わなければ，それはそれでインフォーマルでダイレクトないい人であるという印象を持たれ，たくさん使えば丁寧な人という印象が持たれる。年齢の高い人は，尊敬を表すのにkha/khrap が使われることを期待して話を交わす。ならば kha/khrap は上下意識の強い人が使うのかというと，そういうわけでもないようで，kha/khrap をうまく使える人は，尊敬を表すことができる人で，これは伝統的な古い考えの人というよりは，丁寧で，思いやりがあり，教養のある，心の開かれた，感じのよい人であるという印象が持たれるという。また，家事使用人に対して主人はkha/khrap を使うというように，地位の高さを逆に表すような面もある。日本語の代用を見つけようとするのは危険があるが，「です・ます」と「ね」「よね」の混合が kha/khrap かもしれない

　ここで，後半で論じる敬語の役割の話題に少しふれておく。「です・ます」とkha/khrap の違いは，「です・ます」が丁寧に話すべき相手に対して使うべきもので，その使用が主に「わきまえ」として認識されているのに対し，kha/khrapはバンコク育ちの大学教育を受けた女性にとっては使っても使わなくてもいいもの，上手に使うと感じがよいものと認識されていることである。後者の使用法はどちらかというと「働きかけ」的な使用法に思える。しかし，それほど任意に使われているようにも思えない。kha/khrap の使用はどうやって習得していくのであろうか。バンコク育ちの Y.S. の観察によると以下のようである：

　　小さい子が意思表示ができるようになると，まわりの大人は手を合わせることをまず教えようとする。少しでもできると偉いねえ，上手だねえとほめ，手を合わせて挨拶することを教える。そのうち Sawaddee と手を合わせて言えるように教えていく。Sawaddee は場面によって「こんにちは」「ありがとう」「さようなら」などの意味に使える非常に便利な言葉で，この言葉を手を合わせながら言えれば，立派なタイ人の一歩を踏み出したことになる。親が子供に話しかけるときは kha/khrap を使う。この kha/khrap は親しい雰囲気をかもし出す。子供が言葉を話しだしたら，子供も kha/khrap 付き

の話し方をするようにし向けられ，親子で kha/khrap つきの会話をする。
この場合子供の方は kha/khrap が良い話し方というぐらいの認識であろう
が，親に対する尊敬のあらわれとして，かつ親しみも込めての使用を体得す
ることになるのだろう。親に対する絶対敬語を教えるために kha/khrap を
教えると考える人もいる。ともかく，子供が kha/khrap をつけて話せたら
ほめる。客などが来たら kha/khrap をつけて話すように指導する。次第に
年上の人に，また知らない人には kha/khrap をつけるように教えていく。
　この話を聞くと，「です・ます」の使い方が頭にこびりついている日本人とし
ては，まだピンとこない面もあるが，タイの親子間の kha/khrap の使用は，良
い話し方の例として親子で親しみと尊敬のこもった kha/khrap を使いはじめ，
それが社会では年上や見知らぬ人に使うものだと教えていく，「わきまえ」を実
地で教えていくやりかたになっているようである。

〔3〕敬語の比較方法：類型と運用記述

　限られた紙面の中で，韓国語の敬語やタイ語の kha/khrap の記述にかなりの
部分を費やしたが，典型的な用例から子育ての話までを耳にし，やっと読者には
それぞれの言語の具体的なイメージがわいてきたのではないだろうか。このプロ
セスは敬語の運用の学習にはとても大事な事である。一方，ここでの話はバンコ
ク生まれで日本の大学院に進んだ一女性の話言語観で，男性，農村部の女性，等
さまざまなタイ語話者の言葉の使い分けのルールをも含む原則を見いださねば本
当の理解にはほど遠いことは確かである。そのようなことを考えると，実際きち
んとした敬語の記述は不可能と思えてしまう。そこで萎えてしまわず，「比較は
理解の助け」という事をヒントに，敬語の記述方法について考えてみる。
　諸言語の敬語と日本語の敬語を比較しようとするとき，二つの点が重要になっ
てくる。一つはどう違うかをはっきりさせるために類型的な整理をすること，二
つ目は敬語形式だけではなく運用に充分言及した記述をすること，である。
　諸言語の敬語の類型的記述は，杉戸（1988）と Shibatani（1998）が総合的視
点を持って行っている。杉戸は，敬意表現というくくりで諸言語の「話し手，話
し相手，話題の登場人物などの人間同士の人間関係への配慮や，場面や状況や話
題についての，ひとことでいえば対人的な配慮を，とにもかくにも表現しうるよ

うなさまざまな言語手段」（杉戸 1988：48）を観察し，以下の四つの比較の柱に
なるような観点を提示している。

　　　ア）話し相手への敬意表現と，話題の登場人物への敬意表現を備えている
　　　　　か？
　　　イ）相対的な敬意表現か，絶対的な敬意表現か？
　　　ウ）相互的（対称的）か，非相互的（非対称的）か？
　　　エ）語彙的・文法的に，敬意表現専用の言語形式を備えているかどうか？

　冒頭の敬語があるかないかの議論は，エ）を中心に展開したものである。ア）
イ）ウ）は狭義の敬語に限らず，しかし重要な類型を示している。

　ア）は対者敬語と素材敬語の両方を持つか，片方だけか，あるいはそれらのど
ちらともいえない別の種類かということで，日本語では「です・ます」などの丁
寧語が典型的な対者敬語，尊敬語・謙譲語が素材敬語であるので両方を持つ言語
である。多くの現代ヨーロッパ諸語では相手が登場人物で動作の主体であるとき
のみ敬意表現が用いられ，最後の種類になる。

　日本語の丁寧・尊敬・謙譲の三分類は日本語の敬語の説明の伝統的な方法だ
が，諸言語との比較においては万能ではない。英文で書かれた諸言語の解説でよ
く用いられるのが，このア）を第一の分類ステップとするもので，最近のもので
は *Concise Encyclopedia of Pragmatics*（Mey 1998）での Shibatani の解説がある。
Shibatani は敬語の代表的なものとして referent honorifics と addressee honorifics
を解説している[4]。Referent honorifics（素材敬語）は主語や目的語など名詞的指
示物に対して敬意を表すときに使われるものとし，日本語の尊敬語，謙譲語だけ
ではなく，Mr.「～様」のような称号・肩書き（titles），ジャワ語に特に発達し
ている敬意を表す代名詞，その他敬意を払う人に属する物を丁寧に言う名詞など
もこの範疇に入れている。「先生のご本」というような時の日本語の「お～」「ご
～」はそのような丁寧な名詞を作る接頭辞と考える。Addressee honorifics（対
者敬語）は日本語の丁寧語が典型的なものであるが，二人称の人称代名詞，英語
の Yes, sir. の sir や ma'am などもその例である。

　運用の方法を観察すると，対者敬語的素材敬語の使用も見られる。同級の子供
を持つ母親同士の会話で「明日家庭訪問だけど，お茶以外に何か出す？」と「お
茶以外に何かお出しする？」という会話が見られた。親しい母親には「出す？」

あまり親しくない母親には「お出しする？」と使い分けられ，その場合素材敬語は対者敬語的，あるいは美化語的に使われていることになる。

　Shibatani は referent honorifics, addressee honorifics の他に avoidance languages や美化語 beautification も敬語として説明している。avoidance language は社会で特別視されている人間関係があり，その人に直接話すのを避けたり，話を聞かれているような場合はことばづかいが変わるというものである。オーストラリアの原住民の Dyirbal 語では特定の義理の関係にある者に関してことばづかいに制約がある。例えば，義理の息子は義理の母に直接話をすることを避け，かつ姑が聞こえるところでは日常語 Guwal ではなく「姑語」（mother‐in‐law language）の Dyalnguy を使って話し，姑も義理の息子には Dyalnguy で話すという（Shibatani　1998：344）。このような avoidance language は敬意を表さねばならない相手にも使われ，そういう意味で敬語の一つと考えられている。このことばづかいの特徴で興味深いのは，ある人物が会話が聞こえるところにいる場合に，ことばづかいが変わるという点である。これは日本語でも見られる現象で，敬語を使うべき相手でも本人がいなければ尊敬語など抜きで話をするが，本人が聞いていることがわかると敬語を付加する，などのことである。これも，素材敬語であっても第三者に対する対者敬語の機能を重視している例と考えられる。

　対者敬語・素材敬語は形式面と運用面との二段階で見ていく必要があるが，諸言語との比較の場合まずは形式面で比較するのが普通である。

　イ）は時と場合によって変わるのが相対的，いつも変わらないのが絶対的な使用法で，上司には尊敬語を使うが，部外者に自分の上司のことを言うときには使わないというような現代日本語の敬意表現の使い方は相対的，天皇にはどんなときにでも常に特定の用語を用いていた時代の日本語のその部分は絶対的なものである。

　ウ）は会話参加者がお互いに同じ言い方をするのが相互的，違う言い方をするのが非相互的で，日本語では会話参加者の一方が丁寧語を使い，もう一方は使わないなど非相互的な用法が実際多々あるが，現代のヨーロッパ諸語で二人称代名詞に親密な関係を示すＴ型と改まりの疎の関係を示すＶ型がある場合，お互いをよく知らない間はお互いにＶ型を使い，親しくなったらお互いにＴ型を使うという相互的な用法が原則である。

　エ）は狭義の敬語があるかないかということで，狭義の敬語のある言語として
よく取り上げられるのが，日本語，ジャワ語，韓国語，チベット語，タイ語など
である。

　上記のような類型的分類は，諸言語の敬語のタイプを整理するのに有効な手段
である。現在4点があげられているが，今後項目を追加し，項目自体も整理して
いくと，諸言語の敬語比較により有効なものができていくであろう。

　諸言語の敬語と日本語の敬語を比較する時に重要な第二の点は敬語形式だけで
はなく運用に充分言及した記述をすることである。

　韓国語とタイ語の敬語の形式やその使い方の例を見て，似ているがゆえに日本
語の運用を応用して使ってしまいそうな危険性を強く感じた。と同時に，言語の
使い手の持つ文化的規範，文化的傾向，を含めた敬語の運用法則の記述に工夫が
必要だと痛感した。

　世界の中の日本語，あるいは日本語話者が世界に出たときの諸言語との接触を
想定しての日本語，という視点を持ったとき，「コミュニケーションがスムーズ
に成り立つほどまで」使い手や使い手の文化を理解した上での言語理解が必要で
ある。そこまでの言語理解をするには，言語構造体系，言語運用体系，そして言
語行動体系や思考パターンなどの背景的知識が必要となる。しかし，それらの記
述は言語構造体系以外はまだまだ発展途上状態である。言語運用体系に関しては，
近年の語用論，会話分析の実証的研究が少しずつ明らかにしてきており，言語行
動体系や思考パターンに関しては，人類言語学やその関連分野が徐々に解明しよ
うとしている。それを敬語の記述にどう活かしていくかが課題である。

●2　日本語の敬語の発想から見た諸言語の敬語

　日本語の敬語意識と同じようなものが諸言語にどのように存在しているかを，
1）日本語で最も重視されている相手に対する心遣いに基づいた敬語使用，2）敬
語的な言語要素，運用を広く見た場合の様々な心遣いとそこで用いられる表現，
の二つの点から見ていく。

〔1〕相手に対する心遣い：日本式敬語調査の諸言語への応用

　日本語では「雨が降り出した」という事実を口に出すときでさえ，「雨が降り出したね」と言うか「雨が降り出しましたね」と言うか，相手が自分にとってどのような人物であるかによって発話が変わる。「いつ行くか？」など相手の事を聞くとなると，相手の人物をどのレベルの敬語を使う人と判断するか，微妙な判断を下しながら「いつ行く？」「いつ行きますか？」「いついらっしゃいますか？」「いつお出でになるんですか？」など最適な発話を用いる。そのため日本語の敬語の調査は，「○○のようなとき△△さんに対してはどう言うか？」あるいは「どの表現を使うか？」という質問がよくなされ，人物のカテゴリーとその人に最適な表現が対応していることが前提のような聞き方がなされる。日本人はそれに対してあまり躊躇なく，「親しい友達だから行くを使う」「先生だからいらっしゃるを使う」というような人物と表現が対応した敬語意識を用いて自分の発話を推測し答えることができる。

　そのような敬語意識の調査は繰り返しされてきたが，その中でも荻野（1983）はアンケート調査から敬語意識を数量化する方法を見いだした。数量化が可能になると，諸言語との比較も可能になる。日本語の敬の発想から作られた敬語意識調査を他の言語で行ってみることで，他の言語では相手の人物と表現の関係はどのようにとらえられているのかを見ることができる。荻野の数量化を利用して，日本人とアメリカ人の大学生にペンを借りるときという限られた状況でどう行動するかを質問し比較調査した結果（井出他 1986）をここで紹介する。

　「ペンを借りるとき」の敬語行動の日米比較は，日本式の敬語調査を応用して行った。この調査は，日本にもアメリカにも「こういう場面でこういう人にはこういう話し方をする」というわきまえが存在しているという前提に立っている。日本語で敬語を語るとき，この「わきまえ」の発想が第一にあり，かつ多くの部分を占める。「こうすべき」という発想がしっかりあるので，日本語の調査はアンケート調査による言語使用意識調査が有効となっている。

　この「わきまえ」の敬語行動の中で占める割合を図で示すと図 5.1 のようになる。図の割合は統計で示されたものではなく，あくまでも主観的なものであるが，網かけ部分と斜線部分を足した部分が「わきまえ」，白ヌキ部分がわきまえ以外のもの，井出他（1986）で「働きかけ」と名付けているものである。日本語の

「わきまえ」は主に相手とその人に出会いそうな場面を基準にして判断されるので，相手・場面がほとんどを占めている。斜線部分はそれ以外の要因である。日本語で学生が先生に「先生，この本面白いですね。」と言った場合，「先生」や「です」の部分は学生が先生に話しかけるときの「わきまえ」として認識され敬語行動

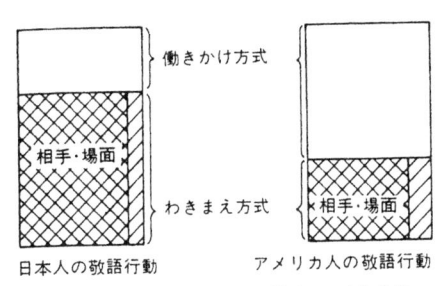

図 5.1　日米の敬語行動の枠組み（井出他1986：27）

として実行されている部分である。最後の「ね」の部分は，これを付けることで先生に対しての親しみをあらわす「働きかけ」の表現使用である。実際に一文として発せられた時には，「わきまえ」と「働きかけ」の融合した状態で，発話を分析する手段と考えると無理がある二分法だが，日本人は確かに「わきまえ」的な敬語行動が多く，アメリカ人は「働きかけ」的な敬語行動をとることが多い。

　調査は図の網かけ部分を日米で聞くもので，三種類の質問で行われた。第一は，ペンを借りるときに使われるだろう代表的な表現を非常に丁寧なものから気楽なものまで 20 種類ほどあげ，それがどの程度の丁寧さを持つものかを聞くもの，第二は，日常接する人物を 20 人ほどあげ，その人達にどの程度丁寧に接するかを聞くもの，第三はその 20 人の人達にはじめの 20 ほどの表現のどれを使うかを聞くものである。

　英語の場合は狭義の敬語は存在せず，助動詞の would，could，may などの使い方で文章の丁寧さに変化をつける。日本語ほど表現間に顕著な差が見られないが，May I borrow your pen for a minute ? Would it be all right if I borrowed your pen for a minute ? Would you lend me your pen for a minute ? Can I borrow your pen for a minute ? Got a pen I can use for a minute ? などの 20 ほどの表現は careful（改まった）と uninhibited（気楽な）というスケールのなかで丁寧さ[5] の順に並んだ。一方，被験者である学生の身近な人物 20 人ほどに対して，同じように「改まった」から「気楽な」態度で接するというスケールで調査すると，アメリカ人の学生も人物を教授，大学の若い先生，顔見知りの学生，恋人，兄弟というような丁寧さで順序づけていることがはっきりした。つまり，アメリカ人も日

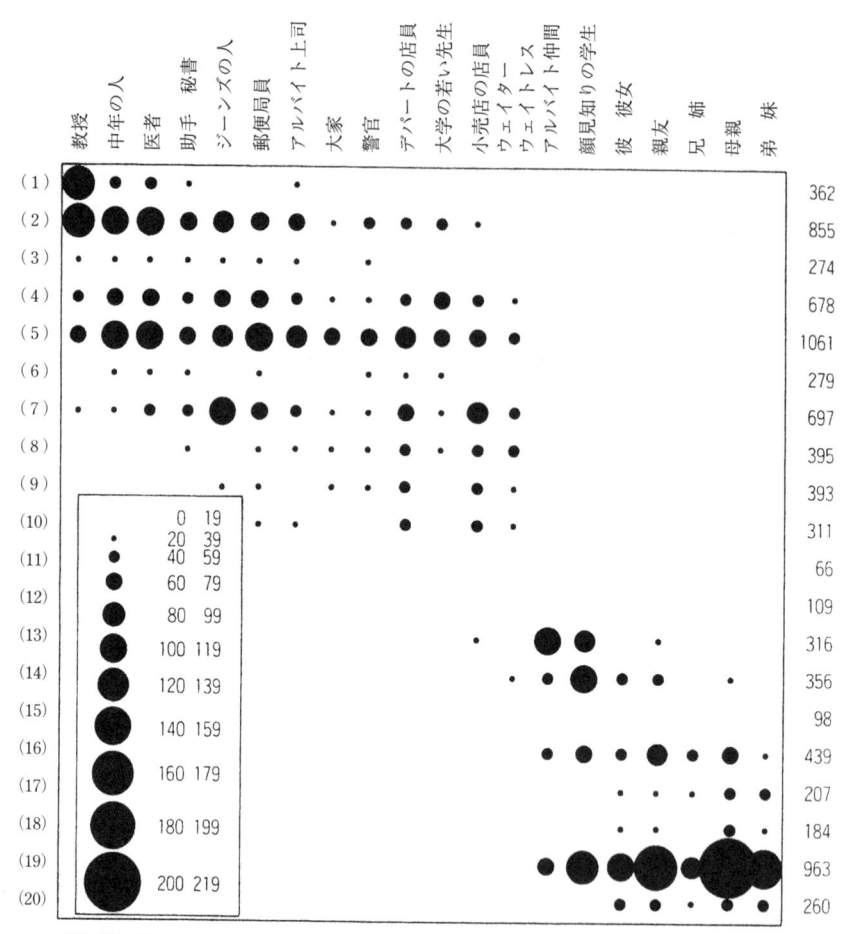

注：(1)〜(20) は次の表現を示す。
(1) お借りしてもよろしいでしょうか　(2) 貸していただけませんか　(3) 貸していただきたいんですけど　(4) お借りできますか　(5) 貸していただけますか　(6) 貸してくださいませんか　(7) 貸してもらえませんか　(8) 貸してください　(9) 貸してくれませんか　(10) いいですか　(11) 貸してほしいんだけど　(12) 使っていい　(13) 借りていい　(14) 貸してくれる　(15) 貸してよ　(16) いい　(17) ペン　(18) 借りるよ　(19) 貸して　(20) ある

図 5.2　相手に応じた表現の使い分け（日本：実数）（井出他 1986：122）

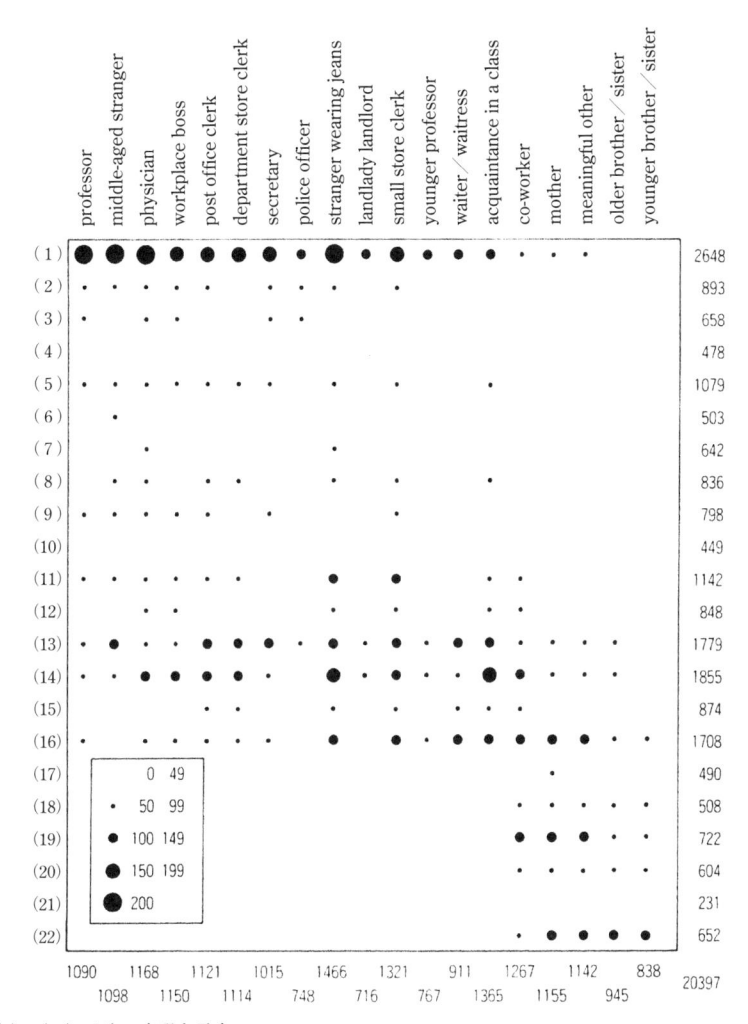

注：(1)〜(22) は次の表現を示す。
(1) May I borrow　(2) Would you mind if I borrowed　(3) Would it be all right if I borrowed　(4) I wonder if I could borrow　(5) Do you mind if I borrow　(6) I was wondering if I could borrow　(7) Do you think I might borrow　(8) Do you have a pen I can use　(9) Is it all right if I borrow　(10) Can I bother you for a pen　(11) Could you lend me　(12) Would you lend me　(13) Could I borrow　(14) Can I borrow　(15) Can you lend me　(16) Can I use　(17) Got a pen I can use　(18) Can I steal　(19) Let me borrow　(20) Lend me　(21) A pen　(22) Gimme

図 5.3 相手に応じた表現の使い分け（アメリカ：実数）（井出他 1986：123）

本人と同じように表現に改まりの差を感じ，相手の人物も丁寧さで見分けていることがわかったのである。そうなると，日本語でも英語でも「丁寧に接する人には丁寧な表現を使う」ということが予測されるが，結果はそうではなかった。（図 5.2，5.3 参照）

　図は日米それぞれ 500 人前後の学生に表現リスト，相手の人物リストを見せ，どの人にどの表現を使うか聞いたものの結果である。被験者は普段接しない人物，使わない表現は削除し，また，一人の相手にいくつもの表現を選ぶことが許されていたので，使われた表現の総数を表す横の数字は被験者数よりも多くなっている。

　日本の図では，「お借りしてもよろしいでしょうか」という最も丁寧な表現は教授に対して最も多く使われ，「貸していただけませんか」という次に丁寧な表現は教授，見知らぬ中年の人，医者に多く使われ，「貸していただけますか」という 5 番目に丁寧な表現は学生に最も好まれて使われ，その相手の分布も丁寧に接する人全般に渡るが教授にはそれほど使われないなど，表現とそれを使う相手の人物の関係が見える。全体で言えることは，日本の場合は非常に丁寧に接すると考える人には非常に丁寧な表現を使い，やや丁寧に接すると考える人にはやや丁寧な表現を使い，丁寧に接しないと考える人には丁寧でない表現を使うという相関がはっきり見えるということである。

　アメリカの図ではその相関がぼんやりしたものになっている。(17) から (22) のくだけた表現はバイト仲間，母親，恋人，兄弟姉妹という気軽な相手に対してのみ使われるという傾向がはっきりと見える。また，(2) から (12) の丁寧，あるいはやや丁寧な表現は気軽な相手には使われていない。しかし，解答パターンから統計的に最も丁寧とされる May I borrow...は丁寧に接する相手のだれにでも使われ，かつ気軽な相手にも少しは使われており，(13) の Could I borrow...という過去の助動詞を含みかなり丁寧と考えられる表現もほとんどの人に対して使われている。アメリカの結果では，表現に丁寧度の差があり，相手の人物も丁寧に接するか否かの度合いに差があるにもかかわらず，丁寧に接する人には丁寧な表現を使うという図式は日本ほどはっきり見えない。アメリカでは丁寧な表現の使い分けは相手の人物がだれであるかだけでは決まらない，ということが見える。

　統計的には，日本でもアメリカでも「丁寧さ」という概念が敬語行動を司る要

因になっていることがわかり，日本でもアメリカでも相手の人物は丁寧な表現を
選ぶときの一つの要因になっているが，日本ではそれが非常に大きな要因なのに
対し，アメリカではそれほど強い要因ではないのである。これは，表現の選び方
からもわかり，日本では一人の人物に対して平均 1.01 個の表現を選んだが，ア
メリカでは 2.55 で，中には any（どの表現でもいい）という答えも見られた。で
は，他に何が要因となってアメリカでは丁寧な表現が使い分けられているのか，
これはこの調査ではわからなかったが，類似の補充調査から，話の内容，具体的
な場面の状況などにより選ばれる表現がかなり違うことまではわかっている。

　日本では大前提となっている「相手に応じて表現を使い分ける」という発想は，
上記の調査で少なくともアメリカではあまり通じないことがわかった。英語での
丁寧な言い方を学んでも，日本流の使い分けをすると丁寧さも効果がなかったり
違和感を生んだりする可能性がある。日本語の場合，敬語の形式は複雑で難しい
が運用法はかなり意識的に理解されルールが説明されているが，アメリカ英語の
場合，ルールはほとんど記述されておらずかなり場と状況に微妙に左右される。
外国人にとって，もしかしたら難しいといわれる日本語の敬語の方が実際は習得
しやすいのかもしれない。

　アメリカ英語では相手の人物が誰かであるかだけでは表現の使い分けは決まら
ないことがわかったが，相手の人物が重要な要因である言語は多い。冒頭で韓国
語の例をいくつか出したが，韓国語も日本語と同じように相手が年上であるか，
社会的地位が高いか，などで敬語を使うか使わないか決まる。しかし，実際の人
間関係の中で，どこからどこまでを敬語を使う対象とするかなど，微妙に異なる
点がある。敬語が存在することや，相手の年齢，地位などが要因になるというこ
とが同じため，母語のルールで判断しがちで，混乱が起きる。似ているがために
違いを見極めるのは難しい。

　諸言語の敬語との比較・対照を考えると，日本語の敬語の発想の基盤である
「相手」のとらえ方そのものについて，諸言語との違いを視野に入れた説明の必
要性を感じる。ここで日本語での相手のとらえ方や運用について簡単に再整理し
てみる。

　日本語では，相手の人物を判断するときに「目上」という概念が強く働く。
「目上」つまり「地位・階級・年齢などが自分より上の人」（『広辞苑』第 5 版）

には，基本的には敬語を使う。上下関係の基本概念が目上である。階級は現代ではあまり意識されないのでここでは言及しないことにして，目上の人とは，定義から見ると，地位も年齢も高い人，地位の高い人，年齢の高い人，どれにでも当てはまる。しかし，年齢が高く地位の低い人，地位が高く年齢が低い人を目上と呼ぶには躊躇する場合がある。前者の場合「年上」，後者の場合「上司」「偉い人」「力のある人」などに置き換え，だから敬語が必要と判断することが多い。日本語で年上の守衛さんに敬語を使うか使わないかは，相手の人物が年上であることを重視した使用ではなく，話し手の自己認識による場合が強いであろう。

　目上を基本とした上下意識に「内外（うち・そと）」意識が関わるのが日本語の特徴である[6]。同じ学校というような内意識の中では，そこでの年齢などの上下関係が非常に重視される。内でも家は現代では特殊な空間になり，そこでは子供の親に対する乱暴なことばづかいが当たり前のようになってきている。これは，他のアジア諸国から見ると違和感を覚える部分かもしれない。外は範疇としては適度な敬語を話す相手であるが，自分とは関係がない，今後も二度と接することがないであろうなどと，外よりはより「他」，「別物」と判断される相手には，非常に乱暴な言動が見られる場合がある。

　内外意識が上下意識に合体すると，もっとややこしいことになる。目上の人の子供や持ち物はその人の内に存在する物で，敬語の対象となる。「お子さまお元気でいらっしゃいますか。」「お鞄お持ちします。」というのに加えて，最近「お宅のあたりではもう梅が咲いていらっしゃるんではないでしょうか。」という表現まで見聞きしたことがある。一方，自分の会社の上司のことを会社外に話す場合は，目上でも内のものと取り扱い，敬語は使わない。上記の梅の例の出現や，会社に入って外に向かって上司に対する敬語を使わないことの難しさがしばしば言われることを考えると，上下意識と内外意識の微妙なかねあいは日本人にも難しいことなのかもしれない。

　上述の相手のとらえかたは，よく一般的に言われていることである。しかしこの簡単な記述では，非日本語母語話者はなかなか使い方がわかるほど理解できない。それだけでなく，日本社会の変化に伴って，言語運用の際の相手のとらえかたも変化してきており，現代日本語の敬語運用での相手の人物のとらえかたの説明は難しい。

　一つの方法は具体的な例を示しながら類型を示す，ということである。文化庁国語科による『平成 9 年度　国語に関する世論調査』[7] では，具体的に対になった人間関係を提示しそこでの敬語の使用を調査している。その結果，「敬語を使って話すべき相手だと思う」という回答の割合は，「学生・生徒にとって教師」が 84 ％，「店の人にとって店の客」，「ものを頼む立場の人にとってものを頼まれる立場の人」，「患者にとって医師」が 75 ％前後であった。報告書ではこれらの人間関係を「恩恵の受け手と与え手の関係」とまとめている。「年下の人にとって年上の人」，「学校のクラブの後輩にとって同じクラブの先輩」は 6 割台の「敬語を使って話すべき相手だと思う」と答え，これは「年齢の上下や集団の中での立場の上下」差のある人間関係である。一方非常に親密な関係である家族の場合は，「子にとって親」は 22.9 ％，「年下のきょうだいにとって年上のきょうだい」は 15.0 ％と，「敬語を使って話すべき相手だと思う」割合が 1 ～ 2 割台と低い。また，「医師にとって患者」，「店の客にとって店の人」は「恩恵を与える側にとって恩恵を受ける側」という逆方向でも 43 ％，27 ％が敬語を使って話すべき相手だと考えている結果も提示している。すべてを制御する敬語運用ルールを示すことはできなくても，上記のような具体的な相手のとらえ方，そこからの概念説明，という段階的な記述で，日本語母語話者でない人々にもわかりやすい説明になり，諸言語との比較・対照の焦点の一つになるであろう。

〔2〕様々な対象に対する様々な心遣い

　多くの言語には日本語の敬語と同じようなものはなくとも，相手に敬意を表したり配慮を示したりする手段はそれぞれ発達しており，様々な表現で様々な配慮を表しているのが実際である。

　議論をすすめるまえに，まずここで，日本語の「敬語」という用語をもう一度見直し，整理したい。

　「敬語は日本語やジャワ語，韓国語など少数の言語にしか見られない」「敬語は世界中の多くの言語に見られる」この両方ともが言語学の本によく見られる記述である。これは「敬語」というときの定義が異なるために起こっている混乱である。敬語，待遇表現，丁寧な言い方，などのことばは言語学の用語として頻繁に使われているが，使用者によってさすものが少しずつ異なるのが現状である。菊

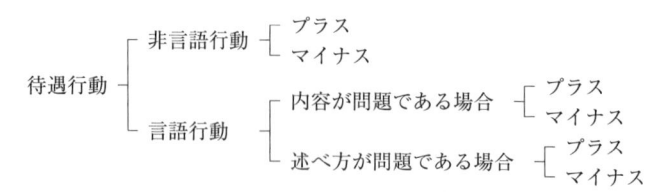

図 5.4　狭義の敬語
注）菊池（1996：3）の表に筆者が「プラス」「マイナス」を加えた。

地（1996：2-3）はこれをわかりやすく整理してくれている（図 5.4 参照）。菊地は南の「待遇行動」の概念を紹介し，その中で，非言語行動と言語行動があること，言語行動の中には内容が問題である場合と，述べ方が問題である場合があり，この最後の「基本的には同じ意味のことを述べるのに，述べ方を変えることで（人の）扱いがかわる表現」を待遇表現と規定している。人に物をあげるときに「つまらないものですが」と言うか「ありがたいと思え」と言うかは内容の問題，「お客様がいらっしゃった」「客が来た」のどちらを言うかは述べ方の問題，という分類である。そして，述べ方の問題で，「いらっしゃる」のように敬意や丁寧さを表す＋の扱いのもののみを「敬語」と定義している。敬語は「同じ事柄を述べるのに，述べ方を変えることによって，敬意または丁寧さを表す，そのための専用の表現」と定義している。これは敬語の狭義な定義である。

　本稿のここまでの部分で「日本語の敬語」と言っていたものは，上記の「待遇行動」のうちの「言語行動」の「述べ方が問題である場合」のプラスのものが中心である。

表 5.1　「敬語」の範囲

	表現形式			内容	
	専用言語要素	一般言語要素	非言語表現	尊敬・謙譲・ていねいなど	軽卑・尊大など
A	+	−	−	+	−
B	+	−	−	+	+
C	+	+	−	+	−
D	+	+	−	+	+
E	+	+	+	+	−
F	+	+	+	+	+

　南は『敬語』の中で非常に広範囲のものを含む広義な定義を紹介している。上の表5.1（南 1987：15）では，狭義の敬語から広義の敬語まで，敬語の見方を表現形式と内容に分けてまとめている。尊敬語，謙譲語，丁寧語などの専用言語要素のみを扱うＡレベルが狭義の敬語である。Ｃレベル以降の一般言語要素とは呼称，語彙の選択，前置き，談話レベルなどの様々な表現で敬語的働きを持つものである。

　日本語以外の諸言語との比較をする場合は，そもそも専用言語要素を持つ言語が少ないわけであるから，敬語の範囲を広げて考える必要がある．Ｃ，Ｄレベルは専用言語要素に加え一般言語要素も敬語として見る視点，Ｅ，Ｆレベルはそれに非言語表現まで加えて敬語として見る視点である．それぞれのレベルで軽卑・尊大などの内容を含めるか否かで二分しているが，本稿では軽卑・尊大までは含めていない。本稿第1節では，まずＡレベル，日本語の狭義の敬語を軸にして諸言語の狭義の敬語を見てきた。2節での英語との比較では，Ｃレベルにも範囲を広げ，英語で敬語的なものと意識されている特徴的な言語使用にも注目した。つまり広義の敬語までを含め，日本語の敬語が言語運用面で果たしている機能と同じような機能を持つ諸言語の言語行動や表現などを見ていく必要があるのである。

　南は上記の表のもとになる考え方を「敬語の一般的性格」として「顧慮」「評価的態度」「表現の使い分け」三段階で説明している。「顧慮」というのは「なにかを気にするとか，なにかについて気をくばる」ということで，話し手（または書き手）には，なんらかの対象についての一種の顧慮がある。例えば「です・ます」を使うということは話し手が聞き手に対して聞き手の方が社会的地位が高いからなどの顧慮を持っているからなのである。ここでの「社会的地位が高い」などは，「評価的態度」で，顧慮に伴って存在する。「です・ます」や「だ」は顧慮，評価的態度に基づくなんらかの対象についての扱い方の違いを反映した「表現の使い分け」なのである。（南 1987：4-10）

　この南の顧慮の考え方は，諸言語の広義の敬語を考えるとき非常に有効である。どういう表現があるかは「表現の使い分け」の段階でさがしていく，そしてその運用を見，その言語の背景にある「評価的態度」や「顧慮」の内容を見ていくことで，日本語以外の広義の敬語も理解できてくるわけである。南は「敬語的表現のいろいろ」として，言語表現，非言語表現あわせて45種類の「待遇行動」（上

記 F レベル）の例をあげている。言語表現であれば，尊敬語，終助詞，文の長さ，から，話すか話さないかまでも含め，非言語表現であれば，話し方の調子，目の動き，字体，手書きかワープロかなどの手段というような言語に付随するものから，服装，帽子など身に付けるものの着脱，部屋の出入り，食事の作法，など，すべて待遇行動としての敬語的表現のいろいろとして列挙している。これらのさまざまな待遇行動を例えばスワヒリ語ではどうか，イタリア語ではどうか詳細に見ていくことは可能で，それをすることにより話し手の気持ちや文化的背景までもが視野に入った諸言語の敬語理解の一歩が開けるであろう。

　2000 年に国語審議会が「新しい時代に応じた国語施策の在り方について」という諮問の「言葉遣いに関すること」に対して，『現代社会における敬意表現』という答申をした。そこでは標題に見られるように「敬意表現」という言葉を使い，「コミュニケーションにおいて，相互尊重の精神に基づき，相手や場面に配慮して使い分けている言葉遣い」と定義して議論をすすめている。敬語だけでなく，敬語を使わずに配慮を表す表現も含め敬意表現とし，親しい人に対する配慮などこれまでの敬語の議論にあまり見られなかった所まで議論している。

　敬語というと尊敬語，謙譲語という発想を広げ，上記のような様々な対象に対する様々な心遣いを表すものを広義の敬語とする考え方は，近年の敬語研究，特に単語，表現レベルから談話レベルにまで広がっている発話の分析のなかでは多く取り入れられるようになっており，それはひいては諸言語との様々な比較も可能にしている。

● 3　諸言語の発想から見た日本語の敬語

　次に視点を 180 度変え，今度は諸言語の発想から日本語の敬語を見てみる。ここでは主に西欧の言語での敬語記述を中心に述べる。一般的記述と言語理論としての記述があり，後者は世界中の言語に普遍的な記述を目指すものが多い。

〔1〕西欧の敬語の一般的記述

　一般的記述では，敬語は相手や場に対して気をつけるべきことばづかいとして述べられるのが普通で，そこで取り上げられる代表的な話題は二人称代名詞，呼

称，フォーマリティー，そして言語エチケットであろう。

Tu と vous 現代英語では二人称代名詞は you が一般的であるが，シェイクスピアの作品などには thou という形も使われている。この thou は二人称単数主格の代名詞で，現在は「汝は」というように祈りや詩などでのみ見られるが，昔は親しみを込めた呼び方であり，その時代は you が敬意のある，丁寧な呼び方として用いられていた。フランス語，ドイツ語，イタリア語，スペイン語などには現在も tu と vous のように親しさと敬意を表わす二つの「あなた」が用いられており，その使い分けの意識は日本語の敬語に共通する部分がある。

Brown and Gilman（1960）はフランス語の tu と vous にあたるような T 型と V 型の「あなた」を持つヨーロッパ諸語の「あなた」の意味の歴史的変遷を力（power）と親しさ（solidarity）の二つの概念で説明している。それによると，古代ラテン語の時代には「あなた」が tu「あなたがた」が vos であったが，皇帝に対してのみ単数の「あなた」の意味で複数の vos が使われていたという。それが次第に，権力のある人に対しては V，ない人には T を使うようになった[8]。中世ヨーロッパでは，様々な意味で力のあるものに V が使われ，ないものには T が使われた。例えば貴族は庶民に T を使い庶民は貴族に V を使い，親は子に T を使い子は親に V を使い，神は天使に T を天使は神に V を使った。社会が複雑になるに連れ，同じぐらいの力を持つ人々の間では，お互いに同じ「あなた」を使うようになる。中世，またそれ以降の傾向として，上の階級の者たちはお互いに V を使い合い，下の階級の者たちはお互いに T を使い合うようになった。長い間，上には V，下には T という非相互的な用法が続いたが，同じ階級のものの間で親しい者には T を，親しくない者には改まった V を使うというように，使い分けの理由が次第に変化してきた。移行期には，力のある者には親しさに関係なく常に V を使い，力関係が似ている者の間だけで親しい相手には T，改まった相手には V という使い分けがなされていたが，そのうち力のある者がないものに対して T だったのが親しい者には T，改まった者には V を使うようになり，それが次第に誰に対しても力関係ではなく親しさが判断の中心で T と V を使い分けるようになった。これが現代の使われ方である。

　ここでわかるのは，我々が相手を目上と見るか目下と見るかで敬語を使い分けているのと同じように，力があるかないかで T と V を使い分けていた時代が

あったということ，また，我々が「です・ます」の使い分けに親しさを含めているのに対し，力関係以上に親しさが大きな要因になって現代のT・Vの使い分けはなされていることである。

　呼びかけ語　　もう一つの有名な研究はアメリカ英語の呼びかけ語に関する研究である。Brown & Ford（1964）は冒頭に「人が会話をするときには話し手と聞き手の人間関係によって用法が決まるものがある（When one person speaks to another, the selection of certain linguistic forms is governed by the relation between the speaker and his addressee.）」としてアメリカ英語での敬称＋姓（TLN = title with the last name）と名（FN = first name）をあげている。40あまりのアメリカの戯曲，ボストンの会社での84名の人の214の組み合わせの実例の収集，30代のビジネスマン34人に対する調査票調査などをもとに，実際にどのような使われ方があるかを調べたものだが，結果はわかりやすい構造が見えている。日本語と異なる二つの大きな特徴があり，一つは親しさが増すに連れ呼び方が変わること，もう一つはなるべくお互いに同じ呼び方をしようとする傾向があることである。

　まず始めお互いを知らないうちはMr. Brown, Mrs. JonesというようにTLNでお互いを呼び合う。次第にお互いを知るようになると，お互いをJohn, Maryというように FN で呼び合うようになる。ただし，その変化は力の差があるもの同士であった場合，上のものが下のものをFNで呼び，またCall me John.というように上のものが自分をFNで呼んでくれるように仕向けることでお互いがFNを使うように変化していく。日本人の留学生がアメリカ人はFNで呼び合うものだと思いこみ誰かまわずFNを使って顰蹙をかったり，逆にFNで呼ぶように言われても相手が先生であったりするとそれができずTLNを使い続けうち解けない人物を思われてしまったりという誤解は，アメリカ英語の呼び方の微妙さに対する感覚がないのと，変化への手続きに関する無知が原因のことが多い。アメリカ人も，人によってルールがかなり違い，大学の先生でいつも学生に自分に呼びかけるときにはFNを使うように言う人から，院生が博士号をとったらFNに移行するように言うという人まで様々である。大学にセーター姿で来るのを好むか，背広のネクタイ姿を好むかの違いのようなものであり，学生であれば先生の好みをうまく見つけ出し，自分のことばづかいに反映させることが要求される。

　上記を見てわかるように，人を何と呼ぶかは代名詞の「あなた」であれ呼びかけ語であれ重要な問題で，意識的には敬語と同じように受け取られている問題で，そこでの意識は，改まりや丁寧さである。

　フォーマル，インフォーマル　　どの言語でも，場のフォーマリティーでことばを使い分けることがある。これは，場に対する顧慮であるが，英語でのことばづかいの解説では呼び名に続く重要な分野である。

　Joos の *Five Clocks* という小さな本がある。60 年代に出版されたものだが，英語の話し方・スタイルのレベルを 5 段階に分けて説明している。Joos は英語のレベルを intimate, casual, consultative, formal, frozen の 5 段階に分け，説明をしている。Intimate は非常に親しい間柄での話し方である。casual と consultative はいわゆる colloquial（くだけた）話し方で casual は省略や俗語を含み，友達，仲間，での会話によく使われるレベル，consultative は俗語などを含まない話し方だが，最も標準的な大人の話し方である。Formal となると，個人的にやりとりをしながら話すというよりは，一方的にものを伝えるなどの形式張ったレベルである。Frozen は formal よりもっと形式的なレベルで，文字で書かれている注意書き，演説などが典型的な例である。Joos は人はこれらのレベルを時と場所によってうまく使い分け，しばしば一つ上のレベル，あるいは一つ下のレベルに移動したりしながら調節して使い分けるが，レベルを飛び越して二つ以上の移動をしたりはしないものだと言っている。

　ことばづかいと心遣い　　社会的な慣習の影響をおおいに受けながら，どの言語でも言語的エチケット（linguistic etiquette）と呼ばれるものがある。それと同時に，文化的価値観を反映した心遣いのパターンのようなものもある。

　Linguistic etiquette は言葉のエチケットであるが「ことばづかい」の訳にぴったりな語で，一般人向けのハウツー本によく使われている言葉である。日本語の言葉のハウツー本には様々なものがある。その中でも敬語の使い方に関する本は多数出版され，一般向けだけでなく新米サラリーマン・OL 向けから PTA 用まで多様である。欧米ではどうなのであろうか。イギリスでは人の呼び方のリストだけで一冊の本[9]というのがある。アメリカの日本語研究者からアメリカでは日本のような言葉のハウツー本などほとんどないという話を聞いたが，実際本屋で探してみるとすぐ見つかる。説明の仕方は少々異なり，日本のハウツー本のよう

に表現が列挙されているものはあまりなく，態度の原則と一例としての言語表現という記述の仕方が多い。様式を教える日本のハウツー本に対して，基本的態度を教えるものという違いが見られる。いくつかの有名なエチケット書[10]にはことばづかいも端々に書かれている。他に書店で目につくのはウェディングの作法書で，そこでは案内状の書き方は客のもてなし方などの解説に言葉に関する記述が含まれている。もう一つの種類はCarnegie[11]に代表される人との接し方の指南書である。社会で成功するためにはこういう態度こういう「話し方」がいいという書き方がなされる。手紙の書き方指南書もある。用例は示されているが，あくまでも自分自身のオリジナルな表現をするのがよい，という指導がなされる。

　アメリカは多くの民族で構成されているので，エチケットもそれだけ多様である。アフリカ系アメリカ人のエチケットの本[12]というのもあり，エチケット本出版界にもやっと民族の多様性が加わってきた。また，現代社会に即したことばづかいの記述も多く含まれる。父親の再婚相手を母と呼ばなくてもよい，障害を持った人に対することばづかいで気をつけること，ステレオタイプで偏見を持った発言をしない，など，毎日の生活で必要な具体的な事例が述べられている[13]。

　子供の絵本にもことばづかいを扱ったものがいくつもある。Please. Thank you.などの基本的な表現を場面の絵と共に教えるもの[14]，言い方のバリエーションを示し思いやりのある話し方を教えるもの[15]，などがある。

　イギリスでは地域方言だけでなく，階級によることばづかいや発音の差が顕著だが，失礼にならないようにする心遣いを言葉で表すのがエチケットとなっている。例えば，日本人はいつも若く見られどうも年齢不詳の印象を与えるらしく，その情報不足を補うために年齢を聞かれることがあるが，そのときのイギリス人の言い方は，How old are you if you don't mind telling me ? である。If you don't mind 〜　がいわば敬語的なことばづかいで，この心遣いをことばに表す習慣のできる人とできない人で人物評価に差がつくのである。

　以上英米と日本のことばづかいの本を例に見てきたが，両者にはやや言い方に違いがあることがわかる。英米では，いくつかの決まり文句を記述することはあるが，ことばづかいは心遣いという話し手の態度を論じることが多く，そこでのそれぞれの話者のオリジナルな発話を推奨している。一方，日本語では「決まり言葉」「決まった言い回し」をリストのようにして使い方を説明するものが多く，

そこに最近は「ちょっとしたひとこと」というような心遣いを表すものも含められているが，それもこういう場面ではこういう事を言うといい，というような具体的な表現の指導が多い。この態度は手紙の書き方の本などでよりはっきり見られ，英米の本ではいくつかの例をあげながらも，最後はオリジナルな自分の文章を書くことが一番よい，としめくくり，日本の本では時候の挨拶から始まり，敬具とかしこの違い，封筒の表書きの書き方など，形式を重んじ様式美を追究する態度が見られる。

　以上，ことばづかいに関して一般的によく言われている事を西欧と日本を比較しながら見てきた。二人称代名詞，呼びかけ語，フォーマルな話し方のルールは狭義の敬語のルールに似ているところがあるが西欧では一般書などでそのルールを記述して定着を図るということはあまりなく，それより広い広義の敬語的なことばづかい，言語エチケットの話題が実際は多い。そして，そこではこう言うという形式の話ではなく，こういう態度が大事だという話が多いことがわかった。これは，日本語のわきまえ重視でかつ様式を重んじる敬語意識とはかなり異なるものがある。

〔2〕言語理論：普遍的記述の中で

　一方，欧米の言語研究の分野では，敬語やことばづかいに関しては，どの言語の説明もできるような普遍的な記述を求める傾向が強い。これは科学的であれという西欧の学問的潮流の影響で，言語研究も科学的な理論構築をすることに意義があると考えられてきたからである。70年代以降の論文はポライトネスという標題で書かれているものが多い。その代表的なものに Lakoff（1973）[16]，Brown & Levinson（1978），Leech（1983）があり，ここでは最後の二つを簡単に紹介する。

　Leech の丁寧さの原理　　Leech（1983）は言語の効果的な使い方を修辞学（rhetoric）ととらえ，それを対人関係的修辞（inter‐personal rhetoric）とテクスト形成的修辞（textual rhetoric）とに大別した。そしてそれぞれに「原理」（principle），その下位に「原則」（maxim）を置き，修辞の原理を説明している。対人関係的修辞の原理には，協調の原理（CP = cooperative principle），丁寧さの原理（PP = politeness principle），アイロニーの原理（irony principle）などがあ

り，テクスト形成的修辞には，処理可能性の原理（processibility principle），明瞭さの原理（clarity principle），経済性の原理（economy principle），表現性の原理（expressivity principle）がある。敬語使用に深く関係する対人関係的修辞の丁寧さの原理を詳しく見てみよう。

　丁寧さは自己と他者の関係から決まってくる。自己は話し手，他者は聞き手であるのが典型であるが，他者は第三者の場合もあり，それもその場にいる場合もいない場合もある。また第三者が話し手の勢力圏にいるか，聞き手の勢力圏にいるかも重要で，そこでどう丁寧にするかは文化によって異なる。丁寧さの原理に属する原則は以下の六つがあげられている。

　　　＜丁寧さの原理＞[17]

　　　（1）　気配りの原則（Tact Maxim）

　　　　　（a）他者に対する負担を最小限にせよ

　　　　　（b）他者に対する利益を最大限にせよ

　　　（2）　寛大性の原則（Generosity Maxim）

　　　　　（a）自己に対する利益を最小限にせよ

　　　　　（b）自己に対する負担を最大限にせよ

　　　（3）　是認の原則（Approbation Maxim）

　　　　　（a）他者の非難を最小限にせよ

　　　　　（b）他者の賞賛を最大限にせよ

　　　（4）　謙遜の原則（Modesty Maxim）

　　　　　（a）自己の賞賛を最小限にせよ

　　　　　（b）自己の非難を最大限にせよ

　　　（5）　合意の原則（Agreement Maxim）

　　　　　（a）自己と他者との意見の相違を最小限にせよ

　　　　　（b）自己と他者との合意を最大限にせよ

　　　（6）　共感の原則（Sympathy Maxim）

　　　　　（a）自己と他者との反感を最小限にせよ

　　　　　（b）自己と他者との共感を最大限にせよ

上記の原則一覧を見ると，狭義の敬語と合致するようには見えないが，その根本

にある話し手と聞き手の関係，自分と他者の関係で，聞き手に対する配慮である
というところには共通点がある。それぞれの項目の内容を推測していくと，我々
が日常やっている心遣いに通じるところがある。

　日常の言語表現でどのようにこの原則は表れているであろうか，日本語で考え
てみる。(1)(2) は負担・利益という点で対をなしている。具体的には依頼の時
に相手に対する押しつけを軽減する言い方をする場合などによく見られる配慮で
ある。例えば「よろしければ〜していただけませんか」という依頼文がある。
「よろしければ」や「ません」と否定を含めて聞いているところは，聞き手に断
りの可能性を強調しながら選択の自由を与えかつ遠慮を示している点で「〜して
ください」よりは格段に相手に対する配慮の見られる表現である。

　上記の例を見てみると，杉戸 (1983, 1989) の言う「前置き」「注釈」あるい
は「メタ言語」と言われるものの多くが含まれていることがわかる。「注釈」は
発話の主要な部分の前に前置きのように付け加えられて発せられる表現で，話し
手の気配りを明示的に表現する，言語行動についてのきまりことばの性格を持っ
たものである。「僭越ですが」，「おとりこみのところ恐縮ですが」，等々，枚挙に
いとまがない。英語にも多くの前置き表現があり，大杉 (1982：61-83) は「敬
意的前置き表現」として 20 ページに渡り例を示している。例えば何かを辞退す
るとき，感謝の念を込めながら断る：It's nice of you to ask, but I just can't, I'm
afraid. (声をかけていただいてありがたいのですが，あいにくどうしてもできま
せんので)。

　Leech の丁寧さの原理は，一つの言語体系や表現方法にとらわれずに，自己と
他者との関係で理論立てているがゆえに，我々はそこからその原則があてはまる
言語行動にどのようなものがあるかを考えることができる。そして，それがひい
ては広義の敬語行動の比較になる。一方，日本語の広義の敬語でこの原理の範囲
に入らないようなものが見つかれば，それは，今度は原理の見直しに貢献するこ
とになる。それを諸言語で行っていけば，真に普遍的な原理が見いだされ，それ
は社会的動物としての人間の真理にせまるものとなる。

　Brown & Levinson のポライトネス理論　　1978 年に出版された Brown &
Levinson のポライトネス理論はフェイスという概念を中心に理論的枠組みを構
築し，かつ世界の様々な言語の用例をいれて詳細な解説をしており，画期的なも

のであった。その後 1987 年に小さな改訂をし一冊の本として出版，未だにポライトネスが語られるときには必ずと言っていいほど中心的な理論として紹介されるものである。その概要は以下のようなものである。

人は皆フェイス（面子）を持っており，互いによい人間関係を維持しようとするとき相手のフェイスを保とうとする。フェイスには人に認められたいというポジティブ・フェイスと人からじゃまされたくないというネガティブ・フェイスがあり，それらのフェイスを保とうとするのが，ポジティブ・ポライトネス，ネガティブ・ポライトネスである。会話は基本的には何らかの形でこのフェイスを脅かす。例えば「依頼する」ということは相手のネガティブ・フェイスを脅かす行為（FTA = face–threatening act）になる。その場合人は「悪いんだけど」などのような前置きでネガティブ・ポライトネスを実現し相手のフェイスを脅かさないようにして依頼をする。依頼がどの程度 FTA になるか，というようなことは話し手と聞き手の距離，力関係，行為の負荷の三つの総和で決まり，これは文化によって異なる。FTA が小さい時には 1）そのままを言ったり 2）ポジティブ・ポライトネスを使ったり，大きいときには，3）ネガティブ・ポライトネスを使ったり，4）はっきり言わずに言外にほのめかしたり，FTA が最大に大きいときは 5）FTA そのものを行わないこともある。日本のように話し手と聞き手の距離や力関係の差が大きい文化では，3）や 4）が多く見られ，アメリカ西海岸カリフォルニアなどの差が小さい文化では 1）や 2）が多く見られるだろうと予測している。

このポライトネス理論は日本の敬語の考え方に大きな影響を与えた。それは，ポジティブ・ポライトネスの概念で，ジョークを言う，仲間言葉を使うなどのストラテジーがポライトネスの一つであるという考え方はこれまでの丁寧さに主眼を置いた日本語の敬語の概念からはかなり離れていることだったからである。しかし，ポジティブ・ポライトネスは日常の各所に存在する。例えば，日本語で親しい友達に対しては丁寧語を使わず流行語などを多用して気楽に話すことが多くそれは友達関係を維持し仲良くやっていくのに有効な手段である。この事実を，それはお互いが友達であることを望んでいてそれを強化するようなポジティブ・ポライトネスを使っているからだと考えると納得がいく。ポジティブ・ポライトネスも広義の敬語の一つとして考えると，リラックスした関係を求めている相手

には相手をリラックスさせるような言葉かけをするなどの相手に対する様々な心遣いが含まれるようになる。実際平成 12 年末に発表された第 22 期国語審議会第一委員会答申の「現代社会における敬意表現」は，このポライトネス理論の大きく影響を受け誕生したものである。

　日本語の狭義の敬語はポライトネス理論ではネガティブ・ポライトネスのストラテジーの一つと考えられている。フェイス概念そのものへの疑問など検討の余地はいろいろある理論だが，これまで狭義の敬語が最大の位置を占めていた日本語の敬語の考え方に，広い視野を与えてくれた事になる。

　諸言語の発想を西欧を中心に見直してみて，敬語に相当するものが，まずは呼びかけ語や代名詞，さまざまな表現を使ってのことばづかいであること，相手に応じたことばづかいというより場に応じたという発想が強いこと，敬意を示すだけではなく親しさを示すことも心遣いであり敬語の一つとして考えられていることなどがわかった。その視点から日本語の運用を見直してみると，さまざまな心遣いが，さまざまな言語手段で示されており，それがまだまだきちんと記述されていない状況だということがわかった。

●4　なぜ敬語があるのか──敬語の役割──

　第 2 節，第 3 節では，日本語の敬語の発想から見た諸言語の敬語，諸言語の発想から見た日本語の敬語という見方をしてきた。学校文法に代表される日本人向けの日本語の敬語説明は，日本人の考え方が大きく反映した敬語説明である。自らを語る中に日本人の中に潜在している敬語への見方がはっきり見て取れる。それと同じように，諸言語で一般記述として言われていることも，その言語話者のものの見方がもろに反映しているものである。第 1 節でも，韓国語，タイ語の敬語についての説明は，母語話者が自分の表現で説明したものをおおいに引用した。自らの言葉を自らの言葉で説明したものには，大事に思っていることや価値観が反映され，知らないうちに重要な点に焦点を当てさせてもらえるという効果がある。

　一方，抜けていることも多くある。特に大前提となっているようなことは抜けてしまう。例えば日本語でも諸言語でも広義の敬語の存在がみとめられるが，な

ぜ敬語があるのだろうか，どうして敬語はなくならないのだろうか，というような点である。そこで，本節では敬語の役割ということに絞って日本語と他の言語とを比較しながらまとめてみたい。

〔1〕 敬語の役割：言語待遇

　敬語はどのような働きをしているだろうか。まず，身近な敬語，もっとも狭い意味で「敬語」，日本語の尊敬語・謙譲語・丁寧語の働きを考える。尊敬しているから尊敬語を使う，という説明には反論が多い。尊敬などしていないが尊敬語を使うことになっているから使うのだ，という意識を持っている人は多い。尊敬語を使う対象を尊敬しているかどうかは別にして，尊敬しているという態度を表現しながら敬意を示していることは事実である。尊敬語を使うことによって，その対象を尊敬の態度で待遇しているということである。謙譲語を使うということは，へりくだりのシステムを使って同じように対象に敬意を示し，丁寧語を使うということは，相手に対して丁寧語で敬意を示しているわけである。つまり，これら一連の敬語の働きは，自分と相手あるいは話題の人物との人間関係を規定し，言葉で相手を待遇するということである。

　言語待遇という見方は日本の敬語研究の記述で大きな位置を占めている。敬語を待遇表現と呼ぶのも，その見方が大きな位置を占めているからである。英語母語話者にとってこの言語待遇の発想はわかりにくいと思われるが，呼び名の使い方などの例で容易に理解はしてもらえる。この言語待遇を使うことで，社会的な地位関係の確定，保持，強化，また一方で親しさの表示，人間関係の調節なども行われる。

　現代の敬語でもっとも形が決まって定着しそうなのは，サービス業における敬語である。ファーストフードの店などでは客は店員から特定の言語待遇を受ける習慣があり，それがマニュアルどおりの口真似のようなものであっても，その待遇を期待する傾向がある。デパート，レストラン，ホテルなどでも過剰とも思える客への言語待遇を意識したことばづかいが発達，定着する傾向があり，社会的地位の差が各所で変化し縮小したり軽視したりするようになっている現在でも，このサービス業における敬語使用は発達し続けるような気がする。

　ポライトネス理論でいわれた，相手のフェイスの保持のための心遣いの表示も

この言語待遇の一つと考える。ポジティブ・ポライトネスは相手の欲するように相手を認めて待遇しているといっていい。ネガティブ・ポライトネスは相手の侵略してほしくないと思っているところに配慮を示しながら相手を大事に待遇していると言っていい。

英語でこれにあたる最近の顕著なものとしては，ポリティカリー・コレクト（PC）というのがある。エイズ患者をエイズと戦っている人，エイズにおかされた人，などとは言わず，訳すと変になるが「エイズとともにある人」（people with AIDS）とあえて言うことにより，偏見をなくそうというのが一例である。古くは肩書きを，男性は Mr. 女性は既婚者と未婚者を分けて Mrs. か Ms.とするというのを，女性のみ既婚未婚を特化するのはおかしいと Ms とし，その使用は現在当たり前になったようであるが，これも言語待遇の一つである。と同時にあとで述べる思考規定の一つでもある。

〔2〕敬語の役割：話者規定

日本語の敬語使用が社会で重視されるのは，もう一つ敬語の重要な働きがあるからである。敬語を使うことによって，話し手の教養，品位などの存在を示すという働きである。「荷物」に「お」をつけ「お荷物」というのを美化語と称しているが，美化語以外でも全ての敬語にそれを使っている人を美化する働きがある。敬語をうまく使えるか使えないかが，その人の評価につながる社会的場面が多くあり，そのため，人は敬語を使うともいえる。

「マイ・フェア・レディー」という映画がある。そこでは言語学者ヒギンズが貧しい花売り娘イライザの方言を矯正し話し方を訓練して英国上流階級の社交界にデビューさせる。ここでの話し方の訓練は，上品でフォーマルな話し方の訓練であり，イギリス人の敬語の訓練と考えてよい。イライザは貧しいながらも話し方の訓練を自ら望んで受けに来る。それは彼女が話し方を変えることで自分を違う人間に変えることできる，つまり言葉の話者規定の機能を感じていてそれにチャレンジしようと思ったからである。

女子中学生などが特殊な言葉を使って仲間作りをすることがある。仲間言葉で自分たちのアイデンティティーを築こうとする行為で，これも話者規定の機能を発揮してのことである。お互い仲間言葉を使い合うことは，言語待遇として仲間

扱いをし，ポライトネスでいえばポジティブ・ポライトネスを実行しているのだが，同時にその行為は自分はそういうグループの人間であるという話者規定をしているのである。

　日本語では社会の中にこういう話し方はこういう人物であるという話者規定のもとになる言語偏見が存在するために，高校生になる，社会人になる，などの節目節目で新たな敬語使用を覚える努力をする傾向があり，これも，話者規定が話し手の意識の中に存在しているからであると考える。

　この話者規定の概念は，わきまえの概念と密接な関係がある。日本人の敬語行動はわきまえの発想が強いだけではなく，そのわきまえは，社会的な経験，地位，成熟度などによって変わっていく。大学生としてのわきまえ，社会人としてのわきまえ，等々，日本人は成人しても大人の言語発達[18]を続け，適切な言語行動を身につけていくことが期待されている。例えば，夜遅く電話をすることに関して，夜型になった小学校高学年の子供が友達に夜遅く電話をすることを想定する。今は携帯電話の普及で家族に共有されている家電（いえでん）に電話をすることも少なくなったかもしれないが，話を簡単にするために家電に電話をし，家人がでたと想定する。子供のうちは「○○君いますか」と言うだけの場合が多い。これが年齢が上がるにつれ「遅くてすみませんが」や「遅くて悪いんですけど」という「前置き」[19]をつけることを覚え，それが社会人になると相手によって「夜分すみませんが」「夜分おそれいりますが」などと程度の高い表現を使えるようになる。このような前置きは話し相手に対する顧慮の一つで広義の敬語の一つである。そして，それをきちんと言えることは，社会人としてのわきまえと考えられており，それができるようになるということは，大人の言語発達があり社会の成熟した成員の一人としての発話，成熟表現ができるようになったと考えられる。表現の程度に関しても言語発達があり，「遅い時間に電話することの謝罪」というのに，出世魚が名前を変えていくように，より丁寧度の高い表現が使われるようになっている。出世魚的な敬語表現の発達とでも呼べる現象があり，そのようにレベルが上がっていくことも，わきまえの一つとみなされている。

　わきまえの考え方を追求していくと，わきまえを重視した敬語行動は，相手に対する心遣いというようなものと同時に，わきまえがあることを示して話者自身が社会的に成熟した社会の一員であることを示す，つまり意図的な話者の自己規

定の一つとして敬語を使っているとも言える。この言語の自己規定の機能はどの言語でもあることで，たとえばイギリスのイートン校の学生は先生を beaks と言うなどの特殊用語を多用することによりイートン生としての自覚ができ，仲間意識が強まり，かつイートン生らしく見える，というように，様々な言語行動の中に見られる言語現象である。それが日本語の場合，敬語が日本社会への適応とも連動して自己規定の要素として大きな位置を占めているわけである。

　アメリカでは，例えば有能な銀行員はそれなりの口調やよく使う表現などがあり，エグゼキュティブを目指す人は意識的にもことばづかいに気をつけるという話を聞いた。これも言語の自己規定の利用の一つである。一方，加齢とともに社会参加が増えて，それに加えて話し方が変わるという点に関しては，自己規定とは関係があまり見られない傾向もあるようである。アメリカの大学で外国人に英語を教えるような仕事をしている女性の例だが，彼女の周りでは女性は中年になると lovely という言葉を多用するようになり，それは中年女性の話し方として嫌いだったという。大学生のころは，自分は中年になってもそのような話し方をしたくないと思っていたそうだが，実際子供ができて，公園で子供と遊んでいるときにふと気づくと自分が lovely を連発しているのに気づいた，ということである。同じように言語発達をしているようだが，日本語の敬語の場合のように，わきまえ意識からの意識的発達とは異なるもののようである。

〔3〕 敬語の役割：思考規定

　文法項目として敬語が存在することは，日本語の大きな特徴である。特に，丁寧語「です・ます」の存在は，それが対者敬語であり，日本語話者は文末にそれをつけるかつけないかの二者選択を常にせまられているので，自ずと相手がどういう人物なのかを常に考える習慣をつけさせてしまう。つまり特定の敬語が存在し，それが文法化していることにより，強く考え方まで決まってくる，思考規定が見られる。思考規定は，そういう言葉があるからそういう考えをするようになるのか，そういう考えがあるからそういう言葉をつかうようになるのか，など，証明することは難しい問題だが，例えば中学生，高校生が1歳の年の差でも先輩であれば丁寧語を使い，同輩，後輩であれば使わない，そして先輩の言うことは同輩・後輩の言うことより強制力を持って受け取られるということがあり，それ

はやはり丁寧語の使い分けの存在が先輩・後輩意識を植え付けているといっていいであろう。そしてそれは思考に影響を与えている，思考規定が行われていると考えられる。

　思考規定はアメリカなどでは強く意識され，現在使っている言葉が女性蔑視を思い出させるものならばそれを変えてしまおう，というような社会運動にもなっている。言語待遇で例として述べた PC 語や Ms などは，すでに社会での使用に変化があり，それに伴い考え方も変わっていくと期待されているものである。

〔4〕敬語の役割：心情伝達

　これは言語待遇の際に同時に行われていることだが，広義の敬語で様々な気持ちが表され「働きかけ」としての敬語使用の面で，非常に大切な役割である。あえて役割の一つとして取り出すことにする。

　ポライトネス理論で何十ものストラテジーが例示されているが，聞き手のフェイスを保持する手段であると同時に様々な気持ちの発露でもある。同じように，日本語の広義の敬語に例示される表現や言う内容も，様々な気持ち，心情を表す。日本語はイエス・ノーをはっきり言わない言語だというが，心情に関しては非常に多くのメッセージを言語化している言語ではないか思う。近年，コンピュータや携帯電話で大量のメールがやりとりされ，そこに絵文字や（笑）などのような話し手の様子を伝える方法が開発され使われているが，これも，どうしても何らかの形でちょっとした気持ちを伝えたくて，使われるようになってきたのであろう。

　また，相手に同意を求めたり確認したりする「半クエスチョンのしり上がりイントネーション」，言い方をやわらかくする「〜のほう」などの言い方，なども，やはり心情伝達の新しい方法の開発と考えられる。

　敬語の役割を四つに絞って見てみた。日本語で従来から重視されている言語待遇は，円滑な人間関係の維持に必須と考えられている。話者規定も，強く意識されており，社会の成熟した一員として認められるには敬語使用が上手でなければならない。敬語を使うことで思考規定がなされ相手の人物のとらえ方や扱い方が人々の頭の中に植え付けられ，上下関係，目上目下意識などが，日本社会で保持されていく。そしてそのような「わきまえ」としての敬語の働きに加えて，敬語

は広くとらえれば，さまざまな心情を発信しており，気持の伝え合いに重要な役割をはたしている。

おわりに

　本章では日本語の敬語を理解してもらい諸言語の敬語が理解できるようになるために，日本語と諸言語，主に英語との比較を試みた。日本語の敬語と同じような形式を持つ韓国語やタイ語は，似ているがゆえに日本流の用法を適用してしまいそうで，それぞれの言語文化を背景にした具体的な記述の必要性を痛感した。日本語の敬語の発想から見た諸言語の敬語では，日本語に非常に特徴的な相手の人物に合わせた表現の選定はアメリカ英語にはあまりあてはまらないことなど，敬語行動を司る要因も言語により様々であることを示した。また，最近の日本語の敬語論で見られる広義の敬語の発想は，日本語以外の言語の敬語的要素の説明にもあてはまる面があり，比較には向いていることがわかった。一方諸言語の発想から日本語の敬語を見た場合には，一般にことばづかいとして気をつけられている tu と vous，呼びかけ方，フォーマルな話し方などへの気遣いは日本語の狭義の敬語と類似するものがあること，一方言語理論としての敬語の記述には普遍的な理論を目指す傾向があり日本語の敬語の発想ではなじみのないものも含まれることを示した。その一例がポジティブ・ポライトネスの発想であるが，日本語でも具体例は多々あり，それを敬語の一つとして考えることで，日本語の各所に見られる気持ちの表し方なども敬語の一つとして考えられることがわかった。以上のような比較を踏まえた上で，なぜ敬語が存在するか，敬語の役割を再考してみた。言語待遇，話者規定，思考規定，心情伝達の四つが主な役割としてあげられ，日本語でも他の言語でも，このような役割を担うため存在し，かつそのような役割があるからなくならない，ということがわかった。

　我々は日本人として他の言語を見ようとしてもどうしても日本的な見方になってしまう。他の言語の母語話者も，母語の干渉はかならず受けている。それがあるのは当たり前で，しかしそれでも，違いをありのまま受け入れて理解しようとする態度，いくつかの見慣れない発想から成り立つ敬語の存在を知ることで，見慣れない発想をも受け入れる態度が養成されると，違いも同じも見えなかったも

のが見えるようになってくる。敬語は気持ちの伝え合いである。その伝え合い方のパターンの違いが見えるとしたら，それは相手の発想，ものの考え方がわかることである。敬語の国際研究は，このグローバルな社会での相互理解，相互共存を可能にする言語理解であり人間理解につながると感じている。

謝辞：本稿を書くに当たって多くの方にご協力いただきました。特に，筑波大学の金仁和先生，ヤムタップ・スナンターさん，大塚秀明先生，井出里咲子先生，城西国際大学の綾部裕子先生，ミネソタ大学のポリー・ザトラウスキー先生には貴重なデータやご意見を提供していただきました。ここにお礼を申し上げるとともに，本稿の内容はすべて著者に責任があることを付け加えます。

注

1) 梅田（1974）の現代朝鮮語ソウル方言の敬語の記述を中心に見ている。
2) 韓国語でも先生に属するので「子供」の代わりに「お子さん」という名詞の尊敬語を使うことはある。しかし，動詞を「召し上がる」にすることはない。
3) 菊池（1994, 1996）では対者敬語を「対話の敬語」，素材敬語を「話題の敬語」と呼んでいる。英語では一般的には対者敬語は addressee honorifics，素材敬語は referent honorifics と訳される。尊敬語は subject honorifics，謙譲語は humbling，nonsubject honorifics と訳される。
4) 同様な分類で英語で書かれた日本語の敬語の解説で明確に書かれているものに Harada, S-Y 1976 "Honorifics" In Shibatani (ed.) *Japanese Generative Grammar, Syntax and Semantics*. Vol.5, Academic Press がある。
5) 質問では「改まった」「気楽な」という言葉を用いたが，結果を統計分析した結果日米で同様に「丁寧さ」としてまとめて考えられる一つの軸があることがわかっている。
6) 韓国語は絶対敬語，日本語は相対敬語だから，という説明が一般的である。ここではその軸として内・外意識を問題にしている。
7) 報告書が出版されているが，文化庁のホームページにも各年度のまとめが載っている。http://www.bunka.go.jp/1kokugo/frame.asp{0fl=list&id=1000001687&clc = 1000000073{9.html
8) 古フランス語，古スペイン語などでは音声的な環境でTやVの使用が決められる傾向もあった。
9) Dunkling, Leslie.（1990）*A Dictionary of Epithets and Terms of Address*. Routledge.
10) Post, Elizabeth,（1984）*Emily Post's Etiquette*（14th Edition）. Harper & Row. が有名。
11) Carnegie, Dale and Carnegie, Dorothy（1981）*How to Win Friends and Influence People*（revised）. Pocket Books.
12) Cole, Harriette（1999）*How to Be : Contemporary Etiquette for African Americans*. Simon & Schuster
13) Kawasaki（1994）参照。

14）Joslin, Sesyle（1958, 1986）*What Do You Say, Dear ?* Harper Trophy
15）Aliki（1990）*Manners.* Mulberry Books
16）Lakoff, Robin（1973）The logic of politeness；or minding your p's and q's. In *Papers from the ninth Regional Meeting of the Chicago Linguistic Society,* pp. 306－319. Chicago：Chicago Linguistic Society
17）Leech（1983：132）のリストを簡略化したものである。訳は池上・河上（1987：190）による。
18）川﨑（1997）
19）杉戸はこのような前置きを，注釈，メタ言語などと呼び，興味深い研究をしている。

文　　　献

Brown, Penelope and Levinson, Stephen（1978）Universals in language usage：Politeness phenomena. In E. N.Goody（ed.）*Questions and politeness,* pp. 60－310. Cambridge：Cambridge University Press.

Brown, R. and Gilman, A.（1960）The Pronouns of Power and Solidarity. In T.A.Sebeok（ed.）*Style in Language,* pp. 253－276. Cambridge：MIT Press.（reprinted in P. P. Giglioli（ed.）*Language and Social Context,* pp. 252－282. London：Penguin）.

Brown, Roger and Ford, Marguerite.（1964）Address in American English. In Dell Hymes（ed.）*Language in Culture and Society,* pp. 234－244. New York：Harper & Row.

井出祥子・荻野綱男・川﨑晶子・生田少子（1986）『日本人とアメリカ人の敬語行動』南雲堂

Joos, Martin（1961）*The Five Clocks.* New York：Harcourt, Brace & World.

Kawasaki, Akiko（1994）Socially Expected Norms of Linguistic Politeness：A Study of Etiquette Books and "How to" Books. 『言語文化論集』第 38 号：247－257，筑波大学現代語・現代文化学系

川﨑晶子（1997）「大人の言語発達と成熟語彙・表現」『言語文化論集』第 44 号：53－67，筑波大学現代語・現代文化学系

菊池康人（1994）『敬語』角川書店

菊地康人（1996）『敬語再入門』丸善ライブラリー

金庚芬（2001）「『ほめに対する返答』の日韓対照研究」『第 8 回研究大会予稿集』21－26 社会言語科学会

国語審議会（2000）『第 22 期答申　現代社会における敬意表現』

Leech, Geoffrey（1983）*The Principles of Pragmatics.* London：Longman.

リーチ，ジェフリー・N. 著　池上嘉彦・河上誓作（訳）（1987）『語用論』紀伊國屋書店

Mey, Jacob（1998）*Concise Encyclopedia of Pragmatics.* Oxford：Pergamon.

南不二男（1987）『敬語』岩波新書

大杉邦三（1982）『英語の敬意表現』大修館書店

荻野綱男（1983）「待遇表現の数量化」水谷静夫（編）『朝倉日本語新講座 5　運用Ⅰ』pp. 46－91，朝倉書店

Shibatani, Masayoshi.（1998）Honorifics. In Mey, J. *Concise Encyclopedia of Pragmatics,* pp. 341－350. Oxford：Pergamon.

杉戸清樹（1983）「待遇表現としての言語行動―『注釈』という視点」『日本語学』第3巻第7号，32-42.

杉戸清樹（1988）「世界の敬意表現と日本語」『國文學，解釈と教材の研究，敬語セミナー A-Z』12月臨時増刊号，第33巻15号，47-52，學燈社

杉戸清樹（1989）「言語行動についてのきまりことば」『日本語学』第8巻第2号，4-14.

梅田博之（1974）「朝鮮語の敬語」林四郎・南不二男（編）『敬語講座8　世界の敬語』: pp. 43-68，明治書院

第6章
諸外国の方言と日本の方言

中 島 由 美

はじめに

　どんな言語でも，ある程度の空間に展開する限り，地域差が全く生じないということは想像しにくい。近年，マスコミュニケーションの発達や統一的教育の普及の結果として，方言の衰退を憂える声が国の違いを問わず聞かれる。確かに，この50年余りの言語をめぐる状況の変化は，わが国だけでなく世界のあちこちに共通する大きな問題と言える。しかし実際にいろいろな土地へ赴いてみると，その土地らしい特徴が予想以上に根強く生きているだけでなく，独自の新しい変種が生まれているのに遭遇し，ことばのもつエネルギーに打たれることが多い。わが国で「新方言」[1]と呼ばれている事象などもそうした変種の一つであろうが，いずれにしても，空間的拡がりと時間的経過を経れば何らかの変化が起こることは必然である。同じ領域内での言語差，社会的方言と言われるようなものも含めれば，方言差の全くない言語を想像するのは難しい。

　では方言に関わる部分で，日本語は世界の他の言語と比較して，どのような状況に置かれていると言えるのだろうか。

　言語研究一般におけると同じく方言研究においても，音声をはじめとする言語の諸要素を詳細に観察分析する基礎作業をないがしろにしてはならない。けれども，方言をめぐって日本が置かれている状況を他と比較して考えるためには，社会のあり方との関係を視野に入れた上で，何が材料の問題であり，何が社会と関わる問題であるのかを見極める必要があるのではないだろうか。その意味でも，言語の材料面，社会面の両方を知るのに，方言ほど優れた資料を提供してくれる

ものはない。

　筆者は日本語およびスラヴ諸語双方の方言研究に些か関わってきたもので，あらゆる方言状況に関する知見を有するものでは勿論ない。諸外国といってもヨーロッパ以外の地域に関しては，残念ながら述べる資格もない。しかしそのわずかな経験からではあるが，日本語の方言世界について考えるための視点を提供してみたい。日本語諸方言の材料面での特徴や歴史的変遷等については本講座の別の巻が特に専門に扱っているので[2)]，ここではむしろ社会との関わりに注目して考えてみることにする。

●1　「方言」という用語をめぐって

　まずはじめに，日本語の「方言」という語が，どんなふうに使われているのかを見てみよう。

　試みに東京で学生生活を送る 20 歳前後の男女 60 人ほどに，「方言」についてイメージするものを自由に挙げてもらった。すると 8 割以上が，「田舎のことば」「年寄りのことば」「古いことば」「非主流」などと答え，わずかだが「汚い」とか「通じない」「わかりにくい」とか，「なまりがあるといじめられる」というような辛いコメントもあった。「地方の人の言葉」「標準語[3)]に対立するもの」などは標準的意見であろうが，より具体的に「東北や九州のことば」というものもあり，日本における地域格差の現実について考えさせられる。しかしその一方で，「ほっとする」「温かい」「なつかしい」等の回答もやはり少なくなく，「父親が酔った時のことば」や，「両親がけんかする時のことば」など，家庭における言語生活のひとこまが生き生きと目に浮かぶようなものもあった。

　このように，若い人々の意識の中にも方言はなかなかしっかりと生きる場所を得ているようだ。特に方言に言及せずに，「自分の言語行動について，他と比べて何か違いを意識するか，するとしたらどんなことか」と尋ねたときにも，地方出身者のほとんどが「出身地のなまりがある」「東京にない言い方をする」のように答えている。首都圏出身者においても両親の出身地や転校などによる「実地体験」は少なくないが，故郷を離れて上京する者にとっては相変わらず大きな関心事なのである。関西出身の N 君は疲れた様子の先生に「えらそうですね」と

言ってしまって怒られ，北陸出身のKさんは体調の悪いときにどうしても方言の「ものい」としか言えず周囲に通じないと嘆いているし，泣いたり笑ったりの物語には事欠かない。

彼らが語るエピソードには，東京における「言葉の違い」の実体験を通して，「中央」対「地方」という構図が具体化されてゆく様子が表れているが，一方でその反作用としてことばによる自己アイデンティティー構築の萌芽も見られ，興味深い。筆者の学生時代に較べて随分状況が変わったように思われるし，言語差自体は小さくなっているはずだが，それでも，「違う」という体験が若い人に与える衝撃は決して小さくはないようなのである。

さて，日本語，あるいは言語研究一般に関心をお持ちの読者の方々は，きっと今までに「方言」を何らかの形で取扱った入門書や，専門書等に接してこられたことと思う。そうした書物の中で「方言」という言葉はどのように使われ，どのような問題に焦点が当てられていただろうか。

現代日本の方言に関する専門的な言説の中では，大きく分けて二つの立場が際立っているように思われる。一つは「中央」対「地方」という優劣関係を排し，土地ごとに固有のことばを等しく「方言」と定義する立場である。例えば次のような言い方がある。

(1)　標準語の母体は東京方言である。

日本語全体の地理的変種すべてを相対化した上で，標準語と言われるものの性格を客観的に表現しようとすれば，このように言うほかないだろう。方言研究を専門とする者はまずこのような相対主義的立場を教育される。それでこそ材料面の分析，システムの解明，歴史的変遷の推定等の客観的根拠が保証されるのである。日本語のアクセント研究などはその良いお手本といえる。ひとつひとつの単語のどこを高く，どこを低く発音するかについては，土地ごとにいろいろなヴァラエティがあるが，各ヴァラエティごとの構造の解明と，日本全体の変種間を結ぶ有機的な法則の発見は，わが国の言語研究史の中でも最も目覚ましい成果の一つであろう[4]。

この立場を第一とするものにとっては，どのような方言も研究対象としての価

値に違いはない。したがってことばのヴァラエティが多ければ多いほど自分の研究に都合がよく，その意味では研究至上主義に陥る危険もないとは言えない。

　もう一つの立場は，拠って立つ基盤は共通だが，素材そのものより言語変種間の勢力関係と社会の関わりの方により強い関心を抱くものである。若者たちの意識の中にも見られたような一般的イメージとしての「中央」対「地方」という図式を積極的に活用し，これを批判することから出発して，「標準語ないし中央語の拡大イコール国家権力の拡大」という図式につなげ，言語共同体の社会的問題を解明しようとする。中央集権的近代国家が，強大な統制力を文化に対しても発揮していたことを考えれば，このような視点をもって方言事象に取り組むことの意義は理解できる。特に日本の場合，近代国家の形成と歩を同じくして標準語教育が急激に進められた記憶がまだ我々の脳裡に生きていることもあり，国家論と言語論を縦横に行き交う刺激的な議論がこうした立場から提起される可能性も大きい[5]。その反面，すべての言語事象を特定の図式に取り込もうとする傾向が強い。また，標準語なり諸方言なりを閉じた世界として固定的に捉えることが多く，言語そのものの相互関係を見失って，自ら視野を狭くしてしまう危険も小さくない。

　どちらの立場も近代の言語政策に対する批判・反省の上に立ち，「方言」に価値を見出す点では共通しているが，その注目点，取り組み方には大きな開きがあり，そのために同じ表現に対して反応が異なることも多い。例えば，「地方」対「中央」をめぐる議論の対象としてしばしば取り上げられる沖縄方言に関する，こんな言説はどうだろうか？

　(2)　日本語は大きく本土方言と琉球方言に分かれる。
　(3)　沖縄方言は日本語のひとつである。

　ことばの面からみた沖縄各地と日本本土との関係は，仮に文献上の証拠が一切なかったとしても，文法上の類似と音韻対応から，明らかな親縁関係が見出される。したがって第一の立場から見れば，こうした言説は言語自体に注目した客観的言説であり，それ以上でも以下でもない。

　けれども，本土方言と琉球方言を併せて「日本語」とみなすのは，決して言語

のみの事情によるものではないだろう。元来独自の文化圏を形成していた琉球が日本という国家に組み込まれ，紆余曲折を経て今日同じ「日本人同士」であると多くの人が自然に感じるようになったことについては，明らかに言語以外の要素が関与している。世界中のどこを探しても，純粋に言語的基準だけで言語同士の関係が規定されるところはどこにもない。先述の二つ目の立場が注目するのは，まさにそこである。「代表者」が日本語である以上，国家と言語という関連からこの言説を読むものにとっては，これこそヤマトの優越意識の表出そのものとなる可能性もあるのだ。

　このように専門的言説においても注意を要する問題は多々あるのだが，冒頭で紹介した若者たちの物語のように，我々の身の周りで発せられる「方言」ということばの意味するところを見極めるだけでも，なかなか一筋縄ではいかない側面を持っている。

(4)　「学校では共通語で話さなければならず，方言を使ったらあかんのです。僕のころはもうあの方言札はなかったです。でも方言を使ったら罰せられるのは同じで，先生に廊下や教室のうしろに立たされるんです。次に使う子が出るまで，ゴンタ連中ほどよく方言を使うし，それにまた立たされるのが嫌やから，あの手この手を使ってうまく逃げようとする。休み時間にほかの子の足を踏んで「痛いっ」と言うのを「アガッ」って方言で言わせたりして。(仲村昇「信用生」，太田順一『大阪ウチナーンチュ』プレーンセンター，1996，所収)

(5)　「1回でもいいから賞状取ってきてごらん，アリアリアリ，また方言は使わない！」(＝方言を使うんじゃない！)
　　　(「ウーマク・カマデー・ターチマチャー」『Woo‐too‐too』Waltz，酔‐ing，1995)[6]

　「方言札」は琉球列島が日本帝国支配下に組み込まれて行く過程を象徴する出来事と言える。もっとも同時期，似たような状況はヤマトのそここで起こっていて，沖縄ほど熾烈でなくとも，「方言禁止」もしくは「標準語推進運動」の類の思い出は，地方の古老の昔話の定番であった。それほどに言語画一化の流れが，

自発的にせよ強制的にせよ性急かつ組織的であったのは確かである。そうした過去の経緯がいろいろに絡み合って，（5）のような例も出てきたりする。

　沖縄の若い世代に絶大な支持を得ているコザ出身ミュージシャン，ローリーの作品のバックに登場するこのせりふは，「ウーマク・カマデー」即ち腕白息子の主人公が母親にこっぴどく叱られている思い出の場面（「ターチマチャー」は「つむじが二つある者」で，きかん坊を指すという）。素行不良のひとつとして「方言を使う」が挙げられている。方言札を実際に体験した世代の証言（4）にあるように，「ゴンタ（関西方言で「腕白」）ほど方言を使う」という背景があって，母親の意識の中では恐らく方言使用の良し悪しよりも，「悪い子」の素行リストに「方言を使う」という項目があることの方が重要になっているのだろう。しかも彼女自身のせりふがいわゆるウチナーヤマトグチ（沖縄本島を中心に広く使われている口語。基本的には標準語（ヤマトグチ）であるが，沖縄的な要素が混ざっている）である。そんなところに沖縄らしいたくましいユーモアを感じたとしても，彼の音楽を愛する沖縄青年の怒りを買うことはないと思うが，どうだろうか。

　こうした例のひとつひとつに，発話者の意識と社会の事情とのキャッチボールが垣間見え，なかなか味わい深いものがある。先述の第二の立場においては特に，社会的属性なり背景なりが個々人の言語すべてを規定するとみなす傾向が強いようだが，方言地理学のキャッチフレーズ「個々の俚言には個々の歴史がある」同様，個々人のことばとの関わりにも個々の歴史があることが感じられ，興味深い。そうした発見も，方言と関わる楽しみの一つと言えようか。

● 2　dialect という用語をめぐって

　英語で書かれた方言学の教科書として定評のある Peter Trudgill らの「方言学」冒頭では，英語の dialect にも「ステイタスの低さ」「農村や労働者階級など下層グループの素朴なことば」などが一般的イメージとしてあり，さらに「規範から逸脱した言語」をさすこともあるが，研究者たるものは「誰でも必ずある方言の話者である」という立場に立ち，言語的な優劣を考えるべきではない，と書かれている。曰く，「標準英語も方言の一つである」[6]。

「方言」という概念を表す語として最も使用頻度が高いのは，ここにも使われている英語の dialect に代表される形であろう。この他に各言語に特有の言い方もあるが，そちらは日本語の「なまり」や「俚言」同様，地方ごとに独特の癖や得意な語彙を指すことが多い。英語の accent などもこれにあたるようだ。dialect 系の語はより広い概念を指す語として用いられ，他の語形との意味を厳密に区別するようなことは，少なくとも専門的研究以外では行われていない。

dialect 系はギリシア語のディアレクトスに由来し，元は「異なる言葉」の意であったとされている。ギリシア語の歴史に関する記述においては，「方言」に関する次のような言及が一般的である。

(6) 「ギリシア語ははじめはいくつかの方言にわかれていて，それぞれに文字や碑文を残している。しかし歴史が進むとともにアテナイが政治的に優勢になり，ペルシア戦争の勝利とともに，あのすぐれた古典期の作品が輩出する。しかしスパルタとの戦いに敗れたころからこのポリスを支えた民主主義は衰退し，紀元前4世紀の半ばころからは，アレクサンドロス大王に代表されるマケドニアが政治の中心になるが，言語の上では赫々たる文学を生んだアテナイの言葉であるアッティカ方言を主体とした，ギリシア世界の「共通語」といわれるコイネーが成立する。」

(風間喜代三『ラテン語とギリシア語』三省堂，1998)[7]

アレクサンドロスの統治が確立するまでのギリシアは，独立性の強い都市国家という形態の社会が個々に形成されており，それぞれの地域に特有の方言特徴が独自に発達する社会的基盤があったと言えるだろう。各社会の構成民は，個々の「くに」であるポリスに対する帰属意識を持ちながら，言葉の通じる「世界」としてのヘレネス（ギリシア人）というアイデンティティーを共有し，「言葉の通じない世界（野蛮人の世界）」を「外界」として区別していたと思われる。「はじめいくつかの方言にわかれていた」というのは，そのような状況だろうか。

このような古代ギリシアの状況はある意味で，江戸時代の日本を連想させなくもない。江戸幕府の支配確立後の民衆は，各藩を「くに」と意識し，同時に「訛り」は違うけれども言葉の通ずる列島をひとつの「世界」として，海の向こうと

区別していただろう。藩同士の行き来が制限され，各「くに」の内部でいわゆる
お国言葉が確立されてゆく。薩摩言葉について，「薩摩人がわざとなまりを強く
して，幕府の間諜を欺こうとした」，などという話があるのも，その真偽はとも
かく，藩制確立後の新たな言語変化を物語るものと思われる。北の端の津軽でも，
北東北方言の特徴を岩手や秋田と共有しながらも，旧津軽藩領だけに分布する独
特の語彙や表現が少なくない。青森県は真中を旧津軽藩と南部藩の藩境が走って
いて，境がなくなって後も隣り合う集落の一方では「今日は雨だから」を「今日
雨だハンデ」と言い，もう片方で「今日雨だスケ」と言い，アクセント形式も違
うというような状態がずっと続いていた[8]。「旧藩境で言葉が変わる」という事
例は，日本全国あちこちに見られる。こうした言語状況に際して，江戸の言葉も，
また文化的ステイタスを誇っていた京都の言葉も，総体的に共通語として日本全
体に機能することは遂になかった。だからこそ明治新政府は，まず共通語を制定
する必要に迫られたのである。

　古代ギリシアにおいても，各都市国家の言葉はそれぞれ「イオニアの言葉」と
か，「アッティカの言葉」だったのであって，仮にそれをディアレクトスと称し
ていたとすれば，地域ごとに違う言語以上のものではなかろう。やがて各ポリス
間の格差が広がって特定の方言が活力を得，さらにアレクサンドロスの統治の確
立によって広大な版図を擁する国家が生まれた結果，その方言が共通語の役割を
担うことになった。あるいはその必要が生じたと言うべきかもしれない。

　その後の歴史の流れを考えても，ヨーロッパにおける dialect 概念は比較的規
模の大きな国家のあり方に左右されつつ，ある種の「共通語」「公的言語」に対
する各地のことばを指すものとして定着していったと推測できる。しかし大規模
な中央集権的国家体制が強くその威力を発揮する近代になると，経済格差ととも
に教育程度など文化面での格差も拡がり，文化的ステイタス面での「中央」対
「非中央」という格差も拡大していったのではないだろうか。中心都市に権力と
富が集中し，活発な経済活動を基盤とした新しい文化が盛んに発信されるように
なると，当然ながらその担い手である言語の優位性も増し，相対的に dialect の
地位が低下する，西ヨーロッパ，特にイギリスにおける「方言」イメージの形成
にはそのような背景が考えられるのではないだろうか。

●3　近代国家における「方言」と「標準語」

　読者の方々にもお馴染みの映画「マイ・フェア・レディ」は，言葉が重要なテーマという，実に興味深い作品である。この映画の原作である「ピグマリオン」の作者バーナード・ショウは英国の著名な音声学者 Henry Sweet に着想を得てこの戯曲を書いたということで，音声分析の様子が映画にも盛んに登場し，方言をめぐるエピソードがふんだんにちりばめられている。次はそのロンドン下層民出身のヒロイン，イライザのせりふ。(7) の上は原作「ピグマリオン」のもの，下は同じせりふをいわゆるコックニーなまりで再現した「マイ・フェア・レディ」のものである。

(7)　I ain't dirty : i washed my face and hands afore I come, I did.
　　 I ain't dir'y ! Ah washed ma face 'n 'ands before I come, I did.[9]
　　（「あたいは汚くなんかないよ，来る前に顔だって手だって洗って来たってばさ！」）

一方，音声学者のヒギンズは研究以外目に入らない研究至上主義人間の偏屈者として描かれており，通りすがりの人間の発音をメモしたり，話し手やその両親の出身地まで言い当てては周囲を驚かす。教会へ行ってもお説教の発音のあら探しばかりするので母親にもあきれられている。それでもなお彼の英語観は典型的上流知識人のそれなのである。

(8)　A woman who utters such depressing and disgusting sounds has no right to be anywhere — no right to live. Remember that you are a human being with a soul and the divine gift of articulate speech : that your native language is the language of Shakespear and Milton and The Bible ; and dont sit there crooning like a bilious pigeon.[10]

ヒギンズは，3ヶ月あればイライザのことばを矯正して「立派なレディに仕立て，バッキンガム宮殿でもどこでも恥ずかしくないようにしてみせる」と豪語し，特

訓の末見事に成功する。このストーリーは，標準語の習得が下層社会からの脱出につながるという，当時のロンドンに特に顕著であった社会状況を描いている。立派に貴婦人となったイライザは，「語学教師になって自分と同じような貧しい人たちを助けたい」と，新しい人生設計を語るのである。「そんなバカなことしなくったって，誰か金持ちとでも結婚すりゃいい」と，相変わらず懲りていないヒギンズに反抗して。

　現代標準英語は 15, 6 世紀のロンドンを中心とする地域のことばに由来する。当時のロンドンは政治・経済の中心として繁栄し，新時代の活力に溢れていた。由緒正しき英語の枕詞ともいえる「シェークスピアとミルトンの英語」というヒギンズのせりふは，輝かしい時代を背景に生まれた文学が，その時代の証として後世に象徴的に伝えられることを意味している。ある地域方言がその国の発展期と連動して標準語の地位を獲得するとき，その優れた例を文学に求めこれを崇めるのはヨーロッパ社会に特に顕著な傾向だが，文章語を享受する上流階級が知的優位性を誇る社会であればこそであろう。ゲーテのドイツ語しかり，ダンテのイタリア語しかり，さらには革命後のソ連でさえプーシキンを，恐らくは最上流貴族でありながら民衆の口語を文学言語に高めたという理由で，ロシア語の父として崇め続けたことが思い出される。

　さて，このように西ヨーロッパ諸国の多くでは，近代国家の確立とともにその中心地の方言を母体とする標準語が発達し，文芸作品に代表されるような高い文化的価値を誇るようになった。経済の発達が都市への人口流出を加速させ，中央と地方の格差がますます拡大すると，地方の言葉は昔ながらの口語のまま牧歌的世界に限られてゆく。コックニーはそうした牧歌的世界から流入した方言を母体とし，さらに雑多な移民層が加わって一種の社会方言として発達したが，教育の普及によって標準語を習得した中産階級から取り残された結果，「無教育」，「下層民」の言葉として地域方言とはまた違う意味付けを与えられ，それが「方言」イメージを強く左右するようになったと思われる[11]。もっとも，近年コックニーなまりの一部が社会階層を越えて広くロンドン市民に浸透する傾向が報告されており，ステイタス基準に何らかの変化が起きていることが予想される[12]。パリで「郊外」として知られる下層移民の社会方言が，市中の若者に影響を与えはじめているというのも，同様の傾向として注目すべきものかもしれない。

●4　「全国アホ・バカ言語地図」と東西方言の違い

　さて，ここで再び日本に戻って，改めて日本の方言のありかたについて見てみることにしよう。

　「方言」のことを考えるためには，何と言っても言語地図を見るのが一番であろう。というわけで，「全国アホ・バカ言語地図」に登場してもらおう（図6.1）。この地図は関西のテレビ局の番組がもとになって生まれたもので，その後1991年の日本方言研究会で発表され，大きな反響を得た。作者の松本修氏は，発表が好評を博したことにますます勇気づけられ，日本全国「アホ・バカ」語彙の詳細な研究に着手された。そしてその研究経過と成果をまとめている（松本修『全国アホ・バカ分布考』，新潮文庫，1996）[13]。

> (9)　東京の人は「バカ」といい，大阪の人は「アホ」という。このことは，老人から子供まで，日本中の誰もが知っている。では，どこからどこまでが，「バカ」の地域で，どこからどこまでが「アホ」なのか。これを正確に知る人は，かつて誰ひとりとしていなかった。こんな「つまらない言葉」の広がりを調べることなど，どんな学者や好事家にも，あまりにも「バカバカしく」，また「アホらしい」ことだったからかもしれない。

　「まえがき」にこうあるように，この番組は視聴者から寄せられたさまざまな疑問に対し，出演者たちが「探偵」と称して調査を行い，その結果をヴァラエティ仕立てで報告するというものである。夫が関西生まれ，自分は関東生まれという奥さんから寄せられた質問は，「うちではアホというか，バカというかで，しょっちゅう喧嘩になるのですが，一体アホとバカの境界はどこにあるのでしょうか？」というものだったという。

　筆者自身もその昔，大阪出身の同僚に言葉遣いを注意された苦い思い出がある。学生のことを「バカだ，バカだ」と言うのは良くない，というのである。私にとって「バカ」はごく普通の言葉で，だから何気なく使ってしまう。言い訳すれば，学生がかわいいからこそつい言いたくなるのである。しかし関西人にとって「バカ」は日常語ではなく，したがってひどくきつい言い方に響くらしい。逆に，私

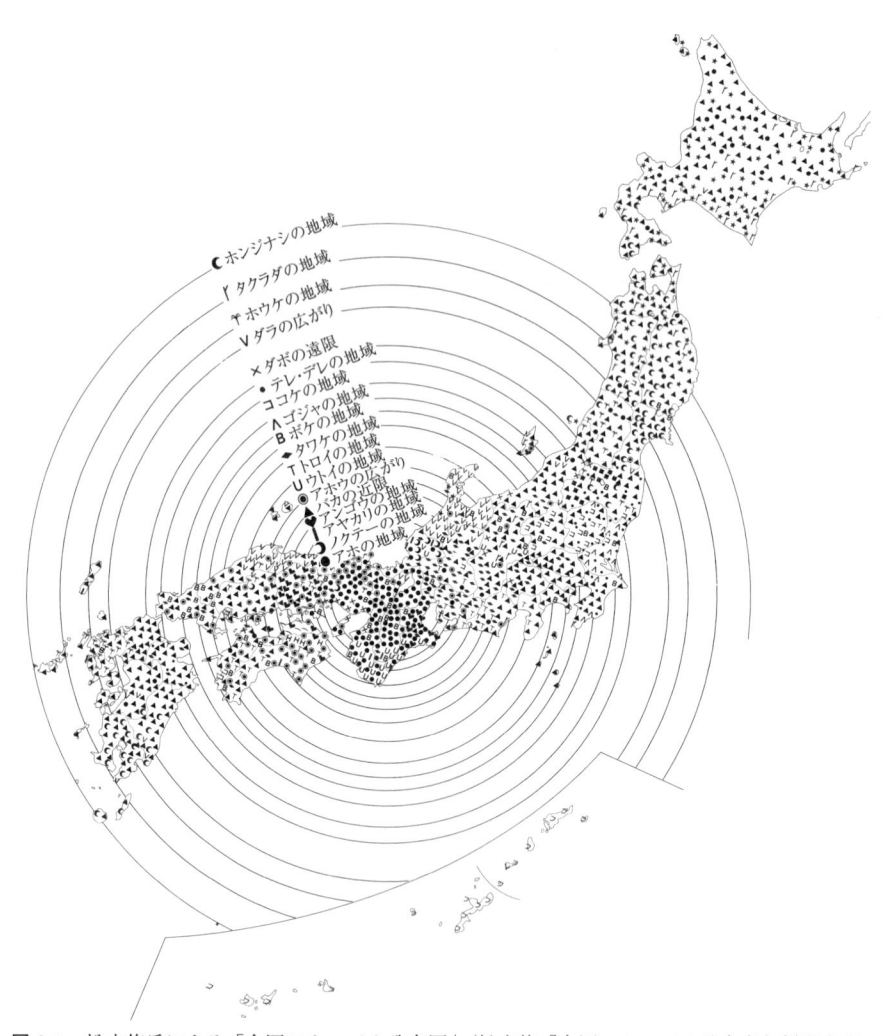

図6.1 松本修氏による「全国アホ・バカ分布図」(松本修『全国アホ・バカ分布考』新潮文庫, 1996年, カバー裏図より, 地図制作 山中泰平)

主要23語（凡例：推定伝播順）

1 フ フリムン系語（含む：ブリムヌ等）　　9 コ コケ（含む：コケサク等）　　17 ♪ ヌクイ系語（含む：ノクテー）

2 ☾ ホンジナシ系語（含む：ホデナス・ホガネー等）　　10 ∧ ゴジャ（含む：ゴジャッペ）　　18 ◉ アホウ系語（含む：アホー・アハア・アハー等）

3 𝄞 タクラダ系語（含む：タクランケ・タークラター等）　　11 B ボケ（含む：ボケナス）　　19 ★ ハンカクサイ系語（含む：ハンカ・ハンカタレ等）

4 ⋎ ホウケ系語（含む：ホウケント・ホロケ・フーケモン等）　　12 ◆ タワケ（含む：タワケモノ・ターケ等）　　20 ● アホ

5 ▲ バカ系語（含む：バカタレ・バカケ・バカスタン等）　　13 T トロイ（含む：トンロイ・チョロイ等）　　■ オンツァ（含む：オンツァゲス等）

6 V ダラ系語（含む：タラズ・タラ・ダラズ・ダラジ等）　　14 U ウトイ（含む：ウトサク・ウトッポ等）　　地方語 ⌒ ホッコ

7 × ダボ（含む：ダンボ）　　15 ♥ アンゴウ（含む：アンゴ・アンゴサク等）　　H ホレ

8 • テレ系語（含む：テレスケ・東国で, テレ・テレスケ等）　　16 ∣ アヤカリ系語（含む：アヤ・アイカリ等）　　地方語3語も元は中央語（京の言葉）

にとって「アホ」と言われるのは，それこそ全人格を否定されるほど辛いことである。上の疑問を寄せた視聴者の家庭でも，さぞかし夫婦間で「傷つけあう」激しい闘いが，日々繰り広げられていたに違いない。

　東西のことばの違いについては，方言に特別関心がなくても日本人ならたいていは知っている。そして，「境界は一体どこにあるのだろうか？」という疑問が生ずるように，皆の頭の中に細長い日本列島が東京大阪間のどこかでくっきりと二分されているようなイメージがあるのだろう。実際には東西の枠にはまらない違いが全国にいろいろあるが，私たちの頭の中にある「関東対関西」というイメ

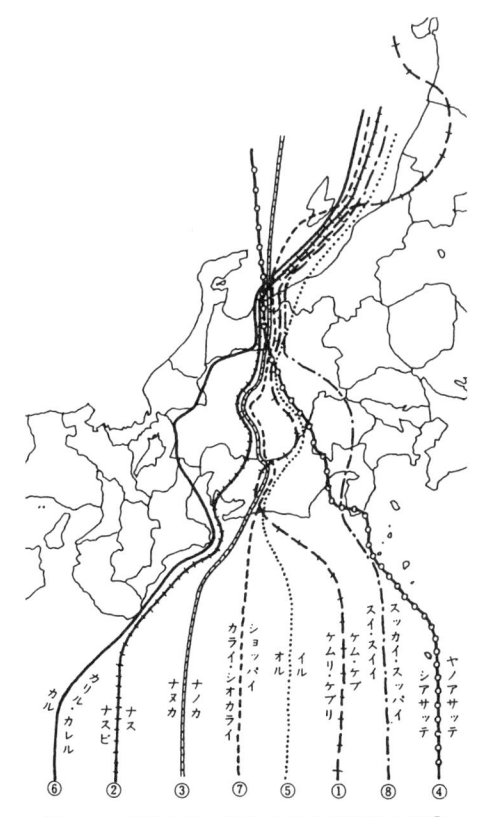

図 6.2　東西方言の対立を示す等語線の例①
（徳川宗賢「『日本言語地図』からみた方言の東西対立・概観」『現代方言学の課題』より）

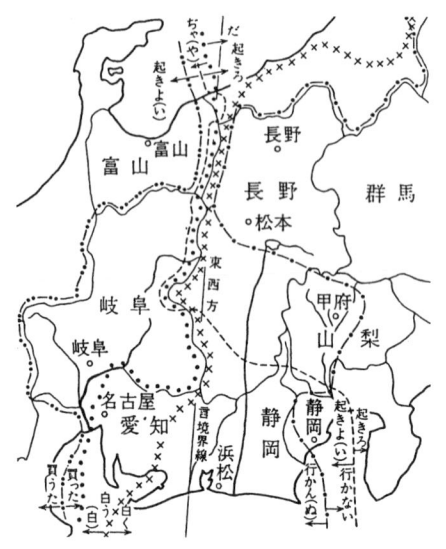

図 6.3　東西方言の対立を示す等語線の例②
（馬瀬良雄「語法から見た東西方言境界線」（『岩
波講座　日本語 11　方言』，岩波書店，1997)

ージは，かなり強固なものである。

　それが決して間違いではないこと
は，図 6.2 や図 6.3 でも確認できる。
東西方言の違いは万葉集の昔にまで
溯り得る事象であり，その境界がフ
ォッサマグナという地形上の構造線
にほぼ一致していると聞くと，古代
史の謎に関わる想像をあれこれして
みたくもなる。それはともかく，私
たちはかつての首都である京都を頂
点とする近畿地方と，近代以降に力
を得た東京という二つの「中心」を，
あたかも二つの頂きのように日頃何
かと意識しているのではないだろう
か。

　「ことばの違い」に対する認識は，多くの場合社会の他の要素，政治・経済や
伝統文化などと連動している。経済力をバックに独自の文化を誇ってきた大阪の
印象はそれほど強いもので，それが「大阪弁を聞くと，同じ人種とは思えない」
と東京人をして言わしめ，大阪人をして「東京人の物言いは冷淡だ」などと言わ
せてきたのである。若い世代の人々は，テレビなどで盛んに活躍する関西出身の
タレントを判断材料として，また別なイメージを形成しているかもしれないが。

　話し言葉が変化しても書き言葉はすぐには連動しないのと同じように，文化が
変わっても，一度その体系がことばの形に登録されてしまうと，そう簡単には変
わらない。するとそのことばがまた人間の意識と社会を支配するので，もとはと
いえば文化の違いが生み出したことばの違いが文化の違いを支え，さらに差を大
きくするというような事が起こったりする。多民族が身近に接触しあうところで
は，そのようにしか考えられないような現象がよく見られ，民族主義の形成に盛
んに関与したりする。「違い」が「違い」を再生産するのである。

　「異なる」言語が地続きにひしめく所での言語発達史を追っていると，この日
本だとて，もし中央集権的な勢力が発達しなかったとしたら，東西を各々制する

勢力が相拮抗し，別な国家を形成したとしても不思議はない。だとしたら東西方言の違いは「国語」の違いとなり，西の国で発行される全国紙のトップに，『景気あきまへん！』などという見出しが踊っていたかもしれないのである。

●5　周圏分布から思うこと

　さて「アホ」「バカ」の分布に戻って，番組でも始めは両形の境界が東京・大阪間のどこかにあると想定し，探偵役が探索に東京駅を出発したのだった。だが静岡を経て名古屋に降り立った途端，壁に突き当たってしまう。「アホ」でも「バカ」でもない，「タワケ」が名古屋で登場したからである。困った探偵氏は急遽「タワケ」と「アホ」の境界探索に向かい，天下分け目の関が原で集落内を一軒一軒聞いてまわることになった。こうして言語境界に憑かれた探偵たちが裏日本へ回ってみたところ，日本海側にもさらにいろいろな語形があることがわかる。「調査」結果が番組で紹介されると，全国の視聴者から続々と情報が寄せられた。こういう時，テレビの力は絶大である。そうして得られたたくさんの語形で日本地図を埋めていくうちに，なんとその分布が，ある「姿」をあらわし始めた。それが「周圏分布」だったのである。

　日本の方言事象の中に，近畿地方を中心として同心円を成すように分布するものがあることは，柳田國男の「蝸牛考」（筑摩書房，柳田國男全集5巻などに所収）によって「方言周圏論」として知られるようになった。新しい語形が中心地から順次発信されて地を這うように伝播していくとき，あたかも池に石を投じたところから波が周囲に伝わるように，同心円状の分布を呈するというのである。その結果古い語形が辺境に残り，中心に向かって新しい語へと移行する。柳田はこれを「かたつむり」の俚言について，今でいうアンケート結果を地図化して示した。

　国立国語研究所による『日本言語地図』では，一見して目覚ましい周圏分布を呈するものは多いとはいえない[14]。しかし，私たちの身の回りからいろいろな動植物が失われ，「かたつむり」に親しむ子供の姿を見なくなってしまった今，「馬鹿」こそ身近にしてかつ立派に周圏分布を成す例であることを，「全国アホ・バカ言語地図」は示してくれた。松本氏はこの分布が実際に文献に現れた中央語の

変遷に合致することを示されたが，それについてはぜひ原著をお読み頂きたい。

　ところで，「周圏分布が成り立つ」と言っても，その原理で日本語の変化すべてを説明できるわけでは勿論ない。しかしこの原理が日本語がたどってきた道程のある側面を語るのではないかと実感することはある。例えば，特に東北地方の城下町ではたいてい「京ことば伝説」がきかれる。「昔ここの殿様に京都から輿入れがあり，腰元衆も一緒にやってきた。それでこの町には京都のことばが伝えられたのだ」というのである。これなどは京都の際立った影響力を語るものであろう。また，筆者のように本州の北の端で育った者は，自分が日常親しんでいたことばが由緒正しき古典の中に登録されているのを発見したり，奄美や沖縄で耳にする土地の言葉の中に，突然「ふるさとのなまりなつかし」い物言いを聞くことがあり，「辺境に古語が残る」事実を実感したりする。

　さて，方言周圏論もその理論的基盤はヨーロッパに求められる。柳田が影響を受けたとされる「波動説」は，比較言語学において生まれた考え方であるし，また「辺境に古語が残る」という原理も，言語地理学の先駆的業績がきっかけとなって発見されたものである。しかし，海外で日本語の方言について話す機会があって「周圏分布」を取り上げると，たいていは不思議な顔をされる。そんなとき，なるほど，このような分布がたとえ多数でなくても重要性を持つということ自体が，日本という言語環境の特異性を物語っているのだということを改めて認識するのである。

　日本語の置かれている環境が特異と言い得るのはどんな点だろうか。まずその話される領域が日本列島という，小さいながらも比較的密集した諸島のみであり，外海という自然の境界によって他から隔離されてある，ということ。中国語以降は実に千年以上もの間他言語の影響をほとんど受けることなく続いてきたこと。次に，1 億 2 千万という，話者人口では世界で十指に入る人的資源を持ちながら，わずかな移民社会を除けばこの小さな国土以外に領域を持たないこと。そして血のつながりが確定できる仲間を，外の世界に一つも持っていないこと。そして最後に，比較的早くから中央集権的性格の濃厚な国家体制が存在してきたこと。こうした状況が，ある一つの中心から新しい語彙が発信され続けた結果としての周圏分布を成り立たせている，と言うことができるのではないだろうか。

● 6 「言語」と「方言」の間

　日本で東西方言の違いが明確に意識されているのと同じように，ある国土の中で大きな言語差が注目されるケースは少なくない。図6.4はフランスの場合であるが，国土をほぼ南北に二分する等語線の束は，「オック語」，「オイル語」と呼ばれてきた二つのグループの境界にほぼ一致する。中世の華麗な宮廷文学を生み出した南部ラングドック地方が，宗教上の争いに敗れて以来勢力を失っていった一方で，北側のオイル語圏はパリを中心として求心力を増し，そのパリが国家の中心としてますます優位に立つとともに，オイル語の標準語としての力も強固になった。勢力を失った南部は結局それに対抗する文化的中心を持つことなく，標準語に次第に呑み込まれつつある。

　図6.5でもやはり，等語線の束がヨーロッパ北西部をほぼ南北に分けている。こちらはゲルマン諸語の，いわゆる高地ドイツ語と低地ドイツ語を分ける境界であるが，その重要性はドイツという国の領域内に止まるものではない。こうした方言特徴の分布に基づいてゲルマン諸語全体の発達を把握してこそ，ドイツ語の発達過程もより明らかになるのである。

　ヨーロッパではこのように，言語的に見て重要な境界線が国家の領域を越えて意味を持つことが多い。それは，ヨーロッパに話されている言語のほとんどがインド＝ヨーロッパ諸語という，親縁関係の明らかなグループに属するメンバー同士だからである。それらは元ひとつの言語から発達したと推定され，拡散と分裂を繰り返し，さまざまな経緯を経て別々の言語となって今日に至っている。つまりヨーロッパ全体を，極言すればインド・ヨーロッパ諸語の分

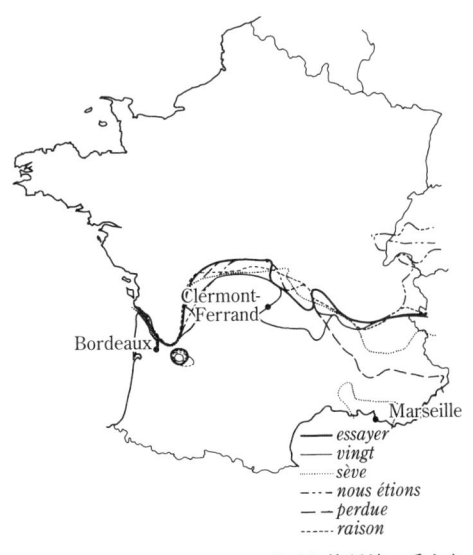

図6.4　フランスにおける重要な等語線の重なり (J. K. Chambers, Peter Trudgill, *Dialectology*, Cambridge University Press, 1980, p. 111)

図6.5　ドイツ，及びオランダにおいて低地ドイ
ツ語と高地ドイツ語を分ける等語線の束
(Cambers and Trudgill 1980 前掲書，p. 106)

布域全体を，一つの言語のさまざまな「方言」の集合と考えることも可能になる。たとえ今日ではコミュニケーションが成り立たないほどに，互いの姿が変わっているとしても。

　図6.6はそうした「方言連続体」という観点からヨーロッパ諸語の地理的分布を示したものである。例えばフランス語，イタリア語，カタロニア語，スペイン語，ポルトガル語などの標準語は互いに理解不可能だが，これらの諸方言を見てゆけば，「西ロマンス語方言連続体」として，ポルトガル沿岸部からベルギー中心部，さらに南イタリアまでつながる広い領域をまとめることができるというのである。

　筆者が関わっているスラヴ諸語などは，そうした方言連続体の設定が学問的に非常に有効な地域といえる。スラヴ諸語は印欧語族の中でも親縁性の高いグループとして知られている。それほどに互いの距離の近い言語同士であるので，どの民族も素朴な感情として「スラヴ人同士なら言葉が通ずる」という意識を程度の差こそあれ共有している。しかしその「近さ」がさまざまな形で彼らを翻弄してもきた。

　図6.7は，図6.6に示された South Slavic dialect continuum（南スラヴ方言連続体）の領域における重要な文法特徴に関する等語線を示したものである (Pavle Ivić, *Die Serbokroatischen Dialekte* I, Mouton, The Hague, 1958, p. 26)．これらの特徴の分布は，この地域をさらに下位方言グループに分ける重要な規準と見なされる．等語線の束の集中によって，ちょうど図6.2，6.3におけるわが国の東西方言領域のように，北西のスロヴェニアと，南東のマケドニア・ブルガリアのグループが，独立性の高い領域として特定できる．旧ユーゴスラヴィア連邦においては，両領域に分布する方言をそれぞれ「スロヴェニア語」，「マケドニア語」という固有の「言語」とし，両者を除いた地域全体を「セルビア・クロアチ

図6.6　「方言連続体」によるヨーロッパ諸言語のグループ
（Chambers and Trudgill 1980 前掲書, p. 7）

図6.7　「南スラヴ方言連続体」の文法特徴（形態論）についての特徴

1　双数の存在
2　疑問代名詞が kaj
3　男性名詞・1音節語の複数形の -ov- なし
4　人称代名詞複数形非自立形 ni, vi なし
5　総合的統語法
6　後置冠詞なし
7　動詞現在変化1人称・複数形の語尾 -mo
8　人称代名詞1人称複数 mi, mie
9　所有形容詞3人称・複数形が tehn- でない

（各等語線より西側に，上記の各特徴が現れる。）

ア語」領域と認定していた．しかし，ユーゴスラヴィア連邦の崩壊によって，同領域内で「クロアチア語」がまず独立し，「セルビア語」や，「ボスニア語」，さらには「ツルナ・ゴーラ語（モンテネグロ語）」まで誕生しそうな状況である．旧ユーゴスラヴィアの事例によって私たちは，このようにひとつの方言連続体を容易に設定できるような地域で，「社会」の側の事情から新しい「言語」が誕生していく様を，正に生々しい出来事として目撃した．その過程で民族紛争の嵐によって多くの血が流された事実があり，二十世紀末の悲惨な歴史のページを繰ることなしに，これらの新しい「言語」をイメージするには，まだあまりに記憶が生々しい．それだけでなく，南スラヴ方言連続体の設定は，この地域の言語変化全体を解明する上で多くの成果を生み，方言研究を活発にしていたことを考えると，非当事者としては客観的研究の後退という意味で残念ではある．

　さて，別々の言語となったセルビア語とクロアチア語であるが，その言語差はそれほど大きいものではなく，我々外国人でも，どちらか一方を学習すれば基本的な文法について困ることはほとんどない．例えばそれぞれの首都で発音の違いが聞かれるのは事実だが，それは例えば「牛乳」をザグレブ（クロアチア）でムリエコ，ベオグラード（セルビア）でムレーコというような規則的な違いで，どちらかに一週間もいれば自然と慣れてしまう程度のものだ．ところが，歴史的背景の絡む文化面の違いは，それほど簡単なものではなく，それを反映して日常生活に必要な語彙でも意外な不便に突き当たることがある．ザグレブで 1 年間過ごした日本人の M 嬢は，ベオグラードに移っても言葉の上での不便は特に感じていなかったが，お酢がどこにも売っていないのを不思議に思っていた．近所の食料品屋さんを回ってきいてみたが，どこでも「ない」と言われる．二か月ほど過ぎた頃，はじめてお酢の呼び名が違っていることに気づいたのである．

　このような語彙の異なりは，両者の文化的違いを象徴するものとして，連邦崩壊後特にクローズアップされている．逆に言えば他に大きな違いがないということで，クロアチアが数の上で優勢なセルビア主導のユーゴスラヴィア連邦から独立し，自分たちの「国」に固有の「言語」が必要と考えたとき，元セルビア・クロアチア語と呼ばれていた言語との差を標榜するためにも，語彙の違いは大事なアイテムとなったのであった．

「方言連続体」という考え方は，言語の材料面にのみ注目した場合に有効な設定と言えるだろう。クロアチアとセルビアほどではないとしても，西ヨーロッパの人々にとっても，各言語とそれに支えられている文化の独自性は揺るぎないものであり，通常各標準語をもってそれぞれの言語世界が認識されているに違いないし，また，標準語ないしは国家の有力言語に対して少数言語の独自性を主張する人たちはなおのこと，自分たちの「言語」の存在を確たるものと認識しているはずである。

それでも，自国の領域の外に自分たちの言語と血のつながりのある仲間を持たない私たちにとっては，望むことのできない視野の拡がりであり，少なくとも複数の視点を選び取る可能性が保証されていると言えるのではないだろうか。我々日本人はともすれば自らを世界の中で特殊な存在と思いがちな側面があり，言語に関してもそういった思い込みが発揮される傾向がある。そういった傾向は，もしかすると先にも述べた日本の言語環境の特異性に由来するのかもしれない。

その意味でも，既にかなり標準化された私たちの耳を驚かせてくれるいろいろな方言は実に有り難い存在である。ヒギンズ教授ではないが，特定の方言特徴によってその人の出身地をあてるという可能性はまだ完全には失われていない。最近も，北の方で起こった犯罪に際し，あるなまりが犯人特定の決め手の一つになるということがあり，話題になった。我々ヤマトンチュが沖縄や奄美へ行って土地の年配の方の会話を耳にすると，はじめは全く理解できないが，だんだん分かるようになってくる。まして音韻対応についての知識を少しでも理解すれば，自分の使っている言葉との関係が，謎解きのようにほぐれていくのである。このような楽しみを我々は国家や社会と関係なく享受できる。それこそ言語が与えてくれる，貴重な財産ではないだろうか。

注

1) 井上史雄などが提唱した用語で，若い世代を中心に使われていることば。標準語などと一致せず，使用者の意識では方言形と見なされるものを「新方言」と定義している。(『辞典＜新しい日本語＞』(井上史雄，東洋書林，2002. また，「新方言辞典」はネット上でも公開され，順次更新されている。http：//triaez.kaisei.org/~yari/Newdialect/)
2) 『朝倉日本語講座10　方言』(江端義夫編，朝倉書店，2002)
3) 「方言」に対立する言語の変種について，「標準語」や「共通語」という用語が広く使われている。文化的ステイタスを背負うものとして「標準語」が避けられ，「共通語」が積極的

に使われた時期もあるが，現在ではまた「標準語」がより一般的になっているようである。このように両者の使い分けは時代によって，また，場所によって異なるが，ここではより一般的な意味で「標準語」を用いる。

4) 方言ごとにさまざまな様相を呈する相対的ピッチの高低は，文化的ステイタスなどの付随的要素を排した客観的言語研究としての方言研究の道を開き，各方言の共時的分析から，日本列島におけるアクセント変遷の推定に至るまで，優れた成果を生んできた。(『朝倉日本語講座 10 方言』，同 3 『音声・音韻』参照。また，上野善道「日本語のアクセント」(『岩波講座日本語 5』岩波書店，1977 所収)。

5) 安田敏朗『〈国語〉と〈方言〉のあいだ　～言語構築の政治学～』(人文書院，1999) など，刺激的な業績も多い。

6) 例 (4)，(5) いずれも，ウチナーンチュ自身による生きた感覚の表出として紹介する。(4) はヤマトにおける沖縄人居住地域としてよく知られている大阪大正区のドキュメント (大正区については沖縄情報通信サイト「うるま」の「県外沖縄情報」に詳しい。http://www. u-r-u-m-a.co.jp/06kengai/taisho/) (5) は，「酔―ing」レーベルでリリースされた CD。ローリーをリーダーとするグループのアルバムとして最初のヒット作となった。新城和博『うちあたいの日々』(ボーダーインク，1993) や，彼が執筆するサイト「沖縄カルチャーアーカイブ」参照。http://www.culture-archive.city.naha.okinawa.jp/html/b_contents/50089000.html)

6) J. K. Chambers, Peter Trudgill, *Dialectology*, Cambridge University Press, 初版 1980 (ここでは 1986 年版を参照した)，p. 3。

7)「古典ギリシア語」の項，p. 22。

8) 中島由美「津軽方言と南部方言の接触地帯における言語差」『国語学』第 128 集，1982。江戸期を経た明治初期の言語状況については，三宅米吉「くにぐにのなまりことばにつきて」が，一読の価値がある (『日本の言語学　第 6 巻　方言』大修館書店，1978，所収)。

9)“Pygmalion” については，George Bernard Shaw, Pygmalion (Act II), *George Bernard Shaw's Plays*, a Norton Critical Edition, 1970 (ここでは 2002 版を参照した。p. 303)。映画「マイ・フェア・レディ」のせりふは，往年の名画情報サイト reelclassics.com の Musicals/Fairlady において，オードリー・ヘップバーンの音声とともに鑑賞することができる。コックニーの特徴とされる，語頭の h- の脱落，グロッタルストップ (’ で示される，声門閉鎖音) の多用，be 動詞/have/got などの否定形として多義的に用いられる ain't の使用などが聞かれる。

10) 上掲書，Act I, p. 296。現代の正書法と異なり，don't でなく，dont と表記されている。

11) 英語における社会方言については，John Honey, *Does Accent Matter* ?, London, 1989. (邦訳：ジョン・ハニー『言葉にこだわるイギリス人』高橋作太郎他訳，岩波書店，2003) が興味深い記述にあふれている。「ピグマリオン」の描く言語状況についてもたびたび言及されている。

12) BBC 製作によるテレビ・ドキュメンタリー・シリーズ，The Story of English, 7：The Muvver Tongue (キャリア・デベロプメント・インタナショナル・グローバル・メディアグループ発売，台本つき，1986 年刊) に，豊富な音声資料とともに取り上げられている。

13)「まえがき」冒頭部分，p. 9。

14) 日本言語地図全 6 巻 (国立国語研究所，1966 ～，縮刷版 1988 ～)。

第 **7** 章

日本語の系統

類型地理論からのアプローチ

松　本　克　己

●1　言語の系統的分類と比較方法の限界

　日本語の系統をめぐる問題は，今から百年以上前から数多くの学者によって取り上げられ，様々な説が提起されてきたが，今もって満足な解答は出されていない。伝統的な比較言語学の立場からする限り，日本語は依然として"系統不明"の言語と言わざるをえないだろう。

　一般に，言語の系統あるいは言語間の同系関係とは，人間の血縁に基づく親族関係と同じように，同じ親ないし先祖を共有するというような関係である。言語の場合，その先祖に当たるものが「祖語」，同じ祖語を共有すると見られる諸言語の総体が「語族」，そのような関係にある言語同士が「同系語」と呼ばれる。このような関係によって結ばれる言語グループの典型的な例は，ユーラシアではヨーロッパからインド亜大陸まで広範に分布する「インド・ヨーロッパ語族」である。

　現在，数にして5〜6千に及ぶと見られる世界の諸言語の多くは，このような同系関係という観点から，かなり限られた数の語族にまとめられている。例えば，現在アフリカ大陸の2千近い諸言語は，最終的には，アフロ・アジア，ナイル・サハラ，ニジェル・コンゴ，コイサンと呼ばれる4つの大語族にまとめられ，従って，少なくとも現在の通説による限り，アフリカには日本語のような系統不明な言語は存在しないことになっている。一方，その言語数において世界最大とされるユーラシア大陸は，アフリカほどすっきりとした形では分類できないけれども，そこで話されている大部分の言語は10個ほどの語族の中に組み込まれてい

る。すなわち，前述のインド・ヨーロッパ語族のほかに，アフロ・アジアの1分派とされるセム語族，南インドを拠点とするドラヴィダ語族，ユーラシア西北部に拡がるウラル語族，その東方に接する"アルタイ語族"，ヒマラヤ地域から東南アジア，中国大陸に拡がるシナ・チベット語族，中国南部からインドシナ半島に及ぶミャオ・ヤオ語族，タイ・カダイ語族，同じくインドシナ半島からインド東部に散在するオーストロアジア語族，台湾からインドネシア，そこから南洋諸島まで広大な分布を見せるオーストロネシア語族などである。

　この中で，ヨーロッパ北部からシベリア東部まで北方ユーラシアのほぼ全域に拡がるウラル諸語とアルタイ諸語は，かつては「ウラル・アルタイ語族」として系統的なまとまりをなすものと見られ，また，日本語や朝鮮語もこの大語族の一員，少なくともその遠い同系語とする見方が，少なくとも戦前まで，日本の学界では有力視されてきた。しかし，この学説はこれらの言語の本格的な比較研究が進むにつれて，次第に崩れ去った。すなわち，この中のフィノ・ウゴルとサモイェード諸語は，ほぼ確実に同系関係に基づく語族を形成することが明らかにされたけれども，残されたアルタイ系のチュルク，モンゴル，ツングースという三つの言語群がはたして同じような同系関係によって結ばれるかどうか，きわめて疑わしくなったからである。本格的なアルタイ比較言語学が誕生し，それによって日本語の系統問題にも最終的な解答が与えられるかもしれない，という漠然とした期待が寄せられたのは20世紀の半ば過ぎだった。しかしフィンランドの言語学者ラムステッドの没後に公刊された『アルタイ言語学導論』（Ramstedt 1952–1966）の後を承けて，旧ソ連のアルタイ学者ニコラス・ポッペが取りかかった「アルタイ語比較文法」は，その第1巻に当たる『音論』（Poppe 1960）が出版されただけで，後が続かなかった。それ以後，アルタイ比較言語学あるいは比較文法と銘打った書物は，一度も世に出ていない。これをもって直ちにアルタイ比較言語学の挫折と見るのはやや性急かもしれないが，その後の日本語の系統をめぐる研究が，それ以前に比べてかえって混迷の度を深めたかに見えるのは，「ウラル・アルタイ説」あるいはそれを継承した「アルタイ説」の行き詰まりと決して無関係とはいえない。

　ところで，ユーラシアでは，以上に述べた主要な語族に含まれない孤立した言語ないし小言語群は，決して日本語だけではない。例えば，ヨーロッパでフラン

スとスペインの国境地帯で話されているバスク語やパキスタン領カラコルム山系の谷間に孤立するブルシャスキー語は，その典型的な例である。また数多くの小言語が密集するコーカサス地域は，通常，東，西，南の三つのグループにまとめられ，それぞれが系統的まとまりを構成すると見られているが，その中で最も複雑な東コーカサス諸語の内部的な関係は必ずしも定かでない。現在，ヨーロッパとアジア内陸部で系統不明とされる言語はごくわずかであるが，古代世界にはもっと多かった。たとえば，楔形文字の記録で知られる古代オリエント諸語の中でシュメール語，フルリ語，ハッティ語，エラム語などがそれである。

　一方，日本語が位置する北部ユーラシアの太平洋側に目を向けると，日本列島とその周辺には，系統関係の定かでない言語が数多く集まっている。すなわち，日本語のほかに，アイヌ語，朝鮮語，その北方アムール下流域と対岸のサハリン島で話されているギリヤーク（別名ニヴフ）語，さらにその北方カムチャツカ半島からチュクチ半島にかけて分布するチュクチ・カムチャツカと呼ばれる小言語群がそれであり，またここからベーリング海峡を挟んでアラスカ，カナダの極北圏に拡がるエスキモー・アリュート諸語も同じように孤立した小言語群である。

　アフリカとユーラシアの大部分の言語が比較的少数の語族にまとめられるのに対して，残りの地域，すなわちオセアニアのニューギニアとオーストラリア，そして南北アメリカ大陸では，言語の分布とその系統関係はかなり様相を異にする。これらの地域では，アフリカやユーラシアに見るような広域に分布する大語族の存在は稀で，日本列島とその周辺部のように，系統的に孤立した言語や小言語群が比較的狭い地域に密集するという状況がむしろ普通である。たとえば，白人到来前におそらく 500 以上を数えた北米の先住民諸言語は，そのおよそ 3 分の 2 がロッキー山脈以西に位置し，その中でも特にカナダのブリティッシュ・コロンビアからカリフォルニアに至る太平洋沿岸部の比較的狭い帯状の地域は，孤立的な小言語の密集地帯として知られている。同じような小言語の密集は，アンデスの一部を除く南米大陸の大部分，ニューギニアの内陸部，オーストラリアではキンバレリーズ高原からアーネムランドに至るこの大陸の北西部にも見られる。このように，言語の分布や系統関係の在り方は，アフリカ・ユーラシアとそれ以外では大きく異なり，日本語のような系統的に孤立した言語の存在は，アメリカ大陸やオセアニアではむしろ常態といってよい。これはなぜだろうか。

　一般に，二つまたはそれ以上の言語が同系とされるのは，それらの言語の文法構造や基礎的語彙の中に何らかの類似が認められ，しかもその類似が単なる偶然や借用によるものではないことが確認された場合である。比較言語学で特に重視されるのは，基礎的な語彙や形態素に見られる類似性である。真に同系関係にある言語間では，そのような要素は単なる見かけ上の類似ではなく，「音法則」と呼ばれるような規則的な対応をなして現れる。これが「同源語」と呼ばれるもので，この種の同源語の共有が言語間の同系性の最も有力な証拠とされる。しかし，同系関係にある言語間には常にのこのような同源語の存在が確認できるかというと，決してそうではない。人間の血縁関係と同じように，言語間の同系関係も時の経過と共に薄れていくからである。この事実を最もはっきり示してくれたのは，今から半世紀近く前に歴史言語学の新しい方法として登場した言語年代学である。その基本的な想定によれば，どんな言語にもほぼ共通する「基礎語彙」は，時代の変化に対して比較的安定性が高く，しかもその変化の速度がほぼ一定している。この方法を初めて提唱したスワデシュによれば，基礎語彙の残存率は，200 語規模の場合，千年につき概略 81 ％（つまり消失率で 19 ％）とされた。ここから逆に，同系関係にある（と見られる）言語間で共有された基礎語彙の割合を基にして，言語間の同系性の度合い，すなわち共通の祖語から分岐した後の年代が算定できると考えられた。

　言語年代学の基本的想定にはいろいろな問題が含まれているけれども，言語の同系性の一番の拠り所とされる基礎語彙が時と共に失われ，それによって必然的に同系関係そのものが希薄になるという事実を明確な形で示した点で，重要な意味がある。つまり，語彙項目や形態素の類似に手掛りを求める伝統的な比較言語学の手法には，明らかに限界がある。スワデシュの算定式によれば，基礎語彙の共有率は分岐後 6 千年で 10 ％を切り，1 万年でほとんどゼロに近づく。一方，言語間で意味と音形が偶然に類似するいわゆる「擬似語」は，どんな言語でも 5 ％位は必ず見られ，基礎語彙の共有率が 10 ％を割るような場合には，真の同源語と見かけだけの擬似語を区別することがほとんど不可能になる。具体的には，比較方法によってたどれる言語間の同系関係は，せいぜいで 5 〜 6 千年の年代幅に限られる。比較方法に限らず，従来の歴史言語学の方法では人類の言語史を 1 万年を超えるような過去まで遡ることは到底できないのである（詳しくは（松本

1996：14 ff.）参照）。

　ところで，近年目覚ましい進展を見せる遺伝子系統論の分野では，遺伝子多型の分析を通じて人種，民族，種族といった様々なヒトの集団間の遺伝的な距離を測定し，それに基づいて世界の諸集団間の系譜的関係を明らかにしようとする試みが盛んである（例えば，Cavalli-Sforza et al. 1994, Brenner & Hanihara 1995）。このような研究の中でとりわけ注目を浴びたのは，母親だけを通じて遺伝するミトコンドリア DNA の系統をたどって，現代人類のすべての遺伝子が今から 15 万年ほど前のひとつの共通の祖先（いわゆる「ミトコンドリアのイブ」）に遡ることが明らかにされたことである。同じような結論は，男性だけから伝わる Y 染色体遺伝子の分析からも導き出されるという（Cavalli-Sforza 2000：80 f.）。かつて古典的な人類学で，ニグロイド，コーカソイド，モンゴロイドというようないわゆる人種の起源は，百万年の奥行きをもつ原人段階まで遡り，人種間の隔たりはきわめて深刻なものと見られてきたが，最近の遺伝子系統論はこのような定説を完全に覆し，現代型人類の起源と地球上におけるその拡散は，10 万年前後の年代幅で計られるという可能性がきわめて高くなった。

　最近の遺伝子系統論におけるこのような知見は，言語学にとっても重大な意味をもっている。まず第一に最近ようやくその研究が本格的になった人類言語の普遍的特性というものが，単に理論上の推定ではなく，人類言語の共通遺産という形で歴史的に位置づける可能性が出てきたことであり，さらにまた，現代人類のミトコンドリア DNA の共通起源が突き止められたのと同じように，現在地球上で話されているあらゆる言語が，従来の語族という枠を超えて，単一の起源，いうなれば「人類祖語」というようなものに遡り，その基本的な性格を輪郭づける，つまり人類祖語の再建というような試みも全くの夢物語とは言えなくなったことである。このような形で構想された人類言語史の枠組みから眺めると，これまで諸言語の系統的区分における最大の単位とされてきた語族というものは，年代的にそれほど奥行きの深いものではなく，おそらく 10 万年に及ぶ人類言語史の全体から見れば，ごく最近の産物にすぎないと言わなければならない。

　実際に，これまで研究が比較的行き届いているインド・ヨーロッパ語族，ウラル語族，オーストロネシア語族，シナ・チベット語族などユーラシアの主要な語族について見ると，それらの推定された祖語の年代は，大体今から 5 〜 6 千年前

あたりのところに落ち着くようである。これは先に述べた比較方法によって遡り
うる言語史のほぼ上限の数値に近いものであるが，同時にまた，人類史の中で，
このような大規模な語族を生み出しうる社会的・経済的諸条件の出現した時期と
ほぼ一致している。つまり，現代型人類の出現以降，その歴史の大部分を占めて
きた長い氷河期が終り，今から1万年あまり前に始まった地質学上完新世と呼ば
れる温暖な後氷期に入ってから，農耕，牧畜そして金属器の使用によって特徴づ
けられるいわゆる新石器革命がアフリカやユーラシアの各地で本格的に始まった
のがこの時期である。人類史上に画期的なこの技術革新は，これらの地域に急速
な人口増加をもたらし，これによって一部の集団の急激な膨張とそれに伴う居住
地の移動，拡張が行われた。アフリカやユーラシアに出現した大規模な語族の出
現は，このような農耕・牧畜の発達と密接に結びついている。とすれば，逆にオ
アセアニアやアメリカ大陸でこのような大語族が比較的稀なのも自ずから理解で
きよう。あらゆる人類集団が何万年もの間続けてきた狩猟・採集に依存する農耕
前の社会では，たとえば近年までの北米北西海岸やオーストラリアで見られたよ
うに，同じ言語を話す集団の規模は数百人から多くても数千人程度であり，自然
資源に恵まれた環境ではこのような言語集団が比較的狭い地域に密集するという
状況が現れる。これらの言語集団は相互に接触を続けながら長期にわたって共存
し，その間にゆるやかな分岐と収束を繰り返す。このような場合，言語間の関係
はシュライヒャー流の系統樹で表されるような単純な枝分かれの図式では捉えら
れない。ニューギニア内陸部，オーストラリア北西部，北米太平洋岸の諸言語の
系統関係が明確に捉えられないのは，農耕前の社会における言語のむしろ自然な
在り方に由来しているのである。

　日本語の系統が不明であり，従来の語族という形での帰属ではどこにも分属で
きないということは，すでに述べたように，日本語の系統関係が比較方法で手の
届く5～6千年という年代幅を超えているからである。見方を変えれば，日本語
やその周辺の諸言語は，今から5～6千年前以降に出現した新しい大規模語族の
拡散によってユーラシアの内陸部ではほとんど失われてしまった古い言語層の数
少ない，その意味でまた貴重な生き残りと見ることもできる。言語のこのような
年代的に奥行きの深い系統ないし親縁関係は，どのような方法で探り出すことが
できるだろうか。

●2　言語の遠い親族関係と類型地理論

　前述の言語年代学で問題となったような千年で20％近い基礎語彙の消失率というのは，遺伝子の変異によって起こる遺伝子情報の変化に比べるとおよそ2千倍の速度だという（Nei 1995：76）。語彙レベルでの言語変化がいかに目まぐるしいものであるかここからも推察できよう。日本列島で縄文時代が始まったのは今から1万年以上前とされる。日本語の歴史がもしこの時代まで遡るとすれば，その発祥を探るためには，このような語彙レベルの情報はほとんど役立たない。

　以下に述べるのは，筆者がここ数年来，比較方法とは全く違った角度から日本語の系統を探るために試みてきた「言語類型地理論」的なアプローチのごくあらましである（その最初の試みとして（松本 1994）を参照）。ここで扱われるのは，手近な語彙項目や表面的な形態・統語構造ではなく，言語のもっと内奥に潜み，しかもそれぞれの言語の基本的な骨組みを決定づけるような言語特質，話し手の認知の在り方や言語によるそのカテゴリゼーション，言語のいわば遺伝子型に相当するような特質である。これは広い意味で言語の類型特徴といってよいものであるが，そのような言語特徴の地理的，語族的な分布を文字通りグローバルな視野から眺め，それによって日本語が世界言語の中でどのように位置づけられるかを明らかにしようとする。それは世界言語における日本語の単に類型論的な位置づけではなく（たとえば松本1987），人類言語史という大きな枠組みの中で日本語を系統論的に位置づけることを意図するものである。

〔1〕流音のタイプ

　まず最初に音韻面から，日本語のラ行子音すなわち「流音」の現象から始めよう。

　流音と呼ばれる言語音は，通常，側面音とr音という二つの音種が分けられる。たとえば，英語をはじめヨーロッパのすべての言語は，この音に /l/ と /r/ という少なくとも2種類の音素を区別する。一方，日本語にはラ行子音と呼ばれる音は1種類しかなく，これは日本語の著しい特徴とされてきた。しかし，この特徴は決して日本語だけに限らない。

　ここでは，流音のこのような区別に着目して，側面音とr音を区別するタイプ

を「複式流音型」，区別しないタイプを「単式流音型」，そして，比較的稀である
が，自立の音素として流音をもたないタイプを「流音欠如型」と名付けることに
しよう。

　このような流音のタイプが世界言語全体の中でどのような現れ方をするか。そ
れを概略すると次のようになる。

> 　流音のタイプを含めて，以下で扱う類型的特徴の地域・語族的分布の詳細については，
> 本章末の【類型特徴の地域・語族的分布】（別表1および別表2）を参照されたい。この
> 表中で＋は問題の特徴が存在することを，－は存在しないことを，±は同じ語族の中に両
> 者が共存することを示している。なお，北米および南米の諸言語は，それらを完全に網羅
> するわけではなく，とくに南米では主要な語族ないし言語群だけが挙げられている。また
> ここでは割愛したが，世界言語分布図および各類型特徴の世界言語における分布図につい
> ては（松本 2000 b：116-135）を参照されたい。

　まず複式流音型は，アフリカ北部からユーラシア内陸部に及ぶ広大な地域をほ
ぼ全面的に覆っている。これに属する語族ないし言語群は，アフリカでは，ナイ
ル・サハラとアフロ・アジアの2大語族，ユーラシアではインド・ヨーロッパ，
ドラヴィダ，ウラル，チュルク，モンゴル，ツングースの諸語族，そのほかに，
すべてのコーカサス諸語，そしてシュメール語その他ユーラシア内陸部の古代お
よび現代の大部分の系統的孤立言語である。また主要な諸語族における複式流音
の出現率はほぼ100％に近く，内部的なタイプの違いは，ごく一部の例外を除い
て，全く見られない。なお，アフリカからユーラシアに及ぶこの広大な言語圏以
外で，複式流音型が現れる大きな言語圏は，オセアニアにおけるオーストラリア
だけである。

　それに対して単式流音型が現れるのは，ユーラシアではその太平洋沿岸部であ
る。その分布を地図上で眺めると，北はチュクチ・カムチャッカ半島からロシア
領沿海州を経て朝鮮半島，そこから中国大陸を横切って南はインドのアッサム地
方に延びる線のほぼ東側が単式流音型の言語圏を形作っている。これに属する言
語ないし言語群は，北の方からチュクチ・カムチャッカ諸語，ギリヤーク語，ア
イヌ語，日本語，朝鮮語，アムール下流域から沿海州に拡がる一部のツングース
語，中国語，チベット・ビルマ諸語のほぼ東のグループ，ミャオ・ヤオ，タイ・
カダイ，オーストロネシア，オーストロアジアの諸言語である。ただし，オース
トロネシア諸語と（オーストロアジア語族の中の）モン・クメール諸語はその内

部に複式流音と単式流音の両者が入り交じり，表面的にはかなり複雑な様相を呈
している。

　ユーラシアの太平洋沿岸部を特徴づけるこの単式流音型言語圏は，さらにベー
リング海峡を越えてアメリカ大陸へと拡がり，北から南までこの両大陸は，一部
の地域を除いて，単式流音型の最も大きな言語圏を作っている。この中で，特に
中米と南米のアンデス地域には表面的に複式流音型と見られる言語が数多く現れ
るけれども，これらの多くは長期にわたるスペイン語との接触によってもたらさ
れたもののようである。

　最後に，流音欠如型と見られる言語は，世界言語の現状で見る限り，非常に稀
である。それが比較的多く見られるのは，オセアニアではニューギニアを中心と
するパプア語圏，アフリカでは南アフリカのコイサン語圏，そして一部のニジェ
ル・コンゴ諸語である。ちなみに，再建されたバントゥー祖語には流音が欠ける
ようである。ほかにアメリカ大陸にも流音欠如型は散発的に現れるけれども，と
くにまとまった分布域は認められない。

　このように，流音タイプの地理的分布は，けっして恣意的ではなく，きわめて
興味深い形で世界の諸言語を区分していることがわかる。すなわち，ユーラシア
を中心に眺めると，そこには複式流音型に属するユーラシア内陸部と単式流音型
に属する太平洋沿岸部という二つの大きな言語圏が明確に区別できる。さらに前
者は，アフリカ北部を併合して「アフロ・ユーラシア」的な広がりを見せるのに
対して，後者は，南北アメリカ大陸とつながっていわば「環太平洋」的な広がり
を見せる。この事実は，世界言語における日本語の位置づけにとってきわめて重
要な意味をもっている（流音の地理的分布に関して詳しくは（松本　1998 b）を
参照）。

〔2〕形容詞のタイプ
　次に取り上げるのは，形容詞の品詞的タイプである。通常形容詞と呼ばれる語
類は，人や物の形状，性質，状態などを表すものであるが，その文法的な振る舞
いや品詞としての位置づけは言語によって異なる。つまり形容詞は，名詞と動詞
というおそらくどんな言語にも存在する基本的な二つの品詞の中間的な存在で，
この二つの主要品詞に対して全く対等な第三の品詞として扱われるよりもむし

表7.1

ギリシア・ラテン文法	
名詞（nomen）	実名詞（nomen substantivum） 形容詞（nomen adjectivum）
動詞（verbum）	

日本文法（大槻文彦『広日本文典』1897）	
用言	作用言（＝動詞） 形状言（＝形容詞）
体言	（＝名詞）

ろ，言語によってあるいは名詞の下位類として，あるいは逆に動詞の下位類として位置づけられるのが普通である。たとえば，表7.1 を参照されたい。

　ここでは，ギリシア語，ラテン語のように形容詞を名詞の下位類かあるいは名詞に近い語類として扱うタイプを「形容詞体言型」，日本語のように形容詞を動詞の下位類かあるいは動詞に近い語類として扱うタイプを「形容詞用言型」と名付けよう。

　世界諸言語におけるこのような形容詞タイプの分布を眺めると，それは先に見た流音タイプの分布と驚くほどの一致を示している。すなわち，形容詞体言型は，複式流音型と同じように，アフリカ北部からユーラシア内陸部のほぼ全域を覆い，それに対して形容詞用言型は，単式流音型と同じように，北はチュクチ・カムチャツカ半島から南はインドのアッサム地方のあたりへ延びる線の太平洋側に集中する。すなわち，形容詞用言型に属する言語または言語群は，チュクチ・カムチャツカ諸語，ギリヤーク語，アイヌ語，日本語，朝鮮語，中国語，ロロ・ビルマ諸語を中心とするチベット・ビルマ語族の東部群，ミャオ・ヤオ諸語，タイ・カダイ諸語，オーストロアジア諸語，オーストロネシア諸語である。そしてユーラシアの太平洋沿岸部の形容詞用言型のこの言語圏は，エスキモー・アリュート諸語を介してアメリカ大陸へとつながり，ここに文字通り環太平洋的な拡がりを見せている。なお，オーストラリアは，その流音タイプと同じように，オセアニアでは独自の形容詞体言型の言語圏を作り，一方，アフリカのサハラ以南のニジェル・コンゴ語族とニューギニアのパプア諸語は，ほかの言語でほぼ形容詞に当た

る語類が，見たところ，一部は動詞，一部は名詞に完全に分裂して，そのタイプ
を判別しがたい場合が少なくない。

　なお，形容詞のこの特徴は文法体系のきわめて基本的な骨格に関わるものだけ
に，他言語の影響にさらされやすい流音特徴に比べて，語族内部でのその分類は
はるかに均質である。ただしチベット・ビルマ諸語は，流音特徴と同じように，
見たところその内部が東西で大きく割れ，カレン語やロロ・ビルマ諸語は，中国
語と同じように，明らかに形容詞用言型に属するけれども，チベット語やヒマラ
ヤ西部の諸言語は必ずしも用言型とはいえない。一方，チュルク，モンゴル，ツ
ングースを含むいわゆるアルタイ諸語は，全体として，形容詞体言型の言語圏に
属し，この点で日本列島周辺の用言型言語とは明確な一線を画している（形容詞
のタイプとその地理的分布に関して詳しくは（松本 1998 a）を参照）。

〔3〕 名詞の数と類別

　名詞の数カテゴリー　　　英語，ドイツ語などヨーロッパのすべての言語は，名
詞に少なくとも単数と複数の区別があって，いわゆる可算名詞では，有生名詞と
無生名詞を問わず，単数・複数の区別が義務的である。一方，日本語では「男た
ち」「犬ども」「人々」など指示物の複数性を表すいろいろな表現手段があるけれ
ども，それは必要に応じて随意に使われるだけで，文法上義務的なカテゴリーと
して確立されていない。このように，名詞に文法的に義務化された数のカテゴリ
ーをもつ言語とそれをもたない言語は，世界言語の中でどのような分布を示すだ
ろうか。

　数カテゴリーに関する二つのタイプの現れ方は，上述の流音特徴および形容詞
タイプのそれと完全に重なるわけではないけれども，ある程度類似した分布を見
せる。すなわち，義務的な数のカテゴリーをもつ言語圏は，アフリカのほぼ全土
からユーラシアの大部分を占め，さらに，チュクチ・カムチャツカからエスキモ
ー・アリュートを経て北米の東北部（主としてアルゴンキン諸語）にまで及んで
いる。一方，名詞に義務的な数カテゴリーを欠如する言語は，ユーラシアではや
はり太平洋沿岸部に集中する。ただし流音タイプ，形容詞タイプの分布とはやや
異なり，北方では，環日本海域のギリヤーク語，アイヌ語，日本語，朝鮮語はこ
のタイプに属するけれども，チュクチ・カムチャツカ諸語はこれに入らない。一

方，南北アメリカ大陸は，北米東部および南米アンデスの一部を除いて，ほぼ全面的に義務的な数カテゴリーを欠如する言語圏を作っている。

　全般的にいうと，数カテゴリーをもつ言語圏は，複式流音および形容詞体言型言語圏よりやや広い分布圏を作り，アフリカではサハラ以南，ユーラシアではシベリヤからさらに北アメリカの東部まで分布を拡げている点が注目される。

　名詞の類別タイプ　　次に，名詞に数のカテゴリーと密接に結びついた文法現象として，指示物の何らかの意味的カテゴリーに基づく類別がある。たとえば，ドイツ語やロシア語などで名詞は「男性」「女性」「中性」という三つの類に分かれる。伝統的な西洋文法で「性（gender）」と呼ばれる文法カテゴリーは，このような名詞類別の一種にほかならない（文法用語としての gender は，ラテン文法の genera に由来し，本来は単に「類」の意味である）。一方，日本語の名詞には性に相当する文法カテゴリーは存在しない。その代わり，日本語で物を数えるときは，人間ならば「ひとり」「ふたり」，動物ならば「一匹」「二匹」，本ならば「一冊」「二冊」というように，指示物の種類によって違った数え方をする。数詞に添えられるこのような形式は，国文法で助数詞と呼ばれ，もっぱら数詞とだけ用いられるが，中国語やヴェトナム語，タイ語などでは，数詞だけでなく指示詞にもこのような形が添えられる。

　ここでは，性のように名詞自体を文法カテゴリーとして直接に類別するタイプを「名詞類別型」，それに対して，数詞や指示詞に伴って指示物を間接的にカテゴリー化するタイプを「数詞類別型」と呼ぶことにする。

　名詞類別型にもさまざまな変種があって，その代表的なタイプは，「男性」「女性」という自然性に基づく2項型あるいはそれに「中性」を加えた3項型で，前者はセム語をはじめとするアフロ・アジア諸語，後者はインド・ヨーロッパ諸語に数多く見られる。ユーラシアでこのような名詞類別をもつ語族ないし言語群は，セム語とインド・ヨーロッパ諸語のほかに，コーカサス諸語とドラヴィダ諸語があり，それ以外ではブルシャスキー語とイェニセイ川流域のケット語だけである。この中で，西コーカサス諸語は人間・非人間の2類，ドラヴィダ語は男性・女性・中性（＝非人間）の3類，東コーカサス諸語は有生・無生ないし人間・非人間を基盤としてそれに男性・女性の区別，動物と非動物，さらに高等動物と下等動物の区別などが加わり，少なくて3項，多ければ8項型の体系が現れる。

アフリカは，世界言語の中で名詞類別型が最も優勢な地域であるが，ここでは
そのタイプの違いと語族の区別が密接に関係している。すなわち，北部のアフ
ロ・アジア諸語と南部のコイサン諸語は，男性・女性の区別に基づくいわゆる
「性」，それに対して中央部を占めるニジェル・コンゴ語族は，バントゥー諸語に
典型的に見られるような，人間・非人間を基盤として，その非人間の部類に動物，
植物，道具，自然物などさまざまな下位区分を設けるいわゆる「クラス」言語で
ある。一方，このニジェル・コンゴとアフロ・アジア語族の間で複雑な分布を見
せるナイル・サハラ諸語は，一部の言語を除いて，アフロ・アジア的な性もバン
トゥー的なクラスも欠いている。

　アフリカ，ユーラシア以外でこのような名詞類別は，オーストラリア原住民語
とニューギニアのパプア諸語に数多く見られる。一方，アメリカ大陸でこのよう
な名詞類別は比較的珍しく，とくに北米でこの種の類別をもつ言語は，東部のア
ルゴンキン，カイオワ・タノアおよび一部イロコイ諸語などに限られ，しかもこ
れらはすべて有生・無生の2項体系である。

　名詞類別型と同じように，数詞類別にもその意味的な分類原理にはさまざまな
タイプがある。しかし一般的に，分類の根底にあるのは，有生と無生，あるいは
むしろヒトとモノの区別で，これを土台としてさまざまな下位区分が加わり，言
語によっては非常に複雑かつ精緻な類別システムが作り上げられる。

　日本語の助数詞は，日本語の固有数詞と漢数詞の体系が入り交じって複雑な様
相を呈しているが，アイヌ語のそれはきわめて単純で，ヒトとモノを区別する2
類別である。これと同じ最小体系は，台湾の高砂族，フィリピンやポリネシアの
一部の言語，北米北西部のネズパース語などに見られる。一方，環日本海域でア
イヌ語に隣接するギリヤーク語の数詞類別はもっと複雑で，人間，動物以外のモ
ノの世界に対して複雑な区別があり，全部でおよそ26種の類別が行われている。

　さて問題は，このような名詞類別型と数詞類別型の地理的分布であるが，概略
的に言うと，名詞類別型は，一部の例外的ケースを除いて，先に述べた名詞に数
カテゴリーをもつ言語圏の中の下位群として，一方数詞類別型は，名詞に数カテ
ゴリーを欠如する言語圏の中の一部として現れる。

　ここでは特に数詞類別型について見てみると，ユーラシアではこれもやはり太
平洋沿岸部に集中し，南方では，中国語，ミャオ・ヤオ，タイ・カダイ，オース

トロアジア（ただしムンダ諸語を除く），そして大部分のオーストロネシア諸語がこれに属する。なお，チベット・ビルマ諸語はこの特徴に関してもいわば境界領域を形作り，東のグループに属するカレン語やロロ・ビルマ諸語には数詞類別が見られるが，チベット語やヒマラヤ西部の諸言語，また中央部のカチン語にはそれが欠けている。数詞類別に関してもうひとつの境界領域はインド東部で，ここではマガディーと呼ばれる中期インド語に発祥するベンガル語，アッサム語，オリヤ語などに数詞類別が現れ（これらの言語は，一方ではまた性と義務的な数のカテゴリーを失っている），ここからさらに一部のムンダ語，ドラヴィダ語にこの現象の波及が見られる。インド東部のアーリア語に数詞類別をもたらしたのは，おそらくガンジス流域の古いオーストロアジア的基層語の作用ではあるまいか。

　一方北部太平洋沿岸部では，数詞類別型の分布は，単式流音型および形容詞用言型のそれより狭く，環日本海域がその北限である。すなわち，数詞類別は日本語，朝鮮語，ギリヤーク語，およびアイヌ語に限られ，チュクチ・カムチャッカとエスキモー・アリュート諸語にこの現象は見られない。またアメリカ大陸では，数詞類別の分布はもっと局限されている。すなわち，現在判明している限りで，この現象は北米の北西海岸（およびその後背地）からカリフォルニア，そこからやや飛んでメソアメリカ，そして南米の一部地域に限られる。これに属する言語群は，ワカシュ，セイリッシュ両語族を中心とする北西海岸および台地のほとんどすべての言語，カリフォルニアの「ペヌート」および「ホカ」大語群に含められる一部の言語，そして中米のマヤ諸語とその周辺諸語，そこから南に移ってチブチャ，トゥカノ，アラワクなどアマゾンを含む南米北部の諸言語である。ちなみに，北米ではロッキー山脈より東側には数詞類別型の言語は全く見られない。

●3　太平洋沿岸言語圏と環日本海諸語

　以上，日本語の基本的骨格を形作ると見られるいくつかの類型特徴について，世界言語全体の視野からその地理的，語族的な分布を概観した。ここから日本語が世界言語の中でどのように位置付けられるか，あるいはその中のどのような部分とより親近な関係で結ばれるかについて，ある程度の見通しが得られたと思

う。

　まず視点をユーラシアに限れば，その諸言語の全体はユーラシアの内陸部と太平洋沿岸部という二つの大きな言語圏に分けられ，日本語はまぎれもなく太平洋沿岸言語圏の一員として位置づけられる。

　内陸言語圏を特徴づけるのは，複式流音，体言型形容詞，名詞の数カテゴリーおよび名詞類別（gender）であり，それに対して太平洋沿岸言語圏は，単式流音，用言型形容詞，名詞の数カテゴリーの欠如，および数詞類別である。そしてこの二つの言語圏は，内陸部はアフリカ大陸とつながって，「アフロ・ユーラシア」的な拡がりを見せ，沿岸部はベーリング海峡を越えてアメリカ大陸とつながり，ここに「環太平洋」的な拡がりを作っている。

　太平洋沿岸部を特徴づけるこれらの言語特徴がアメリカ大陸にまで広がっていることは，単なる偶然とは決して考えられない。おそらくそれらは，アメリカ先住言語の担い手がユーラシアのこの部分からアメリカ大陸へともたらした言語遺産の一部と考えてよいだろう。とすれば，このような言語特徴およびそれによって特徴づけられる言語圏の形成は，今から1万年以上前の最終氷期，アメリカ大陸がベーリンジア陸橋によってアジアと完全に地続きとなっていた考古学上「後期旧石器時代」と呼ばれる時期まで遡ると見なければならない。

　しかし，このように環太平洋的な拡がりをもつ太平洋沿岸言語圏は，ユーラシア諸言語のきわめて大まかな区分であって，その内部はけっして均質とは言えない。そこには少なくとも「南方群」と「北方群」という2つの下位群を区別する必要がある（本章末の別表1最右欄参照）。すなわち，南方群は中国から東南アジアに及ぶ広大な地域を占め，語族として，ミャオ・ヤオ，タイ・カダイ，オーストロアジア，オーストロネシア，そして中国語を含むシナ・チベット語族の一部をその中に包摂する。それに対して北方群は，日本列島を含む北太平洋の沿岸部で，ここには南方群に見られる大規模な語族は見られず，すでに述べたように系統不明の孤立的な言語または小言語群が集っている。この中で特に，日本語，朝鮮語，アイヌ語，ギリヤーク語は，とりわけ数詞類別特徴の共有によって，極北のチュクチ・カムチャツカ諸語やエスキモー・アリュート諸語とは別個のひとつのまとまった言語圏を作っている。

　日本海を囲んで連環のような分布を見せるこの言語群をここでは「環日本海諸

語」と呼ぶことにしたい。この言語群は，もちろん通常の意味での語族とは同一
視できないけれども，すでに述べたように，年代的にきわめて奥行きの深いとこ
ろでつながる可能性が高い。その年代は，具体的には，もちろん日本の縄文以前，
日本列島がまだ大陸の一部をなして，日本海があたかも内海のような様相を呈し
ていた時代である。

　このようにして輪郭づけられた環日本海諸語は，以上の諸特徴で見る限り，た
しかにひとつのまとまりを作っているが，その内部をもっと身近に眺めれば，も
ちろんさまざまな違いが認められる。それは，単に基礎語彙における深甚な隔た
りにとどまらず，言語構造のさまざまな面にわたっている。とりわけ，同じ日本
列島で隣接する日本語とアイヌ語の間にはそのような言語差が著しく，これまで
両言語の系統関係に関して大きな否定材料とされてきた。以下，この問題と関連
して，同じ言語圏の中で違った現れ方をするいくつかの興味深い言語現象を取り
上げてみたい。

〔1〕動詞の人称標示
　ここで人称標示というのは，動詞の活用形態の中に組み込まれた動詞の役柄
（主語や目的語など）に関わる標識である。日本語や朝鮮語の動詞にはこのよう
な人称標示が全く欠けているが，たとえばラテン語やトルコ語の動詞活用を見る
と，表7.2のようになっている。

　このように，ラテン語やトルコ語では，他動詞，自動詞を問わず，動詞の「主
語」にあたる人称だけが動詞活用の中に取り込まれている。

　これに対して，たとえばアイヌ語の動詞活用は表7.3のようになっている（金
田一　1931＝1993：257）。

表7.2

ラテン語	トルコ語	日本語
ama-ba-m	sev-di-m	（私が）愛し−た
ama-ba-s	sev-di-n	（君が）愛し−た
ama-ba-t	sev-di-Ø	（彼が）愛し−た
ama-ba-mus	sev-di-k	（我らが）愛し−た
ama-ba-tis	sev-di-niz	（君らが）愛し−た
ama-ba-nt	sev-di-ler	（彼らが）愛し−た

表 7.3

ku-i-kore「我―あなたに―与える」	i-kore-an「我ら―あなたに―与える」
e-en-kore「汝―我に―与える」	echi-en-kore「汝ら―我に―与える」
a-en-kore「あなた―我に―与える」	a-en-kore「あなた方―我に―与える」
e-un-kore「汝―我らに―与える」	echi-un-kore「汝ら―我らに―与える」
a-un-kore「あなた―我らに―与える」	a-un-kore「あなた方―我らに―与える」

　このように，アイヌ語では主語だけでなく目的語の人称も活用組織の中に取り込まれていることが分かる（この活用形の中には，「汝我に〈それを〉与える」の〈それを〉に当たる「3人称直接目的語」もゼロ形態として標示されている）。

　このような人称標示の形態的な現れ方は，アイヌ語の人称接辞のようにきわめて透明な接辞法によるものもあれば，動詞語幹と人称標示，あるいは主語人称と目的語人称が完全に融合して，意味と形の対応が全く不透明になっている場合などさまざまである。ここではこのような形態法上の細部には関わりなく，ラテン語やトルコ語のように，動詞活用の中で主語人称だけを標示するタイプを「単項型主語人称標示」，略して「単項型人称標示」，主語以外の目的語その他の人称も標示するタイプを「多項型人称標示」，また，日本語のように，動詞活用の中で主語，目的語を問わず人称を全く標示しないタイプを「人称無標示型」と呼ぶことにする。

　ちなみに，アイヌ語のような多項型人称標示はかつて「多総合または輯合語」と呼ばれた言語タイプと密接に関わり，またこの点でアイヌ語は日本語などとは根本的に言語構造を異にすると見られてきた。

　さて，世界諸言語におけるこのような人称標示の地理的，語族的な分布を見ると，きわめて興味深い事実が明らかとなる。

　まず，単項型人称標示は，複式流音型および形容詞体言型と同じように，アフリカ北部からユーラシア内陸部の諸言語に集中して現れるが，その全部ではない。このタイプと見られる言語群は，ユーラシアではセム，インド・ヨーロッパ，ドラヴィダ，ラウル，そしてアルタイ諸語という内陸部の主要な語族だけである。それに対して，バスク語，ケット語，ブルシャスキー語，コーカサス諸語（ただし東コーカサス諸語を除く）など，系統的に孤立した諸言語は，ほとんどすべて多項型人称標示のタイプに属し，またシュメール語に代表される古代オリエント

のいくつかの孤立言語も，同じタイプだったと見られる。

　次に，太平洋沿岸部について見ると，ここには典型的な単項型人称標示はほとんど現れない。この地域で最も優勢なのは人称無標示のタイプで，中国から東南アジアを含むその中心部に大きな拡がりを作っている。そしてその周辺部に，多項型人称標示がごく散発的な形で現れる。すなわち，北方ではチュクチ・カムチャッカ諸語，アイヌ語（および部分的にギリヤーク語），南方では，ヒマラヤから中国南西部にかけてチベット・ビルマ諸語の中のいわゆる「代名詞化言語」，東部インドのムンダ諸語，そしてインドネシア東部からミクロネシアに分布する一部のオーストロネシア諸語である。

　このように，多項型人称標示は，ユーラシアの内陸部では地理的，系統的に孤立した諸言語に集中し，太平洋沿岸部では周辺部の諸言語に散在するだけで，その分布には全く連続性がない。それに対して，南北アメリカ大陸，オセアニアにおけるパプアニューギニアとオーストラリア，そしてサハラ以南のアフリカにおいては，多項型人称標示はきわめて広範な分布を見せ，とくにアメリカ大陸はこのタイプの最も優勢な言語圏となっている。世界言語におけるこのような分布を見れば，アイヌ語に見られるような多項型人称標示は，ユーラシアの中心部では失われた人類言語の古い特徴であり，一方，内陸部の大語族を特徴づける単項型人称標示と太平洋沿岸部の中心部に拡がる人称無標示型は，日本語や朝鮮語も含めて，いずれもこれらの地域に現れた比較的新しい時期の言語改新であるということが分かる。

　太平洋沿岸部の人称無標示圏の中心は，おそらく中国大陸である。ここからの伝播による人称標示の消失がもっとも明瞭に看取されるのは，ツングース語の中の満州語と女真語，モンゴル語の中の蒙古（文）語である。これらはいずれも中国語との接触によって本来もっていた"アルタイ的な"単項型人称標示を失った。ほかに，モンゴル系の言語では，中国青海省，甘粛省などに分布するモングオル語，パオアン（保安）語，ドンシャン（東郷）語なども人称標示を失っているが，いずれも中国語の勢力圏に取り込まれた言語である。

〔2〕名詞の格標示
　動詞の人称標示と密接に関連する文法現象として名詞の格標示がある。

　名詞の格標示の要とされるのは，他動詞のいわゆる主語と目的語の標示に関わるもので，日本語の「太郎が手紙を書く」の「が」と「を」がそれに当たる。このような格標示を接辞や接置詞などによる名詞の側での明示的な表現形態に限ると，諸言語における格標示のタイプは，大別して「対格型」，「能格型」，「中立型」の３つに分けられる。対格型は，日本語のように，自動詞の主語と他動詞の動作主を同じ格で，他動詞の目的語を特別の格（＝対格）で標示するタイプ，それに対して能格型は，バスク語やエスキモー語のように，自動詞の主語と他動詞の目的語を同じ格で，他動詞の動作主を別の格（＝能格）で表す。一方，中立型は，中国語のように，名詞の側で主語と目的語を形態的に区別しないタイプである。環日本海諸語について見ると，日本語と朝鮮語は対格型，アイヌ語とギリヤーク語は中立型ということになって，ここにもはっきりと違いが現れる。

　そこで，世界諸言語におけるこのような格標示の分布を眺めてみると，まず対格型は，アフリカ北部からユーラシア内陸部に集中して現れ，しかもその分布は先に見た単項型人称標示のそれとほとんど重なっている。それに対して，能格型の格標示は，世界言語の中の比較的限られた地域に散在し，ニューギニアとオーストラリアを含むオセアニア以外では能格型の大きな分布圏は見られない。

　対格型と能格型の分布に関して最も注目されるのは，ユーラシア内陸部である。すなわち，すでに見た中心的な主要語族はすべて対格型，それに対して，バスク，ブルシャスキー，ケット，シュメールその他の古代オリエント諸語，そして大部分のコーカサス諸語は能格型に属する。そして同じ特徴は北方ではチュクチ・カムチャッカとエスキモー・アリュート諸語，南方ではチベット・ビルマ諸語へと拡がっている。そしてこれらの能格型言語は，人称標示の面では一様に多項型人称標示を示している。このように見てくると，ユーラシア内陸部の言語圏は，その内部に，一方では単項型人称標示と対格型格標示によって，他方では多項型人称標示と能格型格標示によって特徴づけられる二つの言語群がはっきりと区別できる。前者は明らかにユーラシアの中心部に拡がった新しい大規模語族に属し，後者は周辺部に取り残された孤立的小言語群である（本章末別表１最右欄参照）。このように，ユーラシア内陸部には新旧二つの言語層がかなり明確な形で区別され，印欧語，ウラル語，アルタイ諸語などはこの新しい言語層の代表格と言ってよいだろう。ここに現れた新しい言語タイプとは，動詞の人称標示によってもっ

ぱら主語を表し，名詞の格標示によって目的語を明示するというもので，後のヨーロッパ諸語を特徴づけるいわゆる「主語優位型」の言語タイプはここに源を発している。

　一方アメリカ大陸には，対格型にせよ能格型にせよ，名詞の側で格を明示する言語は比較的稀であり，アイヌ語と同じように，多項型人称標示と中立型格標示の共存がここでは最も優勢である。それに対して，太平洋沿岸部の南方圏では，その中心部に人称無標示型と中立型格標示が大きく拡がり，中国語やタイ語に見られるようないわゆる孤立的形態法とそれと結びついた SVO 型語順が顕著であり，膠着的形態法と SOV 型語順をもつ北方圏と著しい対照を作っている。名詞・動詞におけるこのような形態法の欠如は，これらの言語における語の単音節化と複雑な声調の発達と不可分に結びつき，南方圏の中心部を特徴づける際だった地域特徴となっている。「単音節型声調言語」と呼ばれるこの言語タイプは，ユーラシア内陸部を特徴づける対格＝単項型人称標示型と同じように，この地域に現れた新しい言語タイプであり，その発生源はおそらく中国大陸の太平洋岸地域と見てよいかもしれない。

　ちなみに，太平洋沿岸部において明確に対格型の格標示を呈示する言語は，朝鮮語と日本語だけである。これは両言語における独自の内部発達というよりも，ユーラシア内陸部に現れた新しい改新波の沿岸言語圏へのひとつの波及と見るべきかもしれない。少なくとも日本語の場合，〈ヲ〉が対格の格助詞として確立されたのは，主格の〈ガ〉と同様，それほど古い時期までは遡らない。

〔3〕1 人称複数の包含・除外の区別

　環日本海域の内部で異なった現れ方をし，しかも世界的に興味深い分布を見せるもうひとつの言語現象として，1 人称複数に聞き手を含むいわゆる「包含形」とそれを含まない「除外形」の区別がある。環日本海域では，アイヌ語とギリヤーク語にこの区別が現れるのに対して，朝鮮語と日本語にはこの区別がない。ただし琉球の諸方言にはこのような区別が見られる。

　この現象は，ユーラシアの太平洋沿岸部とアメリカ大陸（ただしエスキモー・アリュートとナデネを除く）の諸言語に広く見られるものであるが，ひとつの語族ないし言語群のすべての言語が全体としてこの区別を保持するというケースは

稀である。東アジアの諸言語の場合，この区別が最も広範に現れるのはオースト
ロネシア語圏であるが，ここでももちろん区別をもたない言語が少なくない。シ
ナ・チベット語圏でも，中国語（ただし北京語を除く），チベット語，ビルマ語
といったこの語族を代表する主要言語にはこの区別が見られない。またオースト
ロアジア語圏でも，ムンダ諸語をはじめ多くの言語にこの区別が現れるのに，モ
ン・クメール語派を代表するモン語，クメール語にはこの区別が欠けている。

　太平洋沿岸言語圏で興味深いのは，この区別をもたない言語の多くがそれぞれ
の地域で文化的に有力な言語として位置づけられている点である。すなわち，こ
れらの言語は比較的早くから文字を所有し，また多かれ少なかれ複雑な敬語法を
発達させている。この敬語法は，話し手と聞き手の人称表現と密接に関わり，と
りわけ聞き手に対して話し手を低める「謙譲形」がその中心的な役割を演じる。
このような1人称の謙譲形は，聞き手と話し手を同じレベルで扱う包括形の使用
とは本質的に相容れない性格をもっており，これがおそらく，敬語法の発達した
言語で1人称複数の包括・除外の区別を消失させた大きな要因のように見える。
琉球では沖縄本島の首里方言にこの区別が見られないのも，おそらく敬語法の発
達と無関係ではない。また，中国語の北京方言に見られる比較的新しい包含形
（zán-men）の出現は，ツングース語の影響だけでなく，現代中国語における敬
語法の急速な衰退と関係しているかもしれない。

　1人称複数の包含・排除の区別に関してとりわけ興味深いのは，ユーラシア内
陸部におけるその現れ方である。すなわち，この言語圏の中で最も中心的と見ら
れるインド・ヨーロッパ語族，セム語族，ウラル語族，そしてアルタイ諸語の中
のチュルク語族は，いずれも語族ぐるみでこの区別を欠如している。それは，こ
れらの語族内で現在話されている言語だけでなく，それぞれの祖語の段階まで遡
っても，このような区別が存在した形跡が見られない。従ってこの現象は，比較
的新しい時期にこの地域で伝播したというものではなく，またもちろん敬語法な
どとも無関係であり，むしろ年代的に相当奥行きの深いところでこれらの言語を
つないでいるように見える。一方，アルタイ系と呼ばれる諸言語は，この特徴に
関して西のチュルク語と東のモンゴル，ツングース語との間で明確な一線を画し
ている点が注目される。

　1人称複数の包含・除外の区別は，諸言語におけるこの現象を仔細に見ると，

本来複数性とは関係なく，人称代名詞の基本的システムとして，通常見られるような1人称（話し手），2人称（聞き手），3人称（それ以外）という3項型ではなく，1人称，2人称，包括人称（＝1＋2人称数），3人称という4項的なシステムにその起源をもっているようである。しばしば4人称とも呼ばれるこのような包括人称は，単に1人称包含複数だけでなく，不定人称や一般人称としても用いられる。ところがこのようなシステムに数の区別が加わると，包括人称は単数とも複数ともつかない不安的な性格を帯びざるをえない。1人称複数における包含・除外という区別は，人称代名詞の中で単数・複数の対立が確立された言語における包括人称の一番普通の在り方であるが，これはシステムとして決して安定したものではない。世界諸言語の中で，この現象が全般に後退的な傾向を見せているのは，上のような4項的な人称システムが世界諸言語の人称代名詞において広く確立された数カテゴリー（つまり単〜複の対立）と相容れない面をもっているからであろう。ちなみに，上代の日本語では人称代名詞（「ワ」「ナ」など）に単数・複数の区別がまだ確立されていないようであるが，上述の包括人称に相当する形は，少なくとも文献資料では確認できない（ただし，上代語では1人称に「ア」と「ワ」が使い分けられており，「ワ」はおそらく古い包括人称であった可能性がある）。

〔4〕造語法の手段としての重複

最後に，ユーラシアの内陸部と太平洋沿岸部を隔てるもうひとつの興味深い特徴として，「重複（reduplication）」（または畳語）と呼ばれる言語現象がある。

語の一部または全体を反復させるこの現象は，擬声・擬態語や幼児語では人類言語にほぼ普遍的なものであるが，これを造語法上の手段として広範に役立てている言語は比較的限られる。また重複の現れやすい擬声・擬態語の使用頻度に関しても，言語間に大きな違いがある。日本語は，周知のように，擬声・擬態語と並んで重複が語彙・文法の両面できわめて重要な役割を演じている言語である。

日本語の重複は，例えば名詞では，「人々」「山々」「国々」「日々」「月々」「ときどき」「所々」のように，ものの複数，反復，配分などを表し，また形容詞語幹から，「赤い」→「赤々」，「黒い」→「黒々」，「高い」→「高々」，「軽い」→「軽々」のような強調・描写的副詞が作られる。さらに動詞では，「泣く泣く」

「ゆくゆく」「とびとび」「ちりぢり」など反復・継続の意味を担い，一方，「ねんね」「ぽんぽん」「（お）手手」「（お）目目」のような指小詞・愛称詞も派生される。ちなみに，日本語で動詞の重複は比較的稀であるが，中国語ではむしろ動詞に重複が頻用され（「看看」「去去」「想想」など），「ちょっと〜する」というような指小詞的（diminutive）な意味を担う。指小詞的な機能をもつ重複は，アメリカ北西海岸の諸言語にとりわけ際立っており，また重複によって指示物の複数性を表すのは，オーストロネシア諸語を中心に東南アジア諸言語の著しい特徴である。同じ現象はまた，アメリカ北西海岸からカリフォルニアにかけて分布する北米諸言語にも共通する。

　このような造語法の手段としての重複は，アフリカ，ユーラシア，オセアニア，アメリカ大陸のすべての地域に広く見られる言語現象であるが，その一方で，一部の周辺的な語彙を除いて，このような重複をほとんど使用しない言語圏があって，その分布が先に見た1人称複数の包含・除外を全面的に欠如する言語圏とほぼ重なり，アフリカ北部からユーラシア内陸部のほぼ全域にわたっている。ただし，その分布圏は，ユーラシア北部からアメリカ大陸北部にかけて，チュクチ・カムチャッカ，エスキモー・アリュート，ナデネ，そして東部海岸のアルゴンキン語族まで，亜北極のほぼ全域を包み込んでいる点で，複式流音や体言型形容詞のそれと異なっている。この点から見ても，チュクチ・カムチャッカ諸語とエスキモー・アリュート諸語は太平洋沿岸部ではやや特別の位置を占め，環日本海諸語とは別個の言語圏を作っているように見える。

　なお，ユーラシアにおける内陸部と太平洋沿岸部の言語差に関しては，ほかに母音調和の現象や親族名称におけるキョウダイ名のタイプなど興味深い現象があるけれども，紙数に限りがあるのでここでは割愛したい（松本 1998 c, 2000 c 参照）。

●4　むすび——在来の諸説に対する若干のコメント——

　以上略述したように，環日本海諸語の内部，とくに日本語とアイヌ語の間に見られる類型上の違いは，これらの言語の系統関係というよりもむしろそれぞれの言語特徴の属する年代的な相違に基づいているように見える。すなわち，全般的

にアイヌ語の構造的特徴は，環日本海諸語のおそらく最も古い様相を反映し，それに対して日本語と朝鮮語だけに共通する一連の言語特徴は，この地域に現れた比較的新しい時期の言語改新に由来すると考えられる。日本語と朝鮮語の著しい共通特徴としては，上に挙げた動詞における人称無標示，名詞における対格標示のほかに，たとえば，失われた人称標示の代償ともいえる動詞活用に組み込まれた敬語法，有標な主格標示（現代語の「ガ」，古代語の「イ」），いわゆる「ハ」と「ガ」の区別などがある。環日本海域において，このような特徴がどのようにして形成されたかという問題にここで深く立ち入る余裕はないが，おそらくそうした言語改新の一部は中国大陸から（人称無標示や敬語法），一部は北方ユーラシアから（対格標示），また一部は両言語だけの固有な内部発達によってもたらされた。またこのような言語特徴が形成された時期は，おそらく日本列島における弥生時代の幕開け以降と見てよいだろう。

　最後に，これまでの考察から導かれた結論を踏まえ，これまで諸学者によって提起されてきたいくつかの日本語系統説に関して若干のコメントを加えておきたい。

　まず，20世紀の半ば過ぎまで日本の学界で最も有力視された日本語を「（ウラル・）アルタイ語」の一員と見る説は，アルタイ説そのものの可否とは別に，きわめて疑わしい。すでに見たように，ウラル諸語やアルタイ系諸言語は，その基本的性格から見て明らかにユーラシア内陸部の言語圏に属し，環日本海諸語を含む太平洋沿岸言語圏とははっきり異なっている。これまで多くの日本語系統説が迷路に陥ったかに見える最大の原因は，日本語とアルタイ諸語との間にあるこのような決定的な相違を見逃していたところに求められよう（この問題について詳しくは（松本2000a）を参照）。

　20世紀の60年代を過ぎる頃からアルタイ説に代わって登場した新しい説として，日本語と「南方語」，とりわけオーストロネシア語と同系と見る説がある。しかし，オーストロネシア語を含めて太平洋沿岸部南方群の諸言語は，すでに見たように，語順や形態法など表面的な文法構造の面で日本語を含む環日本海諸語との間に大きな隔たりがある。これはこれまでの日本語＝南方語同系説にとって，常に大きな障壁として立ちはだかってきたもので，多くの学者はこれを克服するために，言語混交やその典型的なケースとされるピジン・クレオール説に援助を

求めてきた。たとえば，日本語はオーストロネシア語とアルタイ語（より具体的にはツングース語）との混合語として成立したというような見方である。この立場からすると，日本語の SOV 語順や膠着的形態法はアルタイ語に，一部の語彙や形態素はオーストロネシア語に帰せられるけれども，このような線で説明できるのは，実は日本語という構成物全体のほんの小さな局部にすぎない。実際，日本語の基礎語彙の 90 ％以上，あるいは日本語形態法の大方の部分は，オーストロネシア語でもツングース語でも説明できないまま残されるだろう。この説にとってさらに大きな困難は，年代設定の問題である。大方の論者は日本列島におけるこのような言語混交の時期を縄文時代と見ているようである。しかし，ツングース語がその分布を太平洋沿岸地域にまで拡張し始めたのは，この語族の内部的な言語差の現れ方から見て，それほど古い時期に遡るとは思われない。それはせいぜい今から 2 千年前以降であり，縄文時代までは到底届かないであろう。

　我々の解釈では，日本語におけるいわゆる北方的な特徴は，ツングース語よりはるかに年代的に奥行きの深いものであり，同様に，日本語といわゆる南方語との共通特徴とされるものは，オーストロネシアやオーストロアジア諸語が今見るような語族として形成されるはるか以前，太平洋沿岸部の古い諸言語が共通の言語圏を作っていたと見られる後期旧石器時代までおそらく遡る。それは日本語とオーストロネシア語との個別の同系関係というような形ではなく，太平洋沿岸言語圏という大きな枠組みの中で，その北方群（＝環日本海諸語）と南方群との間で成り立つような関係にほかならない。

　この南方圏を直接構成する言語群は，現存の語族で見れば，ミャオ・ヤオ，タイ・カダイ，オーストロアジア，オーストロネシアの 4 語族である（これを「南東アジアあるいはオーストリック諸語」というような大語族にまとめることも可能である）。一方，チベット・ビルマ諸語はこのグループとはやや離れて，内陸言語圏と沿岸言語圏のいわば中間的な位置を占めるかに見える。なお，中国語は，これまで見た限り，タイプとしてはほぼ完全に沿岸言語圏に属している。これについては，中国語は 3 千年余り前の黄河中流域において，チベット・ビルマ語の一形態と古い土着の沿岸型言語との混交によって形成されたとする私見を述べるにとどめたい（松本 196：164 f., 2000 b：111 参照）。

　最後に，南方説のもう一つの変種として，ここ 20 年来，一部でやや声高に唱

えられてきた「日本語・ドラヴィダ語（あるいはその中のタミル語）同系説」について触れると，地球上のあらゆる言語は10万年という尺度で計ればすべて同系の可能性があるという我々の立場からすれば，もちろんこの説も頭から否定し去ることはできない。しかし，これまでの考察から見る限り，ドラヴィダ語は明らかにユーラシア内陸言語圏の一員であって，太平洋沿岸諸言語とは画然と隔たっている。日本語とドラヴィダ語を隔てる genetic（言語学で"系統的"，生物学で"遺伝的"）な距離は，日本語とインド・ヨーロッパ語，あるいは日本語とアフロ・アジア語のそれより近いとはけっして言えない。それは日本列島への稲作文化の到来と結びつくような年代的次元とおよそかけ離れたものなのである（日本語・ドラヴィダ語同系説の批判的検討については（松本 1995）参照）。

<h2 style="text-align:center">文　　献</h2>

Brenner, S. & Hanihara, K. (eds.) (1995) *The origin and past of modern humans as viewed from DNA.* Singapore：World Scientific.

Cavalli-Sforza, L. L. *et al.* (1994) *History and geography of human genes.* Princeton, N. J.

――――― (2000) *Genes, peoples, and languages.* New York：North Paint Press.

金田一京助 (1931)『アイヌ語学講義』(=『金田一京助全集』5, 1993) 東京：三省堂

松本克己 (1987)「日本語の類型論的位置づけ：とくに語順の特徴を中心に」『言語』16-7：42-53.

――――― (1994)「日本語系統論の見直し――マクロの歴史言語学からの提言」『日本語論』Vol. **2**-11：36-51.

――――― (1995)「日本語・タミル語同系説に対する言語学的検証――大野晋氏へのお答えにかえて」『国文学　解釈と鑑賞』**60**-5：192-185.

――――― (1996)「日本語の系統」諏訪春雄・川上湊編『日本人の出現――胎動期の民族と文化』135-166. 東京：雄山閣

――――― (1998 a)「形容詞の品詞的タイプとその地理的分布」『言語』**27**-3：18-25.

――――― (1998 b)「流音のタイプとその地理的分布――日本語ラ行子音の人類言語史的背景」『一般言語学論叢』1：1-48.

――――― (1998 c)「ユーラシアにおける母音調和の二つのタイプ」『言語研究』114：1-35.

――――― (2000 a)「日本語の系統と"ウラル・アルタイ説"」『日本エドワード・サビア協会研究年報』14：1-25

――――― (2000 b)「世界諸言語の類型地理と言語の遠い親族関係」遠藤光暁編『言語類型地理論シンポジウム論文集』96-135（『中国における言語地理と人文・自然地理 7）文部省科学研究費研究成果報告書 103.

――――― (2000 c)「世界諸言語のキョウダイ名――その多様性と普遍性」『一般言語学論叢』3：1-55.

Nei, M.（1995）The origin of human population：genetic, linguistic, and achaeological data, Brenner & Hanihara 1995：71-91.

Poppe, N.（1960）*Vergleichende Grammatik der altaischen Sprachen,* Teil I, *Vergleichende Lautlehre.* Wiesbaden.

Ramstedt, G. J.（1952-66）*Einführung in die altaische Sprachwissenshaft*, 3 Bde. Helsinki.

【追記】　本稿が執筆されてから校正までに 3 年余りの年月が経過したが，細部の修正以外に変更は一切加えていない。なお，本稿の所論はその後「日本語の系統――類型地理論的考察――」（アレキサンダー・ボビン／長田俊樹（共編）『日本語系統論の現在（日文研叢書 31）』国際日本文化研究センター，2003：pp. 41-129）としてより詳細な形で扱われている。本稿では割愛された類型的諸特徴の分布図なども含めて，こちらの拙論も参照いただければ幸いである。（2005 年 2 月）

別表1　類型的特徴の地域・語族的分布：アフリカ・ユーラシア・オセアニア

地域	語族・言語群・孤立言語	流音のタイプ	形容詞のタイプ	数の範疇	名詞類別	数詞類別	動詞の人称標示	名詞の格標示	包含除外	重複	語順のタイプ	言語圏	系統関係
アフリカ	コイ・サン	単・欠	用言型	+	+	−	無・多	中・対	+	±	SOV/SVO	南部	
	ニジェル・コンゴ	単複欠	用言型？	+	±	−	多項型	中立	±	+	SVO/sov		
	ナイル・サハラ	複式	体・用	±	±	−	単項型	中・対	±	−	svo/sov/vso	北部	
	アフロ・アジアA	複式	体言型	+	+	−	単・多	対格型	±	−	VSO/SOV		
ユーラシア	シュメール語	複式	用言型？	+？	+	−	多項型	能格型	−	+	SOV	ユーラシア内陸言語圏	残存群
	バスク語	複式	体言型	+	+	−	多項型	能格型	−	−	SOV		
	ケット語	複式？	用言型	+	+	−	多項型	能格型	−	−	SOV		
	ブルシャスキー語	複式	体言型	+	+	−	多項型	能格型	−	−	SOV		
	東コーカサス	複式	体言型	+	+	−	無標示	能格型	+	−	SOV		
	西コーカサス	複式	用言型	+	+	−	多項型	中立	±	−	SOV		
	南コーカサス	複式	体言型	+	+	−	多項型	能格型	±	−	SOV/SVO		
	アフロ・アジアB	複式	体（・用）	+	+	−	単（多）	対格型	−	−	VSO/svo		中央群
	ドラヴィダ	複式	体言型	+	+	−	単項型	対格型	+	+	SOV		
	インド・ヨーロッパ	複式	体言型	+	+	−	単項型	対格型	−	−	SOV/svo/vso		
	ウラル	複式	体言型	+	−	−	単（多）	対格型	+	−	SOV		
	テュルク	複式	体言型	+	−	−	単項型	対格型	−	−	SOV		
	モンゴル	複式	体言型	+	−	−	単（無）	対格型	+	−	SOV		
	ツングース	複・単	体言型	±	−	−	単（無）	対格型	+	−	SOV		
	チベット・ビルマ	複・単	体・用	±	−	±	多・無	能・中	±	±	SOV	太平洋沿岸言語圏	南方群
	オーストロアジア	単・複	用言型	−	−	+	多・無	中立	+	+	SVO/SOV		
	オーストロネシア	単・複	用言型	±	−	±	複・無	中対能	+	+	SVO/VSO		
	タイ・カダイ	単式	用言型	−	−	+	無標示	中立	+	+	SVO		
	ミヤオ・ヤオ	単式	用言型	−	−	+	無標示	中立	+	+	SVO		
	漢　語	単式	用言型	−	−	+	無標示	中立	±	+	SVO		
	朝鮮語	単式	用言型	−	−	+	無標示	対格型	（−）	+	SOV		北方群
	日本語	単式	用言型	−	−	+	無標示	対格型	±	+	SOV		
	アイヌ語	単式	用言型	−	−	+	多項型	中立	+	+	SOV		
	ギリヤーク語	単式	用言型	−	−	+	無（複）	中立	+	+	SOV		
	チュクチ・カムチャツカ	単・複	用言型	+	−？	−	多項型	能格型	−	−	SOV		周辺群
	エスキモー・アリュート	単式	用言型	+	−	−	多項型	能格型	−	−	SOV		
大洋州	パプア諸語	単・欠	体・用	±	±	−	多項型	能・中	±	+	SOV		
	オーストラリア諸語	複式	体言型	±	±	−	多項型	能格型	+	+	SOV/svo		

別表 2　類型的特徴の地域・語族的分布：アメリカ大陸

地域	語族・言語群・孤立言語	流音のタイプ	形容詞のタイプ	数の範疇	名詞類別	数詞類別	動詞の人称標示	名詞の格標示	包含除外	重複	語順のタイプ	言語圏	系統関係
北ア	エスキモー・アリュート	単式	用言型	+	−	−	多項型	能格型	−	−	SOV		
	ナデネ	単式	用言型	−	−	±	多項型	中立	−	−	SOV		
	ワカシュ	単式	用言型	−	−	+	多項型	中立	±	+	VSO		
ア	セイリッシュ	単式	用言型	−	−	+	多項型	中立	±	+	VSO		
	ペヌート諸語	単式	用言型	−	−	±	多項型	対格型	±	+	SOV/VSO		
メ	ホカ諸語	単・複	用言型	−	−	±	多・無	対格型	±	+	SOV		
	アルゴンキン	単・欠	用言型	+	+	−	多項型	中立	+	−	SOV/SVO		
	イロコイ	単式	用言型	±	±	−	多項型	中立	+	+	SOV/SVO		
リ	スー・カド	単式	用言型	−	−	−	多項型	中立	±	+	SOV		
	マスコギ	単式	用言型	−	−	−	多・無	対・中	± ?	+	SOV		
カ	カイオワ・タノア	単式	用言型	+	+	−	無標示	対格型	− ?	+	SOV		
	ユート・アステカ（北）	単・欠	用言型	−	−	−	無標示	対格型	±	+	SOV		
中	ユート・アステカ（南）	単・複	用言型	+	−	±	多	中立	±	+	SVO/VSO		
	トトナック	単式	用言型 ?	−	−	+	多項型	中立	+	+	SVO		
	タラスコ	複式	用言型	−	−	+	多項型 ?	中立	?	+	SOV/SVO		
米	マ　ヤ	単・複	用言型	−	−	+	多項型	中立	±	+	VOS/VSO		
	ミヘ・ソケ	単・複	用言型	−	−	−	多項型	能・中	+	+	VSO		
	オトマンゲ	単複欠	用言型	−	−	−	多・無	中立	+	+	VSO		
南	チブチャ	単・複	用言型	−	−	±	多（単）	対・中	+	+	SOV		
	トゥカノ	単式	用言型 ?	−	−	+	単・多	中立	+	+	SOV		
ア	アラワク	単・複	用言型 ?	−	−	±	多・単	中立	− ?	+	SOV		
	カリブ	単・複	用言型	−	± ?	−	多項型	能格型	+	+	SOV/ovs		
メ	パノ	単式	用言型 ?	−	−	−	多・無	中立	−	?	SOV		
	マクロ・ジェー	単式	用言型	−	−	−	多項型	中立	+	+	SOV		
リ	トゥビ・グァラニ	単式	用言型	−	−	−	多項型	中立	+	+	SOV		
	ケチュア	複式	体言型	+	−	−	多項型	対格型	+	−	SOV		
カ	アイマラ	複式	体言型 ?	−	−	−	多項型	対格型 ?	+	?	SOV		
	南アンデス諸語	単・複	用言型	−	−	−	多・無	中立	−	?	SOV		

第 *8* 章

諸外国の自国語教育と日本の国語教育

甲 斐 睦 朗

●1　論題「諸外国の自国語教育と日本の国語教育」に用いた用語について

　まず，本稿の題目に用いている用語についての説明を行っておきたい。この題目は予め編者によって用意され，執筆者に提示されたものであるが，執筆者はその題目の表現，用語のすべてに同意している。そこで，最初に題目に使用している各用語について説明するのである。

〔1〕諸外国の自国語教育

　「諸外国」は語義としては「外国のもろもろの国々」すなわち，「世界のすべての国々」の意味になるが，「諸―」は慣用として「すべての・あらゆる」だけでなく「幾つかの」の意味でも用いられている。そこで，本稿でも「諸外国」を「外国の幾つかの国々」の意味で使用する。そして，主要な国々に限定する。これまでの外国の自国語教育を調査・報告した論著類では，日本に近い国から順に掲げると，韓国，中国，タイ，ロシア，アメリカ合衆国，そして，順序があいまいであるが，フランス，ドイツ，イギリスなどの国々がよく取り上げられている。その他に，例えばアフリカの国々の自国語教育に関する調査研究など全世界に広がるものがあるが，ここではよく紹介される国々を紹介したのである。

　次に，「自国語教育」の「自国語」は，「自らの国の言語」「自国の言語」の意味に言い換えることができる。しかし，「自国語」を「自国の国語」に言い換えるとおかしくなる。すなわち，「自国語」を用いることによって「国語」という用語を避けているのは，その国の言語が単一かどうかが明確でないことに関係し

ている。また，仮に単一言語の国であるとしても「国語」という用語（訳語）を
用いることに問題が残る。「国語」を含む「言語」という用語があることはある
が，それを用いた「言語教育」には自国語教育（第一言語教育）だけでなく外国
語教育（第二言語教育）まで含みこむことになる。そこで，「自国語教育」とい
う用語を用いるのである。なお，多言語国家か単一言語国家かの問題は後で検討
する。

(2) 日本の国語教育

「国語教育」は，学校教育に限定すれば「国語科教育」であるが，生涯教育に
広げてとらえることもできる。しかし，生涯教育にまで広げると，論題全体が表
す意図との整合性がとれにくくなる。そこで，本稿では，学校教育における自国
語教育を中心に検討することにしたい。日本では国語科教育である。

ところで，この 20 年間，「国語教育」の「国語」を「日本語」に言い換えるべ
きだという強い意見が出ている。大学の学科名の「国語学」は「日本語学」に
「国文学」は「日本文学」に次々に言い換えられてきている。それにならって
「国語」を「日本語」に，「国語科」も「日本語科」に言い換えようというわけで
ある。

漢字圏の国々では，よほどの多言語国家でないかぎり，自国語教育を「国語教
育」と呼んでいる。韓国，ベトナムがそれであり，国家ではないが，台湾も国語
教育である。日本が「国語（教育）」という用語を用いるのは，漢字の国だから
である。その「国語」をわざわざ「国」と「語」に分解した上で「National
Language」と英訳することによって問題として取り上げることが行われるが，
仮にその漢字を開いて「こくご」「コクゴ」「Kokugo」と表記した場合でも，語
源を尋ね，漢字表記に戻した解釈を行おうとするのであろうか。

なお，中国は「語文」という教科名になっている。その中国の教科名を根拠に
して，漢字発祥の中国でさえ「国語」を避けて「語文」を用いているのだから，
日本もそれを見習うべきだと主張する人がいる。漢字国であるにもかかわらず，
中国が「国語」という教科名を採用していないのは，その多言語性にある。それ
は，紙幣における金額表示の多様性に明らかである。

● 2　外国の自国語教育研究の概観

〔1〕2種の研究文献

　外国の自国語教育に関する研究文献には，大きく次の2種がある。第1種は，編者が「諸外国の自国語教育」などという企画を立て，各国の自国語教育研究の専門家を起用して何ヵ国もの国々の自国語教育についての調査研究をまとめるものである。第2種は，国語教育の研究者が，特定の国の自国語教育に関する研究を公表したものである。この20年間に，特定の国の自国語教育に力を入れる研究者が次第に増加してきている。主要な国々に関して言えば，複数あるいは数人の研究者が調査研究を補い合うに至っている。そして，日本の国語教育との対照研究の確立に向かおうとしている（なお，外国語研究に携わる研究者が，その国の自国語教育の紹介を行うことがあるが，逆に日本の国語教育に関する知識をもっていないので，正当な対照研究に向かっていないという問題点がある）。以下，第1種の研究に関して6文献を紹介する。そして，第2種の調査研究に関しては，第1種の紹介でもれた研究者を中心に巻末に参考文献として掲げるようにしたい。

〔2〕15年前までの研究の概観

　およそ25年前までの外国の自国語教育の研究に関しては，『世界の作文教育』（野地潤家編著，文化評論出版，1974年）の「はじめに──課題の所在と今までの研究──」で，編者の野地潤家氏が詳細に紹介している。また，野地潤家氏は，『国語教育研究大辞典』（国語教育研究所編，明治図書，1988年）の「世界の国語科教育」の項目を担当して，『世界の作文教育』以降の研究動向に言及している。その2編の解説によって15年前までの研究の概要は尽くされている。そこで，本稿では，それ以降に発表された研究文献を紹介しておきたい。なお，特定の国の自国語教育に限定した論著は巻末の参考文献に掲げることにして，編集企画の上で複数の自国語教育を取り上げた研究文献を中心に紹介する。なお，野地潤家氏がすでに取り上げている文献ではあるが，その後もよく引用される『教科書から見た教育課程の国際比較2　国語科編』及び上掲の『国語教育研究大辞典』については改めて紹介しておきたい。

〔3〕『教科書から見た教育課程の国際比較2　国語科編』（1984年）

本文献は，次に掲げるように4章で構成されている。

第1章　調査研究の概要

第2章　教育制度の概要

第3章　国語科における調査研究の視点

第4章　国別にみた調査結果

本文献では，アメリカ，イギリス，ソ連，西ドイツ，フランスの5ヵ国が取り上げられている。第2章はその国別の構成で，Ⅰ学校制度の概要，Ⅱカリキュラムの概要，Ⅲ教科書に関する制度，Ⅳ授業における教科書という構成になっている。第3章はⅠ教科書の対象とした教科書，学習指導要領，Ⅱ対象学年，Ⅲ調査研究の目的と視点という構成で，第4章は国ごとにその視点で考察されている。第4章の「第6節　まとめ」から「この調査研究を進めながら気がついたことの二・三」を引用しておきたい。

① 各国とも，とくに初等教育の段階において，言語教育を重視していること。

② 各国ともに詩を重視していること。

③ ソ連やフランスの国語教科書が合科的な構成をとっていること。

④ イギリスが，豊富多彩な学習課題を中心に構成された単元の中で，書くこと，話し合うことを重視していること。

⑤ アメリカにおいては，初等教育・中等教育を通じて話すことを重んじていること。

本文献は，教科書研究センターの企画によって，各教科の教科書を通した調査研究の一環として国語科の調査研究が行われたものである。実証的であるので，その後の引用が多い文献である。

〔4〕『国語教育研究大辞典』（1988年）

「世界の国語科教育」（野地潤家）を第1として，「○○の国語科教育」という見出しで6ヵ国の国語科教育が取り上げられている。その国々を五十音順に掲げると，アメリカ（堀江祐爾），イギリス（松山雅子），ソビエト（浜本純逸），中国（森本正一），ドイツ（大槻和夫），フランス（中西一弘）の6ヵ国である。

　例えば，「ソビエトの国語科教育」（浜本純逸）は，順に，教育制度，カリキュラム，言語教育，読みの教育，文学教育，言語表現力の育成（話し言葉教育と作文教育），国語教育の研究，参考文献という展開になっている。

〔5〕『教育課程・比較国語教育課程論』（1994年）

　全5章構成で，各章は順にアメリカ（堀江祐爾），イギリス（松山雅子），フランス（中西一弘），ドイツ（前田真証），中国（田中智生）の各国語教育研究が柱に立てられている。各章は4〜6節構成で，既発表の優れた論文が収録されていて，各章末には「解説」が置かれている。上記の国名の後に記した氏名は各国の論文の編者であり「解説」の執筆者である。本巻に再録された論文数は合わせて27編である。

　例えば「Ⅱ　イギリスの国語教育研究」は，各節の頭の「イギリスの（における）」を省いて紹介すると，1作文教育（位藤紀美子），2読みの指導（有沢俊太郎），3文学教育（山元隆春），4文学教育（松山雅子），5話し言葉教育（安直哉），解説（松山雅子）という構成になっている。つまり，全5編の論文を再録すると同時にイギリスの自国語教育研究の解説を付けているわけである。なお，この5節構成の内容から，逆に，戦後の日本の国語教育が読み方指導を重視してきたこと，特に文学教育に重きをおいてきた事実をみることができよう。

〔6〕『世界の言語教育・日本の国語教育』（1997年）

　国立国語研究所国際シンポジウムは，国立国語研究所が行う研究・事業にかかわる課題の追究・解明を目的として，年に1回，外国の研究者を招聘して開催している。この第3回の国際シンポジウムは，招聘した各講師に前もって日本の国語教育の現状を指摘した論文を送付することによって問題を提起し，それにかかわる各講師の回答を予稿集としてまとめた上で，シンポジウムを開催した。使用言語は日本語または英語で同時通訳を用意した。報告書はそのシンポジウムをふまえて修正された論文を編集したものである。順に，日本（甲斐睦朗），フランス（ジャン・マルク・サラル，駐日フランス大使館），韓国（朴甲洙，ソウル大学校），タイ（プラパ＝プルッティープラパー，スィナカリンウィロート大学），イギリス（ガンサー＝クレス，ロンドン大学），中国（唐磊，課程教材研究所）

の各自国語教育研究者の論文である（各招聘者の所属は 1995 年現在）。

　例えば，韓国のソウル大学教授朴甲洙氏の「国際化時代の韓国の国語教育」における見出しを紹介しておきたい。なお，朴甲洙氏は学習指導要領の作成にかかわると同時に国定教科書の編集にもかかわっている。

1. 序論
2. 国語教育の歴史的眺望
   2.1　「教授要目」の時期
   2.2　第 1，2，3 次教育課程の時期（1955 〜 1981）
   2.3　第 4，5 次教育課程の時期（1981 〜 1992）
3. 今日の国語教育
   3.1　第 6 次教育課程と教育の実情
   3.2　今日の国語教育
4. 国際化時代の国語教育

（参考文献）

　この朴甲洙氏の論考は，日本の国語教育に関する問題提起を受けた内容展開ではあるが，韓国におけるこの 50 年間の国語教育の動向をよく表している。なお，全体討論では最初に林四郎，浜本純逸両氏に意見を求めた。この，各国の自国語教育について，その国の専門家の解説を求めたところに特徴をもつ。本文献については，「4　日本の言語能力の育成」で具体的に取り上げることにしたい。

〔7〕「**外国の国語科教育**」（『**国語科教育の理論と実践**』1999 年）

　順にイギリス（富田福代），フランス（市川真文），ドイツ（上谷順三郎），アメリカ合衆国（入部明子），中華人民共和国（劉燕傑），大韓民国（林圭鴻，権海珠翻訳）の 6 節構成になっている。中華人民共和国及び大韓民国は各国の研究者を起用している。また，ドイツ，オーストリアの自国語教育に関して精力的に調査を進めている上谷順三郎氏をはじめとして，新進気鋭の日本の研究者を起用している。

〔8〕『**諸外国の教育改革—世界の潮流を読む**』（2000 年）

　本編，資料編の 2 部構成になっている。本編は，「諸外国の教育改革の動向」

を五つの表に整理した「総括表」を最初に掲げ，1世界的潮流としての教育改革，2アメリカ合衆国，3イギリス，4フランス，5ドイツ，6ロシア連邦，7中国，の7章構成になっている。「2アメリカ合衆国」以下の各章は，Ⅰ背景・経緯，Ⅱ改革の方向，Ⅲの3節構成になっていて，それぞれの項目について綿密に分析している。例えば「Ⅱ改革の方向」は，1. 教育行財政，2. 初等・中等教育，3. 高等教育，4. 教員，5. 生涯教育・その他，という五つの細目を立てている。

　まず，本編の頭に掲げられている「総括表／諸外国の教育改革の動向（2）」に取り上げられている「初等・中等教育」における「教育内容・方法」から新しい改革案を紹介しておきたい（日本を除く）。

　アメリカ合衆国——全国レベル，州レベルでの「教育スタンダード」の制定。学区（あるいは学校）レベルでの教育成果（州が実施する学力テストの結果など）の公表（1990年代）。——「学年区分は設けていない」が，「読解，記述，聞き取り，話法，ものの見方・考え方，視覚表現の6領域から構成される」教育スタンダードを完成。なお，英語を試験科目として実施したのは48州。

　イギリス——全国共通カリキュラムの導入。カリキュラムの定着を見る全国テストの実施。学校別全国成績一覧の公表（1992年から）。——中核教科として「数学，英語，理科」を指定し，全国共通カリキュラムを実施し，カリキュラムの定着を見る全国テストを実施する。

　フランス——子どもの学力の多様性に応じた教育課程の弾力的運用（1990年）。

　ドイツ——学習内容や修了試験等の改革に関する「ギムナジウム上級段階及びアビトゥアの原則に関する指針」を各州文部大臣が決議（1995年）。

　ロシア連邦——前期・後期中等教育修了証の厳格化。義務教育レベルの「全国教育スタンダード」の制定（1998年より導入予定）。

　中国——教育課程の基準改定（地方の弾力的運用，内容の精選・簡素化，選択科目の増加（1993年から実施）。

　本文献は，例えばドイツは高等教育に重点が置かれているというように国によって記述内容に異なりが見られる。自国語教育に関する記述もフランス及びドイツの2国は希薄である。これは，各章を担当した研究者の専攻分野にかかわっているようである。言語教育に関する記述に希薄な国もあるが，教育全体を紹介する立場ではやむをえない。

ここで，特記すべきは，全6ヵ国ともに初等教育からの外国語教育を実施しようとしている点である。日本の初等教育における外国語教育の立ち遅れが目立つようである。

〔9〕問題点の指摘

以上の6文献の紹介から，次の4点を指摘することができる。

第1点は，日本の国語教育の領域に外国との対照研究を行う研究者が育ってきていることである。上掲の文献で言うと，『世界の作文教育』『国語教育研究大辞典』の執筆者をはじめとする第一世代10数名が主要な国々の自国語教育の研究に初めて取り組んだ。この世代は，各国の自国語教育を「国語教育」という用語でとらえるといった問題点を残しているが，外国の自国語教育を日本に紹介するという貴重な開拓を行ったのである。

第2点は，『国語教育の理論と実践』の執筆者をはじめとする第二世代20名ほどが各国の自国語教育の調査研究に積極的に取り組んでいることである。日本の国語教育の在り方を広く高く考えるためには対照研究に取り組む必要があるが，そのためにも外国の自国語教育に関する各種の解明が必要である。

第3点は，国立国語研究所国際シンポジウムが行っているように，各国の教育政策等に関係している研究者の招聘が今後は増加するように期待されることである。上記の国立国語研究所の報告書を見ると，イギリスや韓国の自国語教育の動向が日本の国語教育の改善に参考になることがわかる。

第4点は，各国ともに初等教育からの外国語教育を実施しようとしていることである。この問題は，日本の外国語教育及び言語教育の在り方を考える上で重要な参考になるであろう。

● 3　「自国語教育」という用語を多言語状況から検討する

先に挙げた国々は，相対的なとらえ方であるが，多言語国家か単一言語国家か，それともその中間に位置付けられる国家かという見方で，次のように三つに分けることができそうである。

(1) 多言語国家——中国，タイ，アメリカ合衆国

　（2）単一言語国家——韓国

　（3）それらの中間にある国家——イギリス，ドイツ，フランス，ロシア

　多言語，多民族国家の自国語教育の在り方と単一言語国家の自国語教育の在り方とには大きな差異がある。近年，それまで単一言語国家という立場をとってきたが，正しくは多言語国家だというように立場を改めた国々が幾つも見られる。例えばフランスやイギリスがそれである。

　さて，日本は，言語状況としては韓国に近くて，3 分類の（2）に入れることができそうであるが，アイヌ語をどう考えるか，また，在留外国人の使用する言語をどう考えるかによって，その判断が違ってくる。イギリスやフランスなどにならって，（3）に含めるほうがよいと主張する研究者もいる。日本の言語状況をどう考えるのかの「どう」を，人口の多寡あるいは割合で考えることが適切なのか，教育上の配慮でとらえることが適切なのか，少数民族の感情を考慮に入れてとらえることが適切なのか問題が残る。

　例えば義務教育に在籍している外国人児童生徒は，全児童生徒全体の 0.1 パーセントである。この 0.1 パーセントの外国人児童生徒数を多いと見るか少ないとみるかは，教育上大きな問題になる。地域上の偏りがあって，群馬県や愛知県などの幾つかの郡市における外国人児童生徒の割合は高くなる。そうした郡市では，全国平均 0.1 パーセントの児童生徒に対する特別な教育を考える必要がある。あるいは，いっそう進んで，国語教育の内容自体のとらえ直しを試みることになる。それは，また，「国語科」という名称の適否に進むことにもなる。他方，その 0.1 パーセントを少ない，特別な配慮を必要としないと見る立場もある。それは，現状認識が十分でないこともあるし，地域的に外国人児童生徒が少ないこともあるし，義務教育は国民の子弟に行うためにあるという立場から，配慮の不必要を主張することもある。

　この外国人児童生徒の公教育における扱いの問題は，幼少時を外国で生活したいわゆる帰国児童生徒をどのように扱うかにも関係してくる。帰国児童生徒の問題は，例えば幾つもの国立大学の附属学校に帰国学級を設けていることで明らかなように，ある程度の配慮を行っている。例えば，英語の時間を増設しネイティブの教師を充当するというような手当てを行っている学校もある。しかし，英語圏以外の言語圏からの帰国児童生徒へのそうした配慮はほとんど行われていな

い。

　以上，日本の言語状況が多言語であるかどうかの問題は，具体的には次の問題に関係してくる。

　　①帰国児童生徒の言語教育をどのように育成するか。日本語能力の付与及び外国語能力の伸長を考える必要がある。

　　②外国人児童生徒に対する日本語教育及び母国語教育を正面から考える必要がある。特に日系南米人児童生徒の言語教育は深刻である。

　　③外国人労働者及び外国人妻に対する日本語教育の問題を考える必要がある。現状としてはボランティア活動に依存している。

　　④その他の言語教育の問題。例えば外国語教育の在り方など。

● 4　国語科についての対立する考え方

　日本の国語教育の在り方について検討を加えるに際して，明治以降の国語教育の歴史に関する記述は割愛する。そして，戦後約 50 年間の国語教育の問題を中心に検討することにする。それは，これからの国語教育の望ましい姿を考えようとしているからである。

　さて，戦後 50 年間の国語教育の在り方を考えるために，国語教育界でしばしば議論されてきた次の四つの問題点を取り上げてみよう。これらは，個々に論じられているが，根本に共通するものがありそうである。まずは，順不同に並べてみよう。

〔1〕文学教育か言語教育か

　国語科は，学校教育の基礎に働く基礎教科である。社会に出たときに生きて働く言語能力を培う教科ということもできる。国語科は，そういう意味で，国語科の多くの時間を文学に時間を割くようなことはしないで基礎的な言語能力の育成に力を入れるべきである。他の教科に比べて多くの授業時数を充てているのは，国語科独自の領域の文学教育を行うためではない。論理的な思考力の育成をはじめとする基礎的な言語能力の育成に時間を注ぐべきなのである。

　いや，国語科は，戦後 50 年だけでなく，明治以来ずっと，人間性の涵養，す

なわち，人間形成を目指した文学教育及び作文教育を推進してきた。漢字や語彙などの習得は表現や理解の学習を通して行えば十分である。

〔2〕文学の授業では読解指導と読書指導のどちらに重きをおくべきか

国語科の読むことの授業では，読書活動への誘いが大切である。例えばある文学作品を読む場合，その作品に入り込むだけでなく，その学習から，同じ作者の作品や他の作家の作品への興味を喚起する学習に進むべきである。

いや，結果的な読書活動への誘いはわかるが，やはり，教材本文の正確な理解が必要であろう。入学試験では，文章を正確に理解できる読解力が問われている。「読書百遍義自ずから見る」というではないか。これからも，読解に時間をかける必要がある。

〔3〕話し言葉教育か書き言葉教育か

これからの国語科は，国際社会に生きる社会人が具備すべき言語能力として，話し言葉の育成に力を入れるべきである。話し合いなどによって問題を自ら発見し，自ら解決できるといった創造的な活動力をもつ日本人を育てるようにしたいものである。

いや，話し言葉能力は自然に身に付いてくるものである。おしゃべりを養成する必要はない。日本語で考えたり，日本語で行動したりすることと，話し言葉能力を持つこととには質的な違いがある。何よりも優れた文章をじっくり学習することによって，高い教養を積み人間性を養うことが必要である。国語科は，とりわけ優れた文学作品の学習を行うことによって，そうした知識・内容を蓄積するようにしたいものである。それは，読むこと書くことの学習に力を入れることに他ならない。

なお，この問題は，例えば実際にスピーチなどの指導を行う時間に再び生じてくる。それは，適切なスピーチや充実した話し合いなどを指導するには，適切な口頭表現のための下書き原稿が必要だという見方である。話し合いの場合でも，相手の意見をどれだけ正確にメモできるかが求められる。このことは，基礎力としての書き言葉による表現力育成の問題になるというわけである。

〔4〕 古典学習では興味喚起と基礎力としての文法や知識のどちらを優先すべきか

中学校や高等学校の古典単元では，楽しい古典学習を用意することによって，生徒1人1人が古典への関心を抱くような授業を展開すべきである。例えば徒然草の学習を終えたときに，翻訳でもよいから一度徒然草という作品を読んでみたいという願いを抱くような授業をしてほしいものである。

いや，古典に関する興味や関心を仮に育てたとしても古文を読み解く上で必要な知識がなければ古典が読めるわけがない。長い人生のどこかで古典に出会うといった生涯教育を考慮に入れると，まずは古典文法や有職故実を注入すると同時に，古典の読解力の基礎を育成すべきである。

〔5〕 国語科の性格

以上，四つのそれぞれ対立する問題点を掲げてきた。これらの議論は，すでに述べたように根本のところに共通するものがある。それは，国語科をどのような教科と定義するかに関係している。学校教育に限定して図式的に提示すると，国語科を他教科の学習を支える基礎的な言語能力を育成する教科と規定するか，国語科独自の領域をもつ内容教科と規定するかという対立である。

この対立は，教育現場と学習指導要領の立場の違いに置き換えられることがあるが，それは，教育現場の多数が片方の考え方に偏ってきていることに関係している。学習指導要領の立場は上記の四つの対立に関しても片方だけを指摘しているわけではない。ただ，教育現場が以上の四つの問題で言えば，言語生活に必要な言語能力よりも文学鑑賞能力，読書指導よりも読解指導，話し方の指導よりも書き言葉の指導，また，古典単元では古典を楽しむ指導でなくて，古文を読むための文法や知識の注入を，それぞれ重視してきている。中学校や高等学校の国語の授業がその姿勢を改めないかぎり，学習指導要領は問題点を指摘し続けるように思われる。しかし，この是正には困難な問題が存在している。

戦後すでに大きく6回にわたって改訂されている学習指導要領は，国語科独自の領域にも配慮しながら，社会人として必要な言語能力の育成という側面を重視している。ところが，大学の教員養成課程では主として後者の文学研究の立場がとられている。それは，大学の教員養成課程に所属する研究者の多くが文学研究

に従事しているからである。そこで，中学校や高等学校の国語科教師の多くが，大学で身につけた文学研究を良しとし，生かしたいと願うようになる。そういう次第で，実社会で必要とする言語能力と国語科教師が育成したい（育成可能な）言語能力とには大きな隔たりがあるわけである。この対立は，今後も容易には解決しがたいように考えられる。以下，学習指導要領の立場・観点を紹介したい。

●5　学習指導要領の提唱

　ここで，学習指導要領を取り上げるのは，この半世紀間の国語教育の特徴と問題点を検討する上で文部省が作成・改訂を行っている学習指導要領が大きな役割を持っているからである。学習指導要領は『昭和22年度（試案）学習指導要領（国語科編）』（文部省，東京書籍，1947年）に始まるが，小学校及び中学校の各学習指導の記述に限定されている。高等学校に関しては次に掲げるように1951年版に始まっている。以後，最新版まで改訂が5回行われている。なお，最初の1951年版の『中学校高等学校　学習指導要領　国語科編（試案）』だけは別であるが，残りの5冊はいずれも『高等学校学習指導要領解説　国語編』という書名で統一されている。そこで，以下では，この同じ書名の5冊を順に取り上げることにしたい。その際，それぞれを「1961年版」「2000年版」などと呼び分ける。そして，巻頭近くに取り上げられる「目標と組織」「内容」の項目に注目する。

〔1〕1961年版

　1961年版の『国語編』は，第1章第1節の「改訂の基本方針」の冒頭で，次のように述べている。

　　　高等学校国語の改訂の基本方針は，特に基礎学力の向上のために，現代国語の読解力および作文の向上を図るべきこと，また，古典を系統的に学習させることを重んじるということである。そして，「現代国語」と「古典甲」「古典乙Ⅰ」「古典乙Ⅱ」とを新しく設けたのである。

この引用に，当時の国語科における基礎学力の考え方がよく示されている。な

お，必修科目は，「現代国語」及び「古典甲」「古典Ⅰ乙」のどちらかの古典科目である。

その新しく設けた必修科目の「現代国語」では，引用を要約すると，読解力，作文力，古典の系統的な理解の3点をもって基礎学力としている。他方，「現代を中心とし，これとともに過去のこともじゅうぶんに考えて，言語文化についての学習と，言語に関する技能や態度の学習とを，ともに重視すること」を趣旨としている。そして，次の2点が提示されている。

　　1　「現代国語」の内容は，「聞くこと，話すこと」「読むこと」「書くこと」及び「ことばに関する事項」とする。すなわち，3領域1事項の考え方である。

　　2　作文は毎学年の授業時数の10分の2以上，話し方は10分の1以上とする。

この「現代国語」の「内容」つまり領域設定の考え方はわかりやすい。ところが，その「内容」の考え方を「目標および組織」で示された読解力などの向上と組み合わせようとすると，わかりにくくなる。つまり，読解力や古典の系統的な理解などの向上を大義とする教室で，「聞くこと，話すこと」の時間を指示に従って確保したとしても，結局は読解力育成に役立つための発表あるいはその話し合いになってしまう恐れがあるわけである。

〔2〕1972 年版

1972 年版の改訂では，「目標」としてまず「生活に必要な国語の能力を高め，国語を尊重する態度を育てる。」という総括的な目標を掲げ，次に「このため」という言葉を用いて5項目の具体的な目標を掲げている。その5項目は，1961年版の目標を受け継いだり新しく加えたりした項目で構成されている。第2節の「1　国語科の性格」の箇所で「国語の能力」について，次のように説明している。

　　　国語の能力は，国民の生活に欠くことのできない基礎的な能力であり，人間性の形成や向上と密接な関連がある。国語によって理解し表現する能力は，国語科に限らず，すべての教科の学習活動のために欠くことのできないもの

であり，この点から国語科は基礎教科としての性格をもつと考えなければならない。

この解説は，国語科の能力に加えて国語科の性格を的確に規定している。

この1972年版では，およそ次の4点が強調されている。

1　科目は，「現代国語」「古典I甲」「古典I乙」「古典II」の3科目とする。

2　必修科目は，「現代国語」「古典I甲」の2科目である。

3　「現代国語」は，作文や話し方の能力の向上，論理的な文章の読解力を伸ばすことを重視する。

4　「古典I甲」は，精選した作品を「興味深く学習させ，古典に対する関心を高める」ようにする。

1972年版は，先に引用した総括的な目標から理解されるように，言語生活に立脚した言語能力の育成に向かっている。そのことは，上に引用した4点にも明らかである。しかし，例えばその第4の「古典I甲」の考え方を取り上げると，それぞれの高校では，3年間の古典の教育課程という見方に立って，1年生の古典の在り方を導き出すわけで，「興味深く学習させ，古典に対する関心を高める」ような授業は考えられなかったようである。

なお，「現代国語」の「内容」は，「A　聞くこと，話すこと」「B　読むこと」「C　書くこと」の3領域構成になっていて，A及びCの授業時数の割合も示されているが，これも読解力育成という前提で扱われていたようである。

〔3〕1979年版

1979年版は，大きく三つの改訂に踏み切っている。第1は，小学校から高等学校まで，各教科の「目標」をそれぞれ1文で表現したことである。国語科の「目標」は，小学校から高等学校まで系統的に構築されている。このことによって，基礎的・基本的な内容を重視することになる。第2は国語科の「内容」を，〔言語事項〕を別にすると，「表現」「理解」の2領域にまとめ直したことである。これまでは，音声言語と文字言語に分けた上で，表現，理解の各活動を考えていた。しかし，この改訂では，活動中心に組み変えたのである。その結果，文字言語の読み書き能力に力が入り，音声言語能力の育成に直接に立ち向かう学習指導

が減少することになる。第3は，「現代国語」と古典に関する基本的な科目を一つにまとめて「国語Ⅰ」を新設したことである。国語科としては，「国語Ⅰ」「国語Ⅱ」以外に，「国語表現」「現代文」「古典」が設けられている。

〔4〕 1988 年版

1988 年版は，1979 年版を大綱として踏襲しているが，国語科の科目を5科目から8科目に増やしている。新しく，「現代語」を新設し，これまでの「古典」を「古典Ⅰ」「古典Ⅱ」「古典講読」に分けている。科目の増設に関しては「生徒の能力・適性などに応じた指導を充実するため，科目を増やし履修の幅を拡大する」という方針が示されている。

〔5〕 2000 年版

最新の 2000 年版は，中央教育審議会の答申を具体化した教育課程審議会の答申に基づいて，大幅な改訂に踏み切ったものである。

> 特に，文学的な文章の詳細な読解に偏りがちであった指導の在り方を改め，自分の考えをもち，論理的に意見を述べる能力，目的や場面などに応じて適切に表現する能力，目的に応じて的確に読み取る能力や読書に親しむ能力を育てることを重視する。

国語科の科目としては，「国語表現Ⅰ」「国語総合」の2科目を必修とし，「国語表現Ⅱ」「現代文」「古典」「古典講読」の4科目を選択科目としている。必修科目の第1に掲げた「国語表現Ⅰ」は従来の「国語表現」と「現代語」を再構成して新設した科目である。高等学校の国語科の在り方を具現する科目というべきである。

次に，国語科の「内容」であるが，継続する〔言語事項〕を別にすると，現行の「表現」及び「理解」の2領域を「話すこと・聞くこと」「書くこと」「読むこと」の3領域構成に改めた。この改訂を 1978 年版に戻っただけだと言う人がいるが，まず，「話すこと・聞くこと」は，以前の「聞くこと，話すこと」と行為の順序を逆転させている。次に，それらを読点でつなぐのでなく，中黒で関係付

けている。これを「話すこと」「聞くこと」というように話し言葉に関する活動を分けて表現すると，「話し合い」などの行為が抜け落ちる。この2000年版の特色の一つに「伝え合う」能力の育成がある。その育成のためにも「話すこと・聞くこと」という表現を採用したのである。

　以上，最新版までの約40年間にわたる合計5種の高等学校学習指導要領の主な改訂について紹介してきた。学習指導要領は，これまでの長い歴史の中で創造・継承されてきた各種の言語文化の学習を重視するとともに，日本が国際化，都市化するに伴って求められている「伝え合う能力」の育成にも力を入れている。

　国語科は，小学校から高等学校までの「学習指導要領」を通して全教科の第一の位置に掲げられている。その位置付けは日本人の言語生活の基礎基本を支える教科であるから当然のことであり，そこから国語科の内容の在り方が導かれてくることになる。国語科を最初にすえているのは，国語科が日本人の言語能力を育成するということで，全教科の基礎的な教科であるからである。すなわち、国語科には全体の基礎的な言語能力を育成すると同時に国語科独自の能力育成の役割をもっている。

　ところが，残念ながら国語教育関係者の多くは国語科が全教科の最初に置かれていることについてほとんど関心を抱いていない。今後は，国語科教師の養成及び研修の在り方にも改革を企てるようにしなければならない。

● 6　日本の国語教育の課題

　学習指導要領を中心にすえてこの40年近くの国語教育の推移あるいは展開の様相を整理してみた。この問題は，次の二つの問題にまとめることができる。以下，これら二つの問題を具体的に検討することで本稿のまとめとする。

〔1〕国語科基礎学力観の移行

　国語科基礎学力の見方が，文字言語の理解の学習でいえば，精細な読解力などから目的をもって図書情報を利用することに移行した。

　すでに，1961年版の該当箇所を引用したように，国語科の基礎学力の考え方

が，この40年間に大きく変化した。当時は難解な文章の読み解きの能力を重要な基礎学力と考えたのである。大学の入試問題もそうした難解な読解問題の出題が当然と考えられていた。ところが，その経緯・過程は記さないが，現在の国語科の基礎学力は自分の考えや思いを相手に伝えるといったコミュニケーション能力に置いている。発信するだけでなく相手の考えを受信も行う能力，すなわち「伝え合う能力」である。読み手も目的も指定されない作文は備忘録的な様相を帯びていた。そこで，手紙に顕著なように相手及び目的を前提とした書き言葉を提唱しているわけである。このことは，書き言葉の理解・表現能力に力を入れる教育から，話し言葉による多くの人々との「伝え合う」能力の育成に移行したとまとめることができる。

〔2〕言語活動観の移行

　この40年間の学習指導要領で大きく移り変わった一つに，領域設定の問題がある。それは，「話すこと」「聞くこと」「書くこと」「読むこと」の4領域をどのように組み合わせるか，それらの順序をどうするかという問題になる。「聞くこと，話すこと」というくくりもあったし，「読むこと」と「聞くこと」をまとめて「理解」というくくりも行われた。結局，現在では「話すこと・聞くこと」「書くこと」「読むこと」という3領域の考え方に定着した。

　なお、日本の学校教育には、とくに外国人児童生徒に対する日本語教育が行われている。また、外国語教育も行われている。国語教育は、それらの言語教育と協力したり、連携したりする側面をもっているはずである。また、他教科における言語教育との考察も必要である。しかし、まだ、国語科という1教科の中に閉じられた調査・研究が大勢を占めている。

文　　献

(1) 外国の自国語教育研究
図書（本文引用以外の文献は1990年以降2000年3月までに刊行された図書である）
野地潤家編（1974）『世界の作文教育』文化評論出版
財団法人教科書研究センター編（1984）『教科書からみた教育課程の国際比較　2国語科編』ぎょうせい
国語教育研究所編（1988）『国語教育研究大辞典』明治図書
森田信義編著（1992）『アメリカの国語教育』渓水社

桑原隆 (1992)『ホール・ランゲージ』国土社

安直哉訳 (1993)『イギリスの全国共通国語科教育課程』(イギリス教育省編著) 自費出版

野地潤家他編 (1994)『国語教育基本論文集成 5　国語科教育課程論 (1) 教育課程・比較国語
　　教育課程論』明治図書

入部明子 (1996)『アメリカの表現教育とコンピュータ問題—小・中・高・大学の教育事情—』
　　教育出版センター

国立国語研究所編 (1997)『第 3 回国立国語研究所国際シンポジウム報告書　世界の言語教育と
　　日本の国語教育』凡人社

中西一弘 (1997)『フランスの国語科教育 1　1960 年代の初等国語科教育素描』渓水社

三浦信孝編著 (1997)『多言語主義とは何か』藤原書店

山本麻子 (1999)『英国の国語教育—理念と実際』リーベル出版

松川利広・櫻本明美編 (1999)『国語科教育の理論と実践』現代教育社　1999 年 (第 13 章　外
　　国の国語科教育)

藤原和好 (1999)『近代初等国語科教育成立の条件—ロシア共和国の場合』三重大学出版会

本間政雄・高橋誠編著 (2000)『諸外国の教育改革　世界の教育潮流を読む　主要 6 か国の最新
　　動向』ぎょうせい

雑誌特集号

全国大学国語教育学会『国語科教育』37　シンポジウム「国語科教育と国際化」1990 年
　　　　司会・田近洵一，提案 1・鈴木信義，提案 2・竹長吉正，提案 3・橋本暢夫

『言語』27-8　特集「『多言語主義』のゆくえ—21 世紀の言語状況への展望」1998 年

日本国語教育学会誌『月刊国語教育研究』342 号　2000 年 1 月号　特集「国語教育国際フォー
　　　　ラム　ことば学びのお国がら—入門期を中心に」司会・大槻和夫，中国・付宜紅，韓国・
　　　　菅原稔，アメリカ合衆国・堀江祐爾，イギリス・松山雅子，ドイツ・土山和久，フラン
　　　　ス・中西一弘

論文 (1990 年以降に刊行された全国大学国語教育学会紀要『国語科教育』第 37 〜 49 集掲載論
　　　文を順に配列。副題は省略。なお，『国語年鑑』に登録された論文等を数編補足した。以下，
　　　『国語科教育』は省略し，第何集かだけを記載する)。

上谷順三郎 (1990)「西ドイツの文学教育におけるコミュニケーションの問題」第 37 集

入部明子 (1991)「アメリカの作文教育におけるコンピュータ利用」第 38 集

安直哉 (1991)「オーラシー教育論の成立」第 38 集

小林比出代 (1992)「日米比較書字教育の研究」第 39 集

入部明子 (1993)「アメリカの大学における作文教育」第 40 集

土山和久 (1993)「ドイツにおける『国語教育法』の転換」第 40 集

土山和久 (1995)「〈行為—生産志向的文学教育〉の理論と実践的方法」第 42 集

淺松絢子 (1995)「英米独仏国における言語政策の概要」『日本語学』14-7

堀江祐爾 (1997)「アメリカにおける〈新しい〉国語科学力評価の方法」第 44 集

土山和久 (1998)「国語科における『統合性』の問題」第 45 集

中嶋香緒里 (1998)「言語的多様性への対応と国語教育論の展開」第 45 集

佐渡島紗織（1998）『アメリカ・イリノイ州の作文到達度テスト』第 45 集

小久保美子（1999）「国語教育における『経験主義』の指導原理」第 46 集

朴柔培（1999）「韓国における話しことばの学習指導」第 46 集

付宜紅（1998）「小学校国語教科書の日中比較研究」『広島大学教育学部紀要第二部』47 号

朴柔培（1998）「日韓比較国語教育研究」『広島大学教育学部紀要第二部』47 号

付宜紅（2000）「日中両国における子どもの読みの比較研究」第 47 集

中嶋香緒里（2000）「イギリスにおける多言語主義の言語教育的文脈」『読書科学』173 号

中嶋香緒里（2000）「イギリス言語教育における標準英語（Standard English）の意味内容の変
　　遷」『日本語と日本文学』第 31 号

(2) 日本の国語教育研究──直接参照した文献に限定

文部省（1951）『昭和 26 年（1951）改訂版　中学校高等学校学習指導要領　国語科編（試案）』
　　北陸教育書籍

文部省（1961）『高等学校学習指導要領解説　国語編』好学社

文部省（1972）『高等学校学習指導要領解説　国語編』東京書籍

文部省（1979）『高等学校学習指導要領解説　国語編』ぎょうせい

文部省（1988）『高等学校学習指導要領解説　国語編』教育出版

文部省（1999）『高等学校学習指導要領解説　国語編』東洋館出版

甲斐睦朗・田中孝一（1999）『高校国語教育　21 世紀の新方向』明治書院

田中孝一・鳴島甫（2000）『改訂高等学校学習指導要領の展開　国語科編』明治図書

田中孝一（2000）『高等学校学習指導要領の解説　国語』学事出版

【補い】　本原稿は 2000 年に執筆を終えたことで同年 3 月までの文献を紹介している。すでに執
　　筆して 4 年が経過しているので，参考文献に掲げた方々にその追加をお願いした。当方は，
　　国立国語研究所の移転作業と重なって図書等の調査ができない。そこで【補い】として，
　　寄せられた文献等を紹介する。なお，本論の（2）で取り上げた「国語」と「日本語」につ
　　いての事情もこの間に違ってきているが，考え方には変りがないので，手を入れていない。

(1) 外国の自国語教育研究

図書（以下の文献は 2000 年 4 月以降に刊行されたものである）

国立教育政策研究所編（2002）『諸外国の教育課程──教育課程の基準及び各教科等の目標・内
　　容構成等（アメリカ，イギリス，ドイツ，フランス）』

国立教育政策研究所編（2002）『国語科系教科のカリキュラムの改善に関する研究─歴史的変
　　遷・諸外国の動向』（注記：「歴史的変遷」と「諸外国の動向」について調査研究をまとめ
　　ている。前者は，1 教育課程の変遷，2「読む」の教育課程史，3「書くこと」の教育カリ
　　キュラムの変遷，4「話すこと」「聞くこと」に関するカリキュラムの変遷，5 漢字教育，
　　20 世紀後半，50 年の変遷，後者はアメリカ，イギリス，フランス，ドイツ，ロシヤ，中国，
　　韓国の 7 カ国のカリキュラムを取り上げている。）

山本麻子（2003）『ことばを鍛えるイギリスの学校』岩波書店

論文（紙面の都合で副題は省いた）

入部明子（2002）「アメリカの作文教育とパソコン活用」『月刊国語教育研究』No.364

入部明子（2002）「アメリカの表現指導とマルチメディア」『つくば国際大学研究紀要』No.8

入部明子（2004）『アメリカにおけるプロジェクト型作文教育』『月刊国語教育研究』No.385

上谷順三郎（2000）「オーストリア中等教育における読むことの指導」田中孝一編『新しい高校
　　　国語　指導の理論と実践　第 3 巻　読むことの指導』明治書院

上谷順三郎（2003）「オーストリア中等教育前期の『ドイツ語』授業」『実践国語研究』No.242

上谷順三郎（2003）「オーストリア中等教育後期の『ドイツ語』授業」『実践国語研究』No.244

小久保美子（2004）「1930 年代のアメリカにおける『国語の単元学習』」『人文科学研究』第 28 号

佐渡島沙織（2003）「アメリカにおける〈構想メモ〉指導」『実践国語研究』No.244

佐渡島沙織（2003）「アメリカにおける作文評価研究」『国語科教育』第 53 集

佐渡島沙織（2003）「文章表現指導における文種の取り扱い」『国語科教育』第 54 集

佐渡島沙織（2004）「『意見を構築する』アメリカの国語教室（1）」『実践国語研究』No.250

佐渡島沙織（2004）「『意見を構築する』アメリカの国語教室（2）」『実践国語研究』No.252

土山和久（2000）「戦後ドイツ語教授学史研究」『野地潤家先生傘寿記念論集』大阪教育大学研
　　　究会編

竹長吉正（2002）「ヴィクトリア時代の読書論に関する一考察」『埼玉大学紀要教育学部（人
　　　文・社会科学）』

土山和久（2001）「Schmid（1960）:『方法論の著作に反映されるドイツ語教育の歴史』の解題」
　　　『比較国語教育学研究ノート』創刊号

土山和久（2004）「独仏国語教育交渉の一事例『中西一弘先生古希記念論文集』大阪国語教育研
　　　究会編

中嶋香緒里（2001）「イギリスにおける『言語意識』の教育」『月刊国語教育研究』

中嶋香緒里（2001）「イギリスの国語教育における多言語導入論とその教材化」『教科書フォー
　　　ラム』No.2

中西一弘（2000）「コンピュータによる文学教育の一例」『野地潤家先生傘寿記念論集』大阪教
　　　育大学研究会編

中西一弘（2001）「コンピュータによる文学教育の一例」『比較国語教育学研究ノート』創刊号

中西一弘（2001）「フランスにおける幼児期からの詩教育の試み」『比較国語教育学研究ノート』
　　　創刊号

中西一弘（2004）「入門期における書くこと（作文）の自習帳」『中西一弘先生古希記念論文集』
　　　大阪国語教育研究会編

成實朋子（2004）「新世紀の中国国語教育」『中西一弘先生古希記念論文集』大阪国語教育研究
　　　会編

西本喜久子（2000）「1960 年代アメリカのおける国語教育改革の試み」『野地潤家先生傘寿記念
　　　論集』大阪教育大学研究会編

西本喜久子（2004）「19 世紀におけるアメリカの話し言葉教育形成過程の一考察」『中西一弘先
　　　生古希記念論文集』大阪国語教育研究会編

野地潤家（2004）「中西一弘博士のフランス国語教育事始」『中西一弘先生古希記念論文集』大
　　　阪国語教育研究会編

羽田潤（2004）「英国映画研究所編『国語科における動画テキストの活用とその指導』の考察」『中西一弘先生古希記念論文集』大阪国語教育研究会編

堀江祐爾（2000）「アメリカにおける『伝え合う力』を高める学習指導」『日本語学』220号, 明治書院

堀江祐爾（2001）「『主題と細部との論理関係』そして『物語の要素間の論理関係』に焦点をあてて要約する」『教育科学国語教育』明治図書

堀江祐爾（2002）「教科構成と開発研究　外国研究（アメリカ合衆国）最終報告書」国立教育研究所（現国立教育政策研究所）「教科構成と開発」プロジェクト

堀江祐爾（2002）「『国語教室開き』を効果的におこなうために」『実践国語研究』No.231

堀江祐爾（2003）「アメリカ合衆国における小学校国語科教科書の変容」『教科書フォーラム』No.1　中央教育研究所

堀江祐爾（2003）「バランスのとれた『読むこと』の学習指導の展開を」『教育科学国語教育』明治図書

堀江祐爾（2004）「アメリカにおけるバランスのとれた『読むこと』の学習指導の展開」『中西一弘先生古希記念論文集』大阪国語教育研究会編

松岡礼子（2000）「イギリス前期中等教育におけるワイダー・リーディングの基礎研究（2）」『野地潤家先生傘寿記念論集』大阪教育大学研究会編

松山雅子（2000）「イギリスにおける入門期の国語教育」『野地潤家先生傘寿記念論集』大阪教育大学研究会編

松山雅子（2004）「言語芸中としての動画テキストの教材化と教授法」『中西一弘先生古希記念論文集』大阪国語教育研究会編

森田信義（1999）「国語科教員養成の課題」『教科教育学研究』第17集

安直哉（2000）「中等音声国語教育の拡張（二）」『岐阜大学国語国文学』27号

安直哉（2000）「中等音声国語教育の展開」『立命館文学』583号

安直哉（2000）「中等音声国語教育の論拠・根拠」『岐阜大学教育学部研究報告　人文科学』49-1

安直哉（2000）「聴くことの教育の生成」『岐阜大学教育学部研究報告　人文科学』48-2

安直哉（2001）「バーニストンの音声国語評価論」『岐阜大学国語国文学』28号

安直哉（2002）「学力評価室の中等音声国語評価に関する考察」『国語科教育』第52集

安直哉（2002）「南部試験委員会の音声国語評価論」『岐阜大学国語国文学』29号

渡辺春美（2000）「アメリカにおける古典と関連付けた表現指導」『野地潤家先生傘寿記念論集』大阪教育大学研究会編

(2) 日本の国語教育研究

図書

全国大学国語教育学会編（2002）『国語科教育学研究の成果と展望』明治図書

　　　本学会創立50周年の記念事業として全7部を立てて国語教育学研究の成果と展望を論じたもので，B5判540ページに全66編の論考が収められている。

第 9 章

諸外国の言語政策と日本の言語政策
正書法改革における日独の事例

カイザー，シュテファン

> …文字の規範，つまり正書法には言語共同体の中で特別な価値が付与される。その結果，正書法を確実にこなせる能力が往々にして書く人の人格そのものの尺度に誇張され，論理の整合性やスタイルの良さよりも高く評価される。
>
> (Rechtschreibreform, 1998：2，日本語訳カイザー，以下同じ)

● 1 「言語政策」ということ

〔1〕言語政策の定義と範囲

「言語政策」にあたる用語として，英語では Language Planning という言い方がもっとも一般的である。クーパー（Cooper 1989：30-31）は Language Planning に関する先行研究の定義を 12 あげたうえ，次のような定義をする（同：45）。

> 言語政策とは，他人の言語コードの習得・構造，または機能の付与に影響を及ぼそうとすることを指す。

この定義は政策の計画者を官庁など公的な組織に限るものではなく，また対象者も特定しないという意味では十分広いものである。また，その内容や方法も限定していない。それから，現状維持の政策もありえるということで，「変更」よりも「影響」ということばを使っている。

〔2〕言語政策の計画・実行者

言語政策はだれが計画・実施するか。政府や公的な機関がまず考えられるが，民間団体や個人の場合もある。例えば，日本では，『漢字御廃止之議』を将軍に建議した前島密という（当時の）民間人，またドイツではクロップシュトック（F. G. Klopstock）という詩人など。

〔3〕言語政策の内容

Cooper（前掲書）では，政策の内容を大きく下記の三つに関するものとしている。

　　1）コーパス　　2）ステータス　　3）習得

1）は，用語の作成・選択，正書法改革，また新しい文字体系の採用などを指す。2）は，ある言語または言語の変種に新しい機能を与えたり，他の言語や変種より推奨することで，標準語の形成・選択，またその普及などを含める。3）は，ある言語または変種の話者を増やすことを指している。これは当然国内と国外の場合があるが，日本の例でいうならば，少数民族に対する教育言語の選択問題は国内の問題で，一方過去の植民地における国語教育などは国外の場合である。

ただ，上記の1）〜3）は，オーバーラップする部分は当然ある。

〔4〕言語政策はだれを対象とするか

だれに対して政策を行うか。一国民がすぐに思い浮ぶだろうが，ISO のような国際団体の場合は国を超えてしまう。また一国の中では，特定のエスニック・グループからはじまって，家族単位の言語政策（わが子をバイリンガルに育てるかどうかなど）まで含めるのが Cooper の立場である。トレフソン（Tollefson 1991）なども，特にマイノリティーに対する言語教育や言語の権利をとりあげている。

〔5〕言語政策の実施やタイミング

　どう計画・実施するか。これはたいへん難しい問題である。当局が一方的に国民に押し付ける場合もあるが，民主主義などの国家ではそれができない場合が多い。また，最近のドイツ語正書法改革の場合のように，それぞれの国（あるいは州）で合意をする必要もあるが，国家を超えるレベルの話し合いも行われなければならない。民主的な制度の場合は，提案を公表した上で公的な議論の期間を設けるなどして，国民の同意を得ようとする方法もあるが，そうすると反対意見が強い部分などは引っ込めたり，妥協案を作ったりすることもよくある。

　本稿は，ドイツと日本における言語政策がテーマであるが，特に過去130年ほどの間の正書法に関する政策を取り上げ，二つのケーススタディーを見た上で再びこの問題について考えてみたい。

●2　ドイツと日本における正書法の根本問題とその背景

〔1〕ドイツの歴史的な背景

　神聖ローマ帝国（962-1806）の中心だったドイツでは，国民意識や国民国家の形成がヨーロッパでも遅い方で，また同じ理由によりラテン語の地位が確固たるものであった。18世紀ごろにラテン語に代わってフランス語が政治・外交・学問で使われるようになったため，ドイツ語の標準化は主として書籍関係者によって民間レベル（印刷業・学者・官僚・教師などによって）で進められた。また，ロンドンやパリ周辺のような，王宮中心で形成された口頭言語のような規範ドイツ語が存在しなかったことも，書きことば中心の標準化という傾向に拍車をかけた。また，19世紀あたりのゲーテやシラーなどが書いた文芸作品のドイツ語が国内外で広く読まれたため，書き言葉の基準を作る役割を果たした。正書法上出てくるいろいろな問題はこの事情に起因するところが多い（Polenz 1983）。

　ラテン語・フランス語が広く国内で使用されたため，多くの外来語がドイツ語に入った。国民国家の形成の気運が高まった19世紀のドイツでは，そういった外国語を追放することを目標とした言語浄化主義といわれる運動が民間レベルで起こった。それは最初は外来語をドイツ語に「直した」辞書の作成などの形で進められた。例えば，フランス語からきた「Appetit（食欲）」を「Eßlust」にしよ

うとしたが，この例も含めて，定着しなかった場合が多い。しかし一方，ドイツではスイス・オーストリアよりも外来語が少ない結果につながった。

　ドイツ語の正書法に関しては理論家・教育者・文学者などの知識人がいろいろな提案を行ったりした。例えば，詩人のクロップシュトックが「話すとおりに書け」という立場をとって，古典ギリシャ語由来の借用語における「ph」を「f」に改めるべきだと主張した。

〔2〕日本の歴史的な背景

　日本では，ドイツにおけるラテン語・フランス語の地位に相当するのは漢文で，学問・公用文などの世界では全国共通の書きことばの役割を果たした。しかし，一方ではさまざまな文体が文学のジャンルで平行して行われたため，ドイツのような共通した基盤はできにくかった（この問題は，明治中期ごろからの言文一致運動の原因である）。

　かなづかいに関しては，伝統的な定家かなづかいが和歌や俳句などで使われたが，古典の実証的研究に基づいた契沖かなづかい（歴史的かなづかい）も国語学者以外には定着しなかった。江戸時代の版本では変体がな・異体字・行書・草書などが使われ，ひらがな・かたかな混じりのどちらかが使われたり，送りがなも定まらず，ふりがながあったりなかったりして，かなづかいや句読点の使い方も自由奔放な書き方が多かった。しかし，一般大衆を対象とする出版物では次第にかなの種類が減少し，ドイツの場合と同様，「商業的な出版活動は，大衆の文字生活に適応しようとし」た（浜田 1982：227）から，部分的には全国的な表記の標準化が進んでいた。

　ただ，後の言文一致に先駆ける動きがないわけではなかった。宗教の世界では一般の人向けに講釈を分かりやすく記録をする傾向が生まれ，室町時代以来の「抄物」や江戸時代の「講釈本」などは口頭言語の記録で，平易な文章を使っていた。また，蘭学者が作った辞書なども外国語の訳語として口語的な日本語を収録した。

　一方，17 世紀末ごろから 19 世紀にかけて蘭学者によって多くの西洋医学や化学など翻訳書が作られたが，その中で好んで漢字・漢語による翻訳語彙が使われた。また，16 世紀からの中国での地理・天文などの科学の翻訳書や，19 世紀半

ばから盛んに出版された近代西洋科学の翻訳書と，その翻訳語彙も取り込んだ中
国語と英語の辞書などが原著（または返り点付きの版本）で日本で流布した結果，
多くの漢語語彙が日本語に入った（「化学」もその一つ，沈（1999）参照）。日清
戦争後の中国政府留学生派遣のあたりからは流れが変わり，翻訳語が日本から中
国に「逆輸入」されるようになるが，造語の方法は相変わらず漢語によるものだ
った。

〔3〕共通の根本問題

　19世紀の後半にドイツと日本が共通して抱えていた問題は，書きことばの基
準（日本では，一つではなかったにせよ）はある程度できていたのに，口頭言語
とはかなり乖離していたという点である。また，言語の歴史的変化によって本来
発音に区別があったものが失われ，その結果，実際の発音と，書いた場合の文字
表記との間に大きな開きが生じた。

　そのころのドイツでも，表記のゆれがかなり見られた。同じ作品の中でも同じ
語の表記が違っていたりしたのも，程度の差はあるものの，両国の共通点といえ
る。例えば，ゲーテのファウストの初稿では，現在の Tor（愚か者）を Tohr と
も Thor とも書いている有り様である（高橋 1973：267）。

　日本語では，かなを例にとると，/i/ に対して語中語尾では「い・ひ・ゐ」が
対応し，また /e/ に対しては「え・へ・ゑ」が使われた。漢字音では，さらに
複雑で，/o:/ に対しては「あふ・あう・おふ・おう」が使われた。なお，濁点
は打ったり打たなかったりしていた。

　ドイツ語の綴でも似たような状況で，例えば /f/ には語彙や位置によって三つ
の字母が対応していた。（Vater「父」，fahren「乗る」，Photo「写真」における f，
v，ph）。あるいは，/e/ に対する「e, ä」もそうである（下記〔4〕（i），3〔6〕
（i）参照）。

　外来語か固有語かという語彙レベルの選択も日独共通の問題といえる。ただ，
日本語の場合は，漢語を必ずしも外来語と認識しないため，「固有語」という概
念はドイツの場合のように「外来語」の反対概念ではない。

〔4〕 ドイツ語特有の問題
（ⅰ） 音と文字の対応関係

歴史的変化と，綴り方の変化の結果，長音の表記にいろいろな形が行われるようになった。次の単語はいずれも /a/ の長音と発音される。

malen（描く）　　mahlen（挽く）　　Aal（うなぎ）

下線のように，長音を表わす字母のない語と，長音を「h」または二重母音で表記する語とがあるが，このような区別は特に歴史的な綴であるわけでもない。例えば，malen は中世ドイツ語では「a」の上にマクロンを書いていたのが単音表記されるようになったのに対して，mahlen は中世ドイツ語で逆に malen と書いていた。

このような経緯でできてきたのは，同音異義語の書き分けという習慣である。しかも，それを派生語や語尾変化にも応用された。

Geste（仕種）　　Gäste（「客」の複数形 = Gast「客」から）

この表記では，同音異語が区別されると同時に，Gast の複数を Gäste とウムラウトで書くことによって，両者が派生関係（格変化）にあることを示す。これは「語幹の原理」と呼ばれるもので，当時のドイツ語綴のもっとも重要な概念といえる。

また，/b, d, g/ のような有声閉鎖音は現代語でも語尾では無声化して発音されるが，語頭語尾では無声化は起きない。中世語ではその発音の区別を leit/leiden のように表記上でも区別していたが，現代語では Leid/leiden とその区別が反映されなくなっているのも，語幹の原理による。

（ⅱ） 名詞の大文字表記に関する問題

ドイツ語では現在，名詞を大文字で書くが，文法知識のない一般の人には名詞かどうかの判断は必ずしもつかない。例えば，diesen Abend（この晩）は問題がないが，heute abend（今晩）の場合は副詞的な用法で，大文字か小文字か，迷う人が多いだろう。

(iii) くっつけるか分けるか

日本語では分かち書きが一般に使われないが，ドイツ語では熟語を一緒に書くのに対して，単語は別々に表記する習慣がある。「一緒に書く」意味の動詞をドイツ語では zusammenschreiben というが，zusammen は「一緒」で，schreiben は「書く」に相当する。一語だという判断をするなら続けて書くが，二語なら別々に書くということになる。

一語か二語の判断には，成句かどうかという見分けが求められることもある。上記の例でいえば，別々に書けば「皆で書く」意味と解され，くっつけて書いた場合には「一緒に書く」というような書き分けが習慣化されていた。

また，これは一部の連語にさえ当てはめられた。

Rad（自転車）＋ fahren（乗る）→ radfahren（自転車に乗る）

(iv) 行末の分かち書き

日本語では，行末の分け方（いわゆる分綴法）はほとんど問題にならないが，ドイツ語では，語が行末で分かち書きされる場合には，音節と音節の間にハイフンを入れる。ただ，その原則に反するものがいくつかある。

一つは歴史的な問題で，いわゆる髭文字のフォントに関係している。「ß」や「ck」・「st」などの場合は二文字が連字として書かれたので，分離不可能だったことに由来するルールができ，その結果，Zuk-ker（砂糖）や We-ste（ジョッキ）のような書き方が一般的になった。

なお，語源上適切ではない分け方も避けられ，特にラテン・ギリシャ語からの外来で問題になる（3〔6〕(vi) 参照）。

〔5〕日本語特有の問題

日本語で音声と文字の対応が問題になるのは，(2〔3〕で触れた歴史的かなづかいを別としても)，漢字音のかな表記の仕方（例えば「お」の長音に対する「おー」・「おう」・「おお」の選択）と，一部助詞（「は」など）の表記である。

しかし，音声と文字の対応における最大の問題点は漢字使用に由来する諸相である。使用漢字の数の問題，一字に対し音読みをいくつ認めるかなどの問題もあ

るが，何といっても最大の問題は漢字を訓読みする習慣からくる。訓読み由来の問題は，同字異訓・異字同訓・おくりがな・表記のゆれ，などである。

　「同字異訓」は，一字に複数の訓読みがあることで，「通」が「つう」「とおり」「とおる」「かよう」の表記に使われる問題を指す。逆に，「たつ」のような和語をいろいろな漢字で「書き分ける」（立つ・経つ・建つ・裁つ・断つ・発つ・絶つ）のが「異字同訓」である（どの範囲を「同じ語」と認めるかの問題はあるが）。

　「おくりがな」は特に活用語の場合問題が大きく，活用語尾のどこからどこまでおくるかという問題である（江戸時代では「心ろ」のような名詞にも見られた）。

　「表記のゆれ」は，同じ語を漢字・ひらなが・かたかなでも書けることからくる問題である。また熟語になると，部分的にかなで書いたり，活用語を含む場合には，それにさらにおくりがなの問題も加わる結果，現行の表記体系では一貫した正書法の確率が不可能だとさえいえる。

● 3　ドイツの言語政策——正書法改革——

〔1〕第一回正書法会議の背景
　第二帝国成立のころ，正書法に関して主として歴史派・表音派・実践的表音派という考え方に代表される。

　歴史派はグリム（J.Grimm）らの考え方で，綴が語源を正しく反映するものでなければならないとし，その結果 2〔4〕（i）にあげた mahlen を malen に戻すことになる。

　ミヒャエーリス（Michaelis）らの表音派は徹底した音素と書記素の一致を求め，その結果上記の leeren/lehren はどちらも「e」の上にマクロンという綴になり，また外来語の綴もドイツ語的綴に修正される（Nation → Nazion）。それから，1 音素に対し，2 字母以上が使われる場合には，それを一つの文字で表すことになる（例えば，ich → ih というように）。

　歴史派・表音派の考え方の基本方針は異なっていたが，どちらも徹底した原理の追及で，その結果求められる用法の大幅な修正が一般民衆に受け入れがたかっ

た。その考え方は 1872 年の「帝国学校会議」でも支配的で，会議の提案のもと
にプロイセンの教育大臣らが実践的表音派の立場に立っていたラウマー（R. von
Raumer）に依頼して，第一回正書法会議のための規則集・語彙集を作成させた。
その方針は，「従来の書き方を基本に」ゆれを解消し，規則の体系化をはかること
とに止まっていた。

〔2〕1876 年の第一回正書法会議
　その当時の名称，「ドイツ語正書法をより統一的にするためのベルリン会議」
から目的がはっきり分かるもので，参加者は学校関係者，教授，出版・印刷関係
者など。会議の決定事項としては，規則集と語彙リストが発表された。主な決定
事項は以下のものだった。

（i）「s」字ルールの統一
短母音の後は「ss」と書いて，長母音・複母音の後は「ß」と書く
（ii）長音の表記に関するルール
/aou/の長音の「伸し字」（「h」や二重母音）は多くの場合廃止する
（iii）分綴に関するルール
「ng, pf, sp, st, tz」を分けてもよいようにする
（iv）/t/の綴の統一
ドイツ語の固有語彙では，「th」を「t」に統一する
（v）外来語の「c」を k/z にする
（vi）個別語彙の「ゆれ」を解消する
例えば，wider（反する）と wieder（ふたたび）を wider に統一する

これの多くは「語幹の原理」や「同音語の書き分け」に反する内容である。二ヶ
月ほどの公的なディスカッションでは，不徹底の批判もあったが，特に長音につ
いては逆に「伝統との断絶」という批判が集中して，学校への導入は見送られ
た。

〔3〕第二回正書法会議

1901 年にベルリンで召集された第二回正書法会議では，上記の案よりも後退した，個別語彙レベルのみで決定された（例えば，Thor「愚か者」や Thür「扉」の「h」は整理されたが，Thron（王座）という「聖域」は犯されなかった）。小文字化についても導入を進めようとしたが，否決された。

この不徹底した内容が官庁の標準表記として公認され，ドイツ，またオーストリア・スイスでも，学校教育に導入された（規則集は 1902 年刊行）。これで，「小さな改革」（ポーレンツ 1972/74）は一応達成された。

〔4〕その後の展開

その後，1880 年初版の『ドゥーデン』という正書法辞典が版を重ねる度ごとに，下位規則が増やされた結果，たいへん複雑なものに膨れあがった。また，綴り方は，時代とともに使用上の変化を見せるが，それが追っては『ドゥーデン』など綴り方の本にも採用された。

二つの戦争の間にも正書法に関する試みが見られるが，個別的な提案が多く，1902 年のルールに代わるような，包括的なものではなかったから失敗に終わった（Mentrup 1990）。

東西両ドイツ時代では，それぞれの版の『ドゥーデン』や，オーストリアの綴り方の本など，違った形が採用されたりもした。特に 1954 年版以来，何が公認のルールで，何がそうでないのかの区別も付かなくなった。例外が多く，矛盾も多かった。

戦後の 1950 年代に入ると，正書法に関する議論が活発になり，その結果 1955 年の「シュトゥットガルト勧告」（下記 5〔2〕参照）と 1959 年の「ヴィースバーデン勧告」が出されたが，いずれも失敗に終わった（後者の内容については，高橋（1973）に詳しいので，ここでは取り上げない）。

〔5〕今回の改革の経緯

1970 年代に入ると，国レベルの研究グループが構成された（1974 年と 1977 年西独・1975 年東独）。また，西ドイツ文部大臣（各州）の常置連絡会議がオーストリア，さらには東独・スイス当局と接触した。1978 年と 1979 年にウィーン，

1979 年のマンハイムで国際会議が開催され，次第にコンセンサスが得らるよう
になった。

　1986 年末に「正書法改革に関するウィーンの話し合い」が設けられた。行政
官と専門家からなるもので，1901/02 年の規則を現代の要求に合わせること，特
に複雑になりすぎた規則の単純化を進めることを決めた。対象はとりあえず分綴
法，句読法，続けて書くか分けるか，外来語を含む音声・文字間の対応とし，大
文字の小文字化は今後の課題にする方針をとった。

　1990 年・1994 年の第二・第三ウィーン会議で委員会が作成した提案を検討し
た結果，1996 年にドイツ語圏の国々やその他関係国の代表者が共同声明にサイ
ンした。

（ i ）公におけるディスカッション

　第二ウィーン会議による提案は 1992 年に出版され，その後のメディアなどに
おける意見も吸い上げる形で修正された。その修正案が 1994 年の会議でベルギ
ー，ドイツ，デンマルク，イタリア（南チロル），リヒテンシュタイン，ルクセ
ンブルグ，オーストリア，スイス，ハンガリーによって可決された。この案にも
とづいて規則集および語彙集が作成され，1995 年にドイツ・オーストリア・ス
イスの当局に渡され，また同年に出版もされた。その後ドイツでは，政治家やメ
ディアでの発言・意見のもとにいくつかの語がもとに戻されはしたが，1996 年 7
月にウィーンで共同声明として採用された（Rechtschreibreform 1998.12）。

（ ii ）新正書法の拘束力をめぐって

　1996 年 10 月のフランクフルト図書展では，反対意見のグループが新正書法導
入に「待った」をかける内容の声明に署名し，また人民投票を求めるよう働きか
けた。新しい規則の導入をめぐって起こされた 30 件の訴訟に対する判決が 1998
年 3 月までに出揃った。公聴会の末，連邦憲法裁判所が 1998 年 7 月 14 日に決定
を下し，決定権が各州にあり，また新規則の採用が保護者と生徒の人権を犯すも
のではないとした。

　1998 年 8 月 1 日に新正書法が有効になって以後，ドイツ・オーストリア・ス
イス・リヒテンシュタインのすべての学校で教えられている。また，オーストリ
ア・スイス・リヒテンシュタインおよびドイツの 10 の州では官庁でも採用され
た（3 州は 1999 年 1 月から採用）。

　人民投票（1998 年 9 月 27 日）の結果，シュレスビッヒ・ホルシュタイン州の学校では，一旦旧正書法に戻されたが，その後（1999 年 9 月 17 日），州議会がキリスト教民主同盟の要請で法律の改正を決定し，学校教育で旧正書法を義務づける項が抹消された。

　ヨーロッパ連合の公官庁も，2000 年 8 月 1 日から新正書法を採用した。

（iii）新正書法と通信社

　ドイツ語使用の通信社も，1999 年 8 月 1 日から，新正書法の採用を決めた。ただし，いくつかの点で別の方針をたてている（3〔6〕参照）。また，有力紙 Frankfurter Allgemeine Zeitung は 2000 年 8 月 1 日から旧正書法に戻した。2004 年 8 月には，有力週刊誌 Der Spiegel および大手出版社 Springer 社が旧正書法に戻し，他者にも追随するよう呼びかけた。

〔6〕新正書法の主な内容・原理

　新正書法は，公的な規則集（100 ページほど）と語彙集（150 ページほど）からなっているが，以下のような点が主な内容である。なお，通信社のルールが異なっている場合には，その旨を明記する）。

（i）発音文字間対応に関するもの

　語幹の原理　　もっとも大きな原則として強調されているのは，語幹原理の徹底である。

以前の綴	改正綴	根拠となる同系語
Schenke	Schenke	ausschenken
	Schänke	Ausschank
numerieren	nummerieren	Nummer
er läßt	er lässt	lassen
Ballettänzer	Balletttänzer	Ballett + Tänzer
	Ballett-Tänzer（→ 3〔6〕（iii））	
Roheit	Rohheit	roh +－heit
Potential	Potenzial	Potenz
	Potential	

/s/ 音についていうと，短母音の後で「ß」を使うルールが削除され，「ss」に統一されたため，上記のように基本形と活用形の綴が統一された。なお，新綴が二つのものは，どちらも正しいとしている。

外来語のドイツ語化

以前の綴	改正綴
Geographie（地理学）	Geographie/Geografie
Ketchup（ケチャップ）	Ketschup/Ketchup
Delphin（イルカ）	Delphin/Delfin

この場合，習慣的に行われた語，または類似の別語の綴を参照して幅をもたせている。並べ方の順序で明らかなように，Geographie では伝統的な方が一般的と判断されたのに対して，Ketchup の場合はドイツ語化された綴が優勢と判断された。Delfin の場合は，fantastisch（昔は phantastisch）という別語のドイツ語化を参照している。

通信社：生きた言語からの外来語は，ドイツ語化しない。

くっつけるか分けるか　　以前は意味によって書き分けられたものは，別々に書く方に統一する。
sitzenbleiben（留年する）に対する sitzen bleiben（座り続ける）を sitzen bleiben に統一し，radfahren（自転車に乗る）は Auto fahren（自動車に乗る）に合わせて，Rad fahren とする。

（iii）ハイフン表記

ハイフン表記によって，慣用の統一をはかるとともに，書き手の表現手段として文意をより明確にできる可能性を増すとしている。

Ichform, Ich-Laut →　Ichform/Ich-Form,
　　　　　　　　　　　 Ichlaut/ich-Laut（→ 3〔6〕（iv））
3tonner → 3-Tonner
Ballettänzer → Balletttänzer, Ballett-Tänzer
Shopping-Center → Shoppingcenter/Shopping-Center

最初の例は統一の試み（ただし，二種類の書き方を許す）で，アラブ数字の後は新規にハイフンを導入している。残り二つは熟語化によって同じ字母が三つ続くところをハイフンによって語構成を明確化できる手段として使う例で，最後の例ではそれを英語からの外来語に当てはめたケースである。

　通信社：1から12までの数詞はアラブ数字を使わない（Dreitonner）。
　　　　　外来語熟語はハイフンでつなぐ（Shopping-Centre）。ただし，二つめの要素が形容詞の場合，英語の原語と同様にする（大文字で，Comeback）。
　　　　　形容詞と名詞の結合は大文字で別々に書く（Fast Food.）。

（iv）大文字・小文字の選択にかかわるルール

ウィーン会議では，国際正書法協会から提案された名詞の小文字化は否決されたが，一部のルールの改訂は行われた。定冠詞や前置詞などに続く場合，副詞とも名詞ともとれるものは名詞とみなす。また，時間の表現でも，同様に判断する。形容詞と名詞からなる成句では，形容詞の大文字表記を小文字にする（ただ，固有名詞的なものは大文字のままにする：Heiliger Abend「聖夜」）。

　また，旧来の das Ohmsche Gesetz（「オームの法則」）に対する der ohmsche Widerstand（「オームの抵抗」）という不統一は小文字に統一して，形容詞とみなす。手紙などで敬愛を表わす二人称は小文字にする（ただし，Sie/Ihr という敬称その格変化形はそのまま残す）。

　　heute mittag → heute Mittag（「今日の正午」）
　　die Erste Hilfe → die erste Hilfe（「応急処置」）
　　das Ohmsche Gesetz → das ohmsche Gesetz（「オームの法則」）
　　Du → du（敬愛の二人称）

　なお，Sie/Ihr を残しているのは，同音の代名詞（小文字表記）と区別するためと思われる。上記の変更点の結果，大文字がやや増えるという。

　通信社：固有名詞的な表現は従来通り大文字で書く
　　　　　人名と名詞の連続は依然と大文字で表記する（das Ohmsche Gesetz）。
　　　　　敬愛の代名詞は大文字のままにする。

（v）カンマ使用（省略）

（vi）行末での分け方

「st」分綴不可のルールを削除した結果，Wes-te のような，より自然な区切り方になった（以前は We-ste）。また，Zuk-ker のようなわけ方をやめ，ck を次の行に持ち越している（Zu-cker）。外来語の場合も，語源に囚われない綴が可能になった（以前の Chir-urg「外科医」は，Chir-urg/Chi-rurg ともに許容される）。

通信社：行末で分けることはしない（データ処理上問題になる）。

〔7〕改革の成果

上記の変更点をまとめると，まず目立つのは許容範囲の拡大である。「語幹の原理」の徹底によって，一部複数の綴が許されるようになり，外来語も複数表記が許され，ハイフン使用にいたっては多くの場合書き手の判断に委ねる結果になっている（カンマについても同様）。

大文字・小文字の問題では例外を残している。徹底しているのは，分綴法の例外を除いたことと，意味による書きわけの廃止くらいである。

なお，Dudenverlag（1991）と Dudenverlag（1996）の「正書法の手引き」を比べると，ページ数（47 対 44）はほぼ同じだが，212 ルールだったのが 136 ルールに減少しているので，一定の成果は認められる。なお，通信社は一部違った方針をとっているのは，大きな問題である。

●4　幕末から第二次大戦までの日本の言語政策

〔1〕言文一致と標準語の確立と普及

ここで詳しくとりあげる余裕はないが，日本のいわゆる国字国語問題と表裏一体になっているのは，言文一致運動と標準語の確立と普及である。表記を単純化しても，法律・勅語などの文体を平易なものにしないかぎり，ほとんど意味がなかったから，明治中期ごろから言文一致運動が，文学作品中心に行われた。

また，1872（明治 5）年の学制の制定で全国の小学で国語教育（当初はその名称ではなかった）が行われることになった。当初は文語体中心の文章だったが，1886（明治 19）年の「小学校令」以降は口語体が増えていく。1900（明治 33）

年の小学校令が改正され，科目の名称も「国語」となったが，これが「標準語」（上田万年が 1895（明治 28）年の論文で初めて使った用語）の普及に大きな役割を果たした。

〔2〕民間と政治の間：日本語表記に関する議論

表記に関しては，漢字の廃止がそのころ盛んに議論されたが，幕末のころからのかな専用論（前島密など）や，ローマ字専用論（南部義寿や西周など）に代表される。

漢字廃止のような「極論」に対して，漢字かなまじりという伝統的な表記形式を維持しながら，漢字の字数を制限することによって将来的にかな専用にもっていこうという「穏当」論（福沢諭吉など）が優勢になった。

（ⅰ）かなとローマ字をめぐる派閥主義

かなに関する知識人の主張のフォーラムとして，1880 年代に「かなのとも」・「いろはくわい」・「いろはぶんくわい」が結成された。一旦「かなのくわい」に合流したが，三つの会がそのまま月（歴史的かなづかい支持）・雪（表音式支持）・花（表音式支持で，仮名文字を増やす立場）という部会の形で続いた。しばらく分裂・統合が続くが，1892（明治 25）年に解散された。

一方，ローマ字専用論は谷田部良吉に受け継がれ，さらには「羅馬字会」（後の「ローマ字ひろめ会」）が 1884（明治 17）年に結成されたが，翌年に採用した「修正ヘボン式」をめぐって意見が分かれ，田中館愛橘・田丸卓郎らが「日本のろーま字社」を作って，「日本式ローマ字」を主張した。1900（明治 33）年に召集された国語調査会は同年に両立場の折衷案を作った（チャ行を ca/cu/co とするなど）が，解決策とはならなかった。ローマ字ひろめ会はそれに対して「大日本標準式綴り方」という修正案を出した（1908（明治 41）年）。日本式側は「日本のローマ字社」（1909（明治 42）年）や，「日本ローマ字会」（1921（大正 10）年）を作り，巻き返しをはかった結果，1917（大正 6）年から国際地図に，また 1922（大正 11）年から海図などに採用された。ただ，鉄道の駅名については，ヘボン式がそのまま残された。1930（昭和 5）年に設けられた臨時ローマ字調査会では，両者の激論が続いたが，1937（昭和 12）年に内閣訓令でさらなる（日本式に近い）折衷案が正式に決定された。しかし，この訓令式に対してローマ字

ひろめ会が「標準ローマ字会」を作って対抗し，結局もう一つ新しい一派が加わる形になったが，やがて戦争のため関心が薄れた。

（ii）政府による政策（明治中期から終戦まで）

かな・かなづかい　　明治中期になると，政府レベルの政策が実施されるようになる。その動きも当初は帝国教育会や民間人の政府に対する請願に答えるものだった。帝国教育会が「国字改良請願書」などを出したのは，学制のカリキュラムでは3〜4年で国語の基本を教えた後，他の科目にその時間を回すという，ヨーロッパと同じ内容だったのに，漢字・歴史的かなづかい・変体かな・文語体に阻まれて，非現実的だと判断したからであった（宮島 1977）。

1900（明治33）年に国語調査会（2年後から正式の国語調査委員会）が設けられ，改正小学校令実施規則として，かな字体の統一，1200字の漢字制限，表音的な字音かなづかい（いわゆる棒引きかなづかい）が実施された。そのころから，台湾でも「国語教育」の名のもとで台湾人に対する日本語教育が行われた（後には朝鮮などでも）。

和語のかなづかいについても，1904（明治37）年に国語調査委員会が表音式に改めようとする答申を出した（複数の案で，徹底した表音主義から，格助詞の「は」「へ」は歴史的かなづかいのままにするなど）。その動きに対して保守勢力が「国語会」を作って強く反対した結果，歴史的かなづかいが維持されたばかりでなく，字音かなづかいも1908（明治41）年に以前の形に戻されてしまった。日露戦争勝利後のころである。

1922（大正11）年に「カナモジカイ」ができ，かたかなを改良した字体を用いて左からの分かちがきの表音式を推奨した（後に500字の漢字制限案も出した）。また，鉄道の駅名をカタカナ（左書き）で表示するよう鉄道大臣に求めた結果，1927（昭和2）年から実施しようとしたが，やがて大臣が変り，右書きのひらがなに戻された。

1924（大正13）年に，文部省（臨時国語調査会）が「仮名遣改訂案」を出したが，その内容は助詞「を・は・へ」以外は徹底した表音式だった（エ列の長音は和語でも「えい」と書き，「おほ」なども「おう」の形を採用した）。その適応対象は現代文の口語および文語と広く，また和語も字音語も対象であった。批判が高まった結果，1931（昭和6）年（満州事変の年）に「改定案」を出し，連濁

などの「ぢ・づ」や呉音の「ぢ」を復活させ，連呼の 2 字目を「ぢ・づ」に戻した。小学校教科書に導入しようとしたが，『国学院雑誌』など世論の反対でこれも実現できなかった。

また，1942（昭和 17）年に文部省が「新字音仮名遣表」と同時に「左横書き」案も出したが，決定に至らかった（ただ，新聞などではそのころから見出しなどが左横書きに変ったという）。

漢字制限：政府と新聞の努力　　1921（大正 10）年に文部省に設置された「臨時国語調査会」の目的は漢字・かな・文体の調査であったが，メンバーには新聞や印刷業関係者が多く含められていた。漢字については 1923（大正 12）年に「常用漢字表」1960 字を発表した（1931（昭和 6）年に 1858 字に改訂）。新聞・雑誌・印刷業者が実行を決定したが，関東大震災で受けた被害により決定通りの実施はなかった。しかし，1925（大正 14）年になると，東京の新聞 10 社が，2108 字の制限を実行にうつした。

1934（昭和 9）年には「国語審議会」が設立された。文部大臣の諮問機関という位置付けで，前の「調査会」よりは格上げされた。しかし，政治状況の変化にともない，業績はあまり出せなかった。具体的には，1942（昭和 17）年に「常用漢字」1134 字，「準常用漢字」1320 字，「特別漢字」74 字（勅語などに使われる字）を発表したが，右翼勢力の反対を考慮して文部省が翌年に区分を外した 2669 字の「標準漢字表」に増加せざるを得なかった。

一方，兵隊が漢字や歴史的かなづかいが読めないことが原因で事故が絶えなかったため，陸軍省は 1940（昭和 15）年に兵器名称に使われる漢字を 1235 字に制限した。また，かなづかいも表音で実用的なものに改正した。さらには，難解な漢字語を「ボルト」や「ナット」のような外来語にさえ改めたりした。

また，占領地域での日本語教育向けに文部省が編集した会話の入門書では，表音式のかたかなが使われた。1940（昭和 15）年末設けられた「国語課」も，「東亜ノ共通語トシテノ醇正ナル日本語普及」のために国語国字の調査研究・統一整理」（1941（昭和 16）年閣議申し合わせ，塩田（1973：141）の引用による）の仕事を課せられたように，外地の日本語教育では表記の問題が強く意識された。

（iii）政府による政策（戦後の文字政策）

当用漢字表　　戦後になって，再び漢字制限の議論が急ピッチで進められた。

国語審議会が 1945（昭和 20）年に戦前の「標準漢字表」を見直し，翌年に 1295 字の「常用漢字表（案）」を一旦提案したが，成立しなかった結果「当用漢字表」1850 字（うち簡易字体 131 字）を告示した。新聞社なども，これを 1947（昭和 22）年から採用した。また，小学校の教育漢字として 881 字が別表として制定された。

「当用漢字表」の性格は「法令・公用文書・新聞雑誌および一般社会で，使用する漢字の範囲を示したもの」で，「使用上の注意事項」の中から重要な部分だけとりだすと，「この表の漢字で書きあらわせないことばは，別のことばにかえるか，または，かな書きにする」「あて字は，かながきにする」「専門用語については，この表を基準として，整理することが望ましい」とあるように，この表をもとに日本語の徹底した整理が趣旨である。

漢字制限は数だけの問題ではなく，どういう読み方を認めるかの問題もある。「当用漢字」表について，音訓整理が国語審議会で進められた。1948（昭和 23）年には 3122 の音訓（うちほぼ 3 分の 2 が音）が告示された。特に，上記の「使用上の注意事項」にもあるように，異字同訓や熟字訓がかなり整理された。

なお，新聞ではいくつかの頻度の低い漢字を削る代わり，表外字をいくらか採用したが，新聞や通信社では「当用漢字表」に準拠していた。それにともなって，使えない漢字・漢語にかわる用語を「書き換え」や「言い換え」によって多く作られた。大久保（1978）や武部（1982）から少し例をひろう。

　　a. 誡告 → 戒告，快闊 → 快活，捺印 → 押印，杜絶 → 途絶，改竄→改ざん，
　　　　挨拶 → あいさつ
　　b. 洩す → 漏らす，近頃 → 近ごろ，纏める → まとめる
　　c. 憎悪 → 憎しみ，凱歌 → 勝ちどき，塵芥 → ごみ，誤謬 → 誤り

つまり，a では，意味または発音でそれほど離れていない字を代替したり，別の漢語または新造漢語に置き換えたり，ひらがな表記にしたりした。b では，和語について同様の方法をとっている。c は，漢語を和語に言い換える方法で，これは国語審議会の「標準語部会」の 1954（昭和 29）年の報告書の中で，標準的用語決定の基準の筆頭に，「和語を尊重する」ことをあげていること（塩田 1973：

98) と一致している。

　ところが，1973（昭和 48）年には，改訂音訓表案が公布された。音訓が 350 ほど増えた他，熟字訓も 100 以上加わった。

　常用漢字表　　漢字の数も再度検討されるようになり，1981（昭和 56）年に「常用漢字表」が告示された。周知のように，字種が 100 近く増えただけではなく，「法令，公用文書，新聞，雑誌，放送など，一般の社会生活において，現代の国語を表す場合の漢字使用の目安を示すもの」と制限的な性格が薄められた。また「科学，技術，芸術その他の各種専門分野や個々人の表記にまで及ぼそうとするものではない」と，大きく方向転換をしている。

　戦後のかなづかい　　漢字の場合と同様に，1946（昭和 21）年の「現代かなづかい」では，「準則」と言っていたのが，1986（昭和 16）年に告示された「現代仮名遣い」では「よりどころ」と，やはり規範性が薄められた。

　1947（昭和 22）年の「送りがなのつけ方」の発表を受けて，国語審議会で検討を重ね，1959（昭和 34）年に「送りがなのつけ方」として公布。1973（昭和 48）年，改訂「送り仮名の付け方」告示（「よりどころ」）「本則」と「許容」を設けて，「いずれに従ってもよい」とする。旧本則だった「表わす」「行なう」などが逆に許容として認められながら，本則が「表す」「行う」に変わったりした。なお，1981（昭和 16）年に一部改正された。

　戦後のローマ字　　戦後になって，連合国最高司令官総司令部やアメリカ教育使節団からローマ字採用に対する働きかけがあったが，1947 年からローマ字教育による国語学習が随意科として導入された（訓令式の他，標準式・日本式の教科書も作られた）。しかし，1958 年の義務化にともない逆に重用視されなくなり，1968 年の学習指導要領の改訂では，「文の読み書き」が外され，単語レベルだけの意味のないものになった。

　なお，1954 年に内閣告示として出された「ローマ字のつづり方」の二つの表は「訓令式」（第 1 表）と「標準（ヘボン）式（第 2 表・上）と「日本式」（第 2 表・下）となっており，訓令式を基準としながら他のシステムによってもよいことになっている。

●5　事例が物語るもの

　日独の 130 年にわたる表記改革の努力の展開を追ってきたが，まず第一に指摘
できるのは，改革の難しさである。クーパー（Cooper 1989）が主張しているよ
うに，言語政策を説明するには，社会そのものの変化の説明が求められる。

〔1〕 ドイツでの改革に関する状況
（i）統一国家成立から二次大戦まで

　1871 年にプロイセン王国主導のもと第二ドイツ帝国が結成されると，すかさ
ず正書法改革が話題になり，1876 年の正書法会議でかなり徹底したことが提案
された。しかし，保守的な政治体制の上，安定を欠いていたため，成功せず，25
年後に妥協的な，後退した内容が採択された。反帝国の政党が勢力を大きく延ば
し，政治的不安が広まったころであった。

　第一次大戦後のワイマール共和国は政治的にもっと不安定で，しかも 1930 年
代からの大不況に突入して，ヒトラーによる独裁政権に移っていく。2〔1〕で見
たように，19 世紀ころに浄化運動が起こり，第一次大戦勃発のころも，その運
動が行われた。1933 年以降のナチ時代に入ると，これがさらに強まり，
Propaganda（プロパガンダ）や Konzentrationslager（強制収容所）などをドイ
ツ語にしようと主張した。しかし，外来語の使用を不可欠と判断したヒトラーら
は 1940 年に浄化運動を禁止した。また，19 世紀ごろからドイツ精神と結び付け
られてきたドイツ文字（いわゆる髭文字）がナチ時代では一旦国粋主義のシンボ
ルにされたが，ドイツに合併された国や地域で読まれなかったため，1941 年に
ゲッベルスによって廃止され，代わりに他の西ヨーロッパの国々と同じローマ文
字が採用された。

（ii）戦　　　後

　戦後直後は政治・経済上の混乱期であった。しかし，四つの占領地区に分割さ
れていたドイツは間もなく東欧での共産主義の脅威で，1949 年に西側 3 地区が
連邦共和国として合併された（ソ連占領地区はドイツ民主共和国として切り離さ
れた）。日本同様，西ドイツも朝鮮戦争に助けられ，経済制裁が解かれ，成長路
線に乗った。1950 年代から政治的安定も加わったころ，正書法に関する議論が

活発になった。1952年には，（民間の）「正しいドイツ語育成研究会」
（Arbeitsgemeinschaft für Sprachpflege）が設立され，その審議の結果を「シュト
ゥットガルト勧告」として1955年に公表した。名詞の小文字化，一部の音声・
文字間対応の統一，分かち書きの推進，分綴法や句読法の簡略化という徹底した
内容だったためか，メディアの不評をかって採択されなかった。

　次に，1956年に，西ドイツ各州文部大臣の常置連絡会議と内務大臣によって
正書法審議会が設立され，新しい提案を委嘱した。それが「ヴィースバーデン勧
告」として知られる改革案である（1959年公表）。全体としては1955年の勧告
より後退したもので，妥協的色彩が強かった。公での議論では，特に小文字化が
批判され，失敗に終わった（正書法審議会も1974年にようやく解散された）。

　1980年から具体的に進められた今回の改革の基本的な考え方は，改革はドイ
ツ語圏全体でなければならないこと，当局と専門家の協力体制のもとで進めるこ
と，改革の導入に関して十分準備をし，公の理解を得るために十分に説明をする
ことであった。

　1988年10月には，1990年の第二ウィーン会議に向けて基本的な改革案が公表
された。6週間の（新聞など）公の議論で不評だったKeiser/Bot/Alなどの，音
声と文字の対応を整理する（/ai/ は一般的に「ei」と書かれ，/o//a/ の長音は
多くの場合二重母音がないのに合わせる）提案は1988年の文部大臣常置連絡会
議で否決された結果，外された。

〔2〕日本での改革に関する状況
（i）近代国家成立から第二次大戦まで

日本では，近代化は明治維新と同時に進められた。富国強兵や近代的な国民国
家の形成の時期で，「国語」意識確立の時代でもあった。全国的な教育体制がは
じめて敷かれたのもこの時期である。そのため，表記の難解さに対する切実な危
機意識が高まった。1877（明治12）年の西南戦争が終わってから，明治政府が
安定し，日本の文章や文字に関する議論が盛んになった。

　日清戦争の最中，上田万年が『国語と国家と』という講演のなかで，ドイツが
その「国語を尊奉し，其中より外国語の原素を棄て，自国語のよき原素を復活せ
しめつつある」「此事は現に科語を外来語に借る事多き，科語の上にまですすみ

つゝある」点をとりあげて，また普通教育の成果に言及して，ドイツの建国と結び付けているが，日本語を漢字・漢語から解放させるべき趣旨を言った（上田 1895：17）。

　国語調査委員会の調査方針項目（1902年）の筆頭にあがっていたのも，「文字ハ音韻文字（「フォノグラム」）ヲ採用スルコトゝシ仮名羅馬字等ノ得失ヲ調査スルコト」であった。そのための一つのステップとして漢字の制限が求められた。しかし，「仮名」・「羅馬字」の「得失」に関する実証はそもそも不可能で，結局は「主張」や「意見」の域を出ないため，多くの「会」や派閥ができ，進まなかった。委員会は大正2（1913）年に廃止されたが，3年後に保科孝一のもとで漢字整理などに関する調査が再開された。

　漢字制限の度重なる改革案が実を結ぼうとしたのは，都市部の中流階級がリベラルな思想を抱擁していた大正デモクラシーのころであった。また，新聞が積極的に関わっていたのは，今のことばでいえばリストラを進める上で漢字の字種を減らすねらいからだったという（宮島 1978）。しかし，その新聞が関東大震災で大きなダメージを受けたため，この改革が先送りになった。そして，やがて経済的不安と国粋主義の台頭で改革ができなくなっていった。しかし，それでも改革への努力は文部省・国語審議会の中で続いたのは，学校教育・新聞・外地での日本語教育で改革が必要不可欠と認識されたからであろう。大正15（1926）年から昭和3（1928）年までの間，13の「漢語整理案」が出されたのも，この仕事の延長線にある。1930年代から国内の経済も順調に伸びた時代だった。そのころ設けられた「国語審議会」が戦中の1940年代に「常用漢字」などの案を発表したが，国粋主義者は漢字制限を良しとしなかった。

（ii）終　戦　後

　戦後の混乱期にはすぐに「現代かなづかい」や「当用漢字表」が実現された。民主化を目指した，いろいろな政治的改革と平行して行われたが，敗戦という，日本にとって経験したことのない時期に思いきったことがやりやすかったであろう。また，戦前戦中に出された改革案が利用できたからスピーディーな対応が可能であった。しかし，何よりも重要なのは，国語審議の幹事長が戦前の委員会のメンバーだった保科孝一や，かなづかい主査委員会の委員長であった安藤正次という「改革派」の存在だったのではないか。

　一方，連合国最高司令官総司令部からの勧告や，米国の第一次教育使節団の報告書では，漢字の廃止とローマ字の採用が求められた。しかし，4 年後の第二次使節団の報告書では，ローマ字国字論は「にわかに決定すべきではない」と引っ込めてしまっている。中田（1989）はその理由として 1948 年の『日本人の読み書き能力調査』の結果をあげ，完全文盲率（一字も読めず）のデータを中心に論じている。しかし，漢字の書き取りが全国平均で 58.8 点（百点満点）に止まっているところをみると，決して「漢字廃止」に逆行するデータとはいえない。むしろ，中国における共産主義の勝利で，アメリカ側はローマ字による民主化推進の必要性を感じなくなったのではないだろうか。

　朝鮮戦争のころから経済も成長し，政治も安定してきたころ，1961（昭和 36）年の国語審議会不満委員による「脱退事件」を期に，審議会のメンバーも保守派が急増する結果となった。そのため戦後の改革路線も改められ，1965 年には「国語審議会においては，今日まで漢字かなまじり文を前提として審議を行ってきた」と会長名で説明せざるを得なかった。その後の漢字などに関する審議では，ちょうど高度成長期と重なるタイミングで再検討が加えられるようになった。高度成長期が一旦終わるとされる 1973（昭和 48）年（第一次オイルショックの年）には，改訂音訓表案が公布された。1981（昭和 56）年の第二次オイルショックまでの間は，以前のような急成長ではなかったにせよ，西洋諸国よりずっと高い経済成長が続いて，全世界から注目された時代に「常用漢字表」という，字数を増やしただけでなく，拘束力もあってないようなものにしてしまった。

〔3〕日独の主な相違点

　19 世紀の終わりごろの日本とドイツの大きな違いは，近代化・工業化の程度で，そのため日本では学校制の制定や言文一致から手がけなければならなかった。両国ともに改革の必要性は感じていたが，日本ではより切実な問題だった上，西洋諸国の制度に移行する中で 1500 年ほどの表記上の伝統を棄てようとする，抜本的な提案まで出された。その精神は戦後の高度成長期まで続いたが，そのころの世の中の保守化に伴い断絶し，その後「漢字かなまじりを基本に」「漢字はあまり制限しない」という，全く別の方向に進んだ。

　ドイツでは日本ほど政治的な安定感はなかったが，1902 年に成立した妥協的

改革は，ドイツ語の国々で公的なものとなった。不十分だったため，その後何度も改善が試みられたが，すべて失敗に終わった。ドイツの改革案が出る度に公のディスカッションの期間を設けてきたが，今回の改革ではこのプロセスが特に重用視された。一方，日本の当用漢字導入の際，公的な議論をしなかったのが大きな違いである（渡部 1995：377）によると，漢字主査委員会の山本有三委員長から漢字表を発表する前に，代表的な出版社や執筆者の了解を求める案が出されたが，否決された。占領下の日本とはいえ，中央集権国家だったので，改革を国民に一方的に押し付けることができたが，連邦制のドイツではそれが難しい面があった。

　当用漢字が訓示されたもう一つの理由は，戦前からの改革派委員の存続と，戦中にできた改革案の存在で，ドイツの場合はそのような連続性がなく，ほぼ1902 年現在の時点に戻って再検討を始めなければならなかった。

　両国の最大の違いは，ドイツでは，決定されるまでの間には多くの妥協や修正が行われるが，一旦決定された改革が再び後退することは一度もないのに対して，日本では 1900 年の小学校で実施した漢字制限や一部の表音式かなづかい，また戦後の当用漢字表などの改革が前に戻され，またその性格が大きく変更された点にある。前者は，日清戦争の勝利による，漢字圏の植民地化で説明ができるが，後者は，「世の中の保守化」に伴うものとはいえ，決して社会的な激変によるものではなかった。いずれにせよ，100 年近くの努力を台なしにしたことで，大変異例な現象といえる。一方，ドイツでは，同じような状況で 1970 年代から今回の改革の動きが始まった。20 年後の実現は，ドイツ語圏全体で進め，ヨーロッパの新体制の中で推進するいう，新たな発想による。特に，スイスやオーストリアという，ドイツ以外の国がたいへん積極的で，思いきった改革を支持していたことも重要である。

　ドイツでは，国家が統一されたころには日本で見られるような「歴史派」と「表音派」が対立した時期もあったが，改革をめぐって複数の団体が競い合うような現象は見られない。一方，日本ではかな・ローマ字国字論者が長い間対立し，結果的には現在でも国内で二つのローマ字システムが使われている。

　「固有語」に関する考え方や方針も対照的である。5〔2〕（ⅰ）で見たように上田万年は，「外国語の原素を棄て，自国語のよき原素を復活」させていたドイツ

の政策を参考に，日本語を漢字・漢語から解放させるべきだと主張したのは，日本語（和語）をもっと利用し，その使用にプライドも持つことを求めた。また，4〔2〕（iii）「常用漢字表」で触れたように，国語審議会の標準語部会が「和語を尊重する」ことを基準にしたが，民間レベルなどで「和語を大事にしよう」という主張はドイツと違って今でも見られない。

〔4〕日独の共通点

近代統一国家成立のころから，発音と表記の対応をより緊密なものにすべきだという日独共通の問題意識があった。ドイツでは綴の問題が中心で，その不合理の整理が何度も試みられたが，「伝統との断絶」という観点から常に妥協的色彩の強いものにしかできなかった。一方，ヒトラー時代では，領土拡張政策に伴って，ドイツ文字を廃止した。

ドイツの綴の問題に相当するのは日本のかなづかいになるが，一部思いきった字音表音式を導入しながら，現代かなづかいが実施できなかったのは，山田孝雄の有名な「国体重きか仮名遣重きか」という，1930 年代になると改革が危険思想とされたからだった。漢字についても，拡張領土の多くが漢字圏で，また天皇・国体の象徴とみなされたから，制限・廃止への強い抵抗があった。

特に戦後の社会安定期を見ると，日本では一旦思い切った改革はあったが，保守的な傾向が強まり，結果民主的な方法が尊重されると，複数の表記を認めるなどもっと緩やかなものに戻されたのが，結果的にドイツで実施された不徹底な改革の内容と性格上で酷似している。ただ，正書法がドイツよりはるかに大きな問題である日本にとって，これはたいへん不幸な結果となっている。

文　　献

Cooper, Robert L.（1989）*Language planning and social change*. Cambridge University Press.

Dudenverlag（1991）*Duden*：*Die deutsche Rechtschreibung*. 20ste Auflage. Mannheim/Leipzig/Wien/Zürich.

Dudenverlag（1996）*Duden*：*Die deutsche Rechtschreibung*. 21ste Auflage. Mannheim/Leipzig/Wien/Zürich.

Mentrup, Wolfgang（1990）"Bemühungen um eine Neuregelung der deutschen Rechtschreibung：Kulturbruch oder Beitrag zur Sprachkultur？" In Gerhard Stickel（ed）*Deutsche Gegenwartssprache*：*Tendenzen und Perspektiven*. Institut für deutsche Sprache Jahrbuch

1989. Berlin/New York：DeGruyter.

Polenz, Peter von（1983）"Sprachnormung und Ansätze zur Sprachreform im Deutschen" In *Language reform：history and future,* with a preface by Joshua A. Fishman, edited by Istvan Fodor, Claude Hagege. 6 vols, 1983 - 94. Hamburg：Buske.

"Rechtschreibreform（1998.12）：Eine Zusammenfassung von Dr. Klaus Heller." *IDS Sprachreport,* Extra - Ausgabe, Dezember 1998.

Tollefsen, James W（1991）*Planning Language, Planning Inequality：Language Policy in the Community.* Longman.

上田万年（1895）『国語のため』富山房書店

大久保忠利（1978）『一億人の国語国字問題』三省堂選書 45

塩田紀和（1973）『日本の言語政策の研究』くろしお出版

鈴木康之（1977）『国語国字問題の理論』むぎ書房

高橋健二（1973）「ドイツにおける国語の問題」国語問題（復刻文化庁国語シリーズ）教育出版，pp 255 - 280

武部良明（1982）「読みやすさから見た表記史」『講座日本語学 6』明治書院，pp 186 - 207

沈国威編著（1999）「『六合叢談』1857 - 58 の学際的研究」白帝社

中田祝夫（1989）「漢字不滅を体験して―敗戦後の国語問題の回想―」佐藤喜代治編『漢字講座 11』明治書院，pp 301 - 322

浜田啓介（1982）「出版と文字の歴史」『講座日本語学 6』明治書院，pp 208 - 227

宮島達夫（1977）「言語政策の歴史」鈴木康之（1977），pp 7 - 19

古田東朔（1989）「明治以降の国字問題の展開」佐藤喜代治編『漢字講座 11』明治書院，pp 1 - 25

ポーレンツ，ペーター・フォン著，岩崎英次郎他訳（1972/74）『ドイツ語史』白水社

渡部晋太郎（1995）『国語国字の根本問題』大阪：新風書房

上野田鶴子

はじめに

　ここで取り上げる日本語教育は，日本語を母語としない，すなわち第一言語と
しない学習者に対する日本語の教育を指す。日本語教育は，さらに，外国語とし
ての日本語教育と第二言語としての日本語教育に分けて考えることができる。日
本の学校教育において学ぶ英語は一外国語として学ぶ訳であるが，同様に日本語
を学ぶ場合も，外国の学校教育の中で教える日本語は一外国語としての日本語教
育であると言える。一方，日本で生活し，日本語を用いて学習活動を行う場合の
日本語は生活のため，また，学習のために不可欠な日本語であり，このような日
本語の教育は，第二言語としての日本語教育と言える。このように，日本語教育
は大きく海外における場合と日本国内の場合に二分される。また，学習者の学習
目的，年令などによって教育内容が異なってくる。すなわち，どこで，だれが，
どのような目的で日本語を学ぶかによって日本語教育の内容は変わってくる。

● 1　海外における日本語教育

　海外における日本語教育の現状は，国際交流基金が 2003 年に行った「海外日
本語教育機関調査」[1] によれば，日本語学習者は 127 か国（厳密には 120 か国と 7
地域）にわたり，235 万人の学習者がいる。これは調査票（回収率 83 ％）によ
る結果であるが，全体的な状況としては，12,222 機関において 33,124 人の教師
が，2,356,745 人の学習者に対する日本語教育に携わっていることになる。

　1993 年および 1998 年にも国際交流基金による調査が行われてきたが，日本語教育の機関数，教師数，学習者数のいずれも増加を示し，1993 年からの 10 年間には機関数が約 1.8 倍，教師数が約 1.6 倍，学習者数が約 1.5 倍となっている。2003 年の調査では，新たに 16 か国で日本語教育が確認されているが，一方，これまで行われてきた 4 か国では日本語教育が確認されないという状況であった。

〔1〕地域・国別状況

　上記調査では，世界を 9 つの地域に分け調査結果をまとめている。東アジア，東南アジア，南アジア，大洋州，北米，中南米，西欧，東欧，中東・アフリカの 9 地域である。

　東アジアの日本語学習者は海外の学習者の約 6 割を占め，これらの学習者が学ぶ学習機関は海外にある全機関のうちの約 4 割，全教師数の約 5 割を占めている。

　東アジアに次いで学習者が多いのは大洋州であり，その次に東南アジアが続く。これらのアジアの地域の学習者数は全体の約 9 割を占めている。

　国別に学習者数をみれば，韓国（89.4 万人），中国（38.8 万人），オーストラリア（38.7 万人）が上位 3 位を占め，これに 4 位の米国（14.0 万人）と 5 位の台湾（12.9 万人）が続く。これら上位 5 位までを合わせると，海外の日本語学習者全体の約 8 割となる。

　一方，各々の国の人口比でみると，オーストラリアでは 52 人に 1 人，韓国では 53 人に 1 人が日本語学習者であり，人口の多い中国では約 3,400 人に 1 人，米国は約 2,100 人に 1 人ということになる。

　学習者数の多い国・地域上位 10 位までを挙げれば，韓国，中国，オーストラリア，米国，台湾に続き，インドネシア，タイ，ニュージーランド，カナダ，ブラジルの順にならぶ。

〔2〕学習者の内訳

　海外の学習者を教育機関の別でみると，初等・中等教育機関（小学校・中学校・高等学校）における学習者，高等教育機関（大学，大学院など）における学習者と，学校教育機関以外（語学校，公開講座など）の学習者に分けることがで

きる。

この分類でみると海外の学習者数のうち，初等・中等教育機関で学ぶ児童・生徒が全体の 64 ％を超え，最も多く，次に高等教育における学生が 23 ％を占め，学校教育以外の学習者は残りの約 12 ％となっている。

初等・中等教育レベルの学校教育における日本語は選択可能な外国語の一つとして正規の科目として位置付けられている。したがって，日本語教育のあり方はその国の外国語教育の方針に従い，科目としての重要度も異なる。初等・中等教育における日本語学習者数の多い国・地域の上位 10 位までを挙げれば，韓国，オーストラリア，米国，中国，インドネシア，台湾，ニュージーランド，タイ，英国，カナダとなる。

一方，高等教育機関について学習者の多い国・地域の上位 10 位までを挙げれば，中国，韓国，台湾，米国，タイ，インドネシア，オーストラリア，フランス，カナダ，ドイツとなる。

日本語，日本語教育，日本研究専攻を設置している高等教育機関においては，学士号（62 か国），修士号（46 か国），博士号（31 か国）の学位授与を行っており，学位授与を行った国や機関数は，2003 年度の調査では前回の 1998 年度に比べ大幅に増加している。

さらに，学校教育以外の機関で学ぶ学習者数の多い国・地域の上位 10 位までを挙げると，中国，韓国，台湾，タイ，ブラジル，香港，ベトナム，米国，インドネシア，マレーシアとなる。このうち，ブラジル，香港，ベトナムでは学習者全体の 7 割が学校教育以外の機関で学んでいる。ブラジルなど，中南米の地域では日系人コミュニティーの日本語学校に年少者が多く学んでいる。

〔3〕 日本語学習の目的

学校教育および学校教育以外の学習者を合わせ，学習目的には，1) 日本文化に関する知識を得たい，2) 日本語を使ってコミュニケーションをしたい，3) 日本語そのものに興味があるという 3 つに大別される。

初等・中等教育では国際理解・異文化理解の一環として日本との交流に関心がもたれる一方，大学受験のため，将来の就職のためという実利的目的もみられる。

　高等教育では将来の就職，日本への留学，日本の政治・経済・社会に関する専門的知識の獲得などが目的となっている。

　学校教育以外の機関における日本語学習には就職のため，現在の仕事のためといった現実的・実利的な目的がある一方，日本との交流を深めたい，日本に旅行したいなどの目的がみられる。日系社会における日本語学習には母語・継承語として学ぶという傾向がみられる。

〔4〕学習者数の変化とその要因

　学習者数は海外全体としては増加を示しているが，各々の国や地域においては，政治的，経済的状況や文化的要因あるいは日本との関係によって，学習者の増減がみられる。

　多くの国・地域では日本のマンガ，アニメ，ファッション，ゲーム，映画などに対する関心から日本語を学ぶ若い世代が増えている。一方，日本経済の不振による日本企業の状況で日本の魅力も薄れ，日本語より他言語をということで学習者の減少をみる場合もある。

　オーストラリアは，1960 年代の前半にすでに日本語教育を中等教育にも取り入れ，現在にいたるまで学習者の増加をみせている。これは，日本との経済的関係の強さによるものであるが，多言語・多文化政策においても日本語教育は重視されてきた。

　最近，日本語学習者が増えているモンゴル，ベトナム，カンボジアなどでは，これらの国の市場経済の拡大に伴い，日本企業の進出や，日本人観光客が増えている。日本との関係が強化され，日本語学習数の増加に影響を及ぼしている。

　アイルランドでも日本語学習者が増えているが，これは政府の言語施策によって中等教育に日本語を導入した結果である。

　一方，中国では英語志向が高まり，日本語教育を廃止する機関も増え，学習者の減少がみられた。

〔5〕海外の日本語教師

　2003 年の調査では，海外の日本語教師数は 3,3000 人を超えるが，その 7 割が日本語を母語としない現地の教師であり，日本語の母語話者は 3 割である。初

等・中等教育機関の日本語教師には母語話者の教師は少なく，2割を占める程度である。

　国別・地域別の日本語教師の連携は主として日本語教師会が中心となり，現職教員の研修を行っている。したがって，日本語教師会の役割は重要であり，日本語教師会の存在しない地域では，日本から派遣される日本語教育の専門家が現地の教師と協力して教師会を設立し，教員研修の機会を設け，日本語能力の向上をはかり，教授法の研究ならびに教材開発を行う。

　現地人の非母話者日本語教師は現地の学校教育に通じ，その地域の学習スタイルを身に付け，学習者の心理も経験者として把握することが容易である一方，日本語運用能力の向上には常に努力が必要である。教授法の研究や教材開発には母語話者と非母語話者の日本語教師の協力体制が望ましい。さらに，外国語として学習可能な他言語についても，どのような教授法や教材開発を行っているかを参考にして，現地の日本語教育を模索することも大切である。

● 2　日本国内における日本語教育

　日本に滞在する外国人が200万人を超えるといわれる今日の，国内における日本語教育は戦後の半世紀を超える推移の中で，多様化の一途を辿っていると言っても過言ではない。

　国内の日本語教育に関しては，文化庁国語課が外国人に対する日本語教育推進の基礎資料を得るため，昭和42（1967）年度より，日本語教育機関を対象に実態調査を行っている。『平成15年度の日本語教育の概要』には，以下のような調査結果が示されている。

　国内における日本語教育の実施機関・施設などの数は1,717機関・施設，日本語教員数は28,511人，日本語学習者数は135,146人であり，この10年の推移をみると，機関・施設など数は1.5倍に，教員数は2.6倍になり，学習者数は1.8倍の増加をみせている。

　日本語教育機関・施設は大学機関など（大学院・大学・高等専門学校）一般の施設・団体（日本語学校など）に大別され，大学で学ぶ留学生は約30％であり，残りの70％は日本語学校などで学ぶ就学生（大学・専門学校進学を前提とする

予備教育の日本語学習者），一般成人と年少者である。

　学習者を出身地域別にみると，アジア（82.8％）が最も多く，北米（5.2％），ヨーロッパ（4.0％），南米（4.1％），大洋州（1.1％），その他，となっている。

　200万人を超える外国人の住む日本において，いわゆる教育機関で日本語を学んでいるのは10万人余の在住者であるとするならば，20人の外国人のうち，一人しか日本語を学校で学んでいないことになる。残りの19人は，各々の住む地域で生活しながら，日本語を習得していくということになると，各々の住む地域が日本語学習の場として重要であり，諸地域における自治体および日本人居住者が外国人居住者の受け入れ方法を模索する必要性が極めて高い。

　国内の外国人居住者は津々浦々において生活を共にする。地域の住民が必要に応じて日本語教室などを設け，ボランティア活動も含め，外国人居住者の受け入れと共生を考えていかなければならない時代になっている

〔1〕留学生の日本語教育と教員養成

　半世紀前には「日本語教育」という分野は一般には知られていなかったが，1950年代から留学生を中心とした高等教育のための日本語教育が始まった。一方，戦後間もなく来日した宣教師や外交官などの成人を対象とした日本語教育も行われてきた。このため，各々の専門分野に見合った日本語能力を培うための日本語教育に焦点があてられ，教授法の研究や教材開発が行われた。

　留学生については，文部省が1983年に「留学生受け入れ10万人計画」を策定し，文部科学省によれば当初の約10倍の留学生数となった2003年に目標を達成したといわれている。

　「留学生受け入れ10万人計画」を具体化するためには留学生の日本語教育に従事する教員の養成が急務となり，1980年代後半から1990年代にかけて国立大学に日本語教育を主専攻とする学科が誕生し，私立大学にも日本語教育を主専攻とする学科が設置され，多くの大学では副専攻としての日本語教育関連科目による教員養成が行われ，今日に至っている。学部における日本語教員養成に引き続き，日本語教育の分野における修士号，博士号を取得可能な大学院前期・後期課程も設置されるようになり，高度な専門性を培った修了生が教育の現場で日本語教育に従事している。

〔2〕就学生と日本語学校

「留学生受け入れ 10 万人計画」と共に，高等教育に進学するための予備教育で日本語を学ぶ「就学生」が年々増加した。『平成 15 年度 国内の日本語教育の概要』では約 13 万 5 千人の日本語学習者のうち，71 ％が一般の日本語学校などで学ぶ学習者であり，そのうち約 5 万人が財団法人日本語教育振興協会によって認可された日本語学校で学ぶ就学生である。

「財団法人日本語教育振興協会」は来日する外国人学生が学ぶ日本語学校の質的向上をはかるために平成元年（1989 年）に設立され，文部科学省，法務省，外務省の指導と援助を受け運営されている。これまでに 748 機関の認定を行い，そのうち現在は 403 機関が就学生の日本語教育を行っている[2]。

〔3〕技術研修生の受け入れ

1959 年創立の海外技術者研修協会（AOTS）による技術研修者受け入れ事業は，開発途上国の産業促進に必要な人材育成を支援するための研修事業であるが，これまでに約 12 万の技術者を受け入れ研修を行ってきた。技術研修者は短期・長期にわたる日本滞在のため来日し，農業，酪農，灌漑から先端技術など，多岐にわたる分野の技術研修を受け，帰国後はリーダーとなる若い世代である。技術研修者には日常生活および研修現場で必要な日本語の学習が必要であり，このための教授法や教材開発が行われてきた。

〔4〕インドシナ難民・中国帰国者を対象とする日本語教育

1970 年代の中頃からインドシナ難民の受け入れが始まり，難民定住促進センターにおける日本語教育が行われるようになった。また，1980 年代には中国残留孤児の帰国が始まり，中国帰国者とその家族を対象に中国帰国者定着促進センターにおける日本語教育が始まった。

インドシナ難民や中国帰国者に対する日本語教育は，日本の生活に適応するための支援の一環として行われるものであるが，対象は老若男女に年少者も加わり多様である。中には教育を受けたことのない成人もあり，読み書きの学習経験もない場合がある。このため，それまでの日本語教育では初めての「読み書き」のない「見て聴いて学ぶ」教材も作られ，また，日常生活に密着した『中国からの

帰国者のための生活日本語』が教科書として用意された[3]。

　初等・中等教育レベルの子供達は，地域の学校に通い，日本の学校生活を経験することになる。すなわち，第二言語として日本語を習得しなければならない。日本語は仲間とのコミュニケーションのために必要であると同時に，教科を学ぶ学習言語に用いなければならない。ここには第一言語である母語の獲得と喪失，保持の問題が生じ，バイリンガル能力育成が課題となる。

〔5〕ビジネスマンの日本語教育

　日本経済が高度成長期を迎え，1970年代に入ると，外国人ビジネスマンの日本語学習熱が高まり，商談も日本語で行われるという時代になった。このため，ビジネスマンの多様なニーズに合った教育方法，教材が工夫され，ビジネス経験のある日本語教師も養成されるようになった。外国人ビジネスマンにとっては昼間に日本語学校に通うことが難しいため，仕事の始まる前の早朝の時間などを個人授業に当てるケースも多く，教師派遣の体制で日本語教育に対応する場合も多くなった。1972年に発足した「社団法人国際日本語普及協会」はこの仕組みを備えた日本語教師の組織である。

　ビジネスマンの子供達は，かつては国際学校などで学ぶケースが多かったが，この頃になると地域の日本の学校に入学を希望する家族も多くなり，初等・中等教育機関における外国人児童・生徒数増加の傾向がみられた。

〔6〕日系人就労者の受け入れと日本語教育

　1990年の入管法改正によって日系人の就労が可能となったため，沢山の日系人就労者が日本で生活している。25万人のブラジル出身者を中心とし，ペルーなど，南米からの日系人労働者とその家族が長期にわたり日本に移り住むようになった。就労の可能な地域に多くの日系人家族が集まり，群馬県太田市や静岡県浜松市の場合のように日系人コミュニティーを作る場合も少なくない。就労のため，生活のために日本語学習は必要であるが，就労者には日本語を学ぶ充分な時間の余裕がない場合が多い。一方，子供達は地域の学校で義務教育を受けることになり，日本語を学習言語として学ぶことが不可欠となる。年少者の場合には保育園や小学校で日常のコミュニケーションに必要な日本語を身に付けることは比

較的容易であるが，知的活動に必要な学習言語としての日本語の習得は簡単ではなく，日本語で日々のコミュニケーショができる場合にもさらに数年の習得期間を必要とする。

〔7〕日本語指導が必要な外国人児童生徒

平成 15（2003）年度の調査結果では，公立の初中等教育機関に在籍する日本語指導の必要な外国人児童生徒数は約 19,000 人で（前年度に比べ 1.6 ％の増加），在籍学校数は全体で 5,200 校を超えている（文部科学省初等中等教育局国際教育課，2004）。

児童生徒数の比率を母語別にみると，ポルトガル語が約 35 ％，これに中国語が約 26 ％，スペイン語が約 14 ％であり，この 3 言語で全体の 7 割以上を占めている。この他の母語にはフィリピノ語，韓国・朝鮮語，ベトナム語，英語その他がある。在籍人数別学校数では「5 人未満」の学校が全体の約 8 割である。

都道府県別に児童生徒数の比率を見ると，愛知県が約 15 ％で最も多く，これに神奈川県約 10 ％，静岡県約 9 ％，東京都約 9 ％，大阪府が約 6 ％となっている。

多様な母語の児童生徒に対する日本語指導に関しては学校教育の中での歴史は浅く，日本語教育の専門性をもつ担当教員の整備が急務である。一方，地域社会も外国人児童生徒の学習支援に協力する体制をもつ必要性がある。

●3　成人および年少者のための日本語教育における問題

〔1〕言 語 転 移

国内外を問わず，成人のための日本語教育は，学習者の母語・母文化を無視しては行うことはできない。外国語・第二言語習得における学習者の母語の影響を言語転移の現象としてとらえることができる。音声，語彙，文法，談話など，言語の様々な側面に転移の現象が生じる。母語が習得を容易にする場合を正の転移とし，逆に困難にする場合を負の転移とする。母語に基づく学習者の予測によって目標言語の学習がなされ，言語運用となるためにこのような現象が生じる。

日本人が英語の〔r〕音と〔l〕音の聞き分けができないのは，母語の音声の仕

組みの負の転移によるものであり，音声・音韻に関する学習には，成人学習者の場合に母語の影響が大きい。

　日本語学習者にとっては日本語の母音の長短，有声音・無声音の区別や促音や撥音の聞き取りが困難な場合がある。学習者の母語の音声・音韻の仕組みと比較対照し，問題点の把握と教え方の工夫が求められる。

〔2〕学習に対する動機付け，知的興味，集中力など

　年少の児童の日本語習得においては，たとえば成人にみる日本語音声の問題はほとんどなく，日本語らしい音声の習得が容易である。しかし，学習における集中力も短時間に限られ，教育内容も年令相応の知的興味に添ったものでなければ，学習を継続させることも困難である。日本語学習に対する動機付けも高学年の生徒や成人の場合とは大きく異なるであろう。授業に面白さを工夫し，ゲーム性をもたせ，成長の途上である学習者だけに，生徒の学習スタイルにも注意を払うことが求められる。

● 4　日本語教育における検定試験

　日本語教育に関する試験には，非母語話者の日本語能力を測る「日本語能力検定試験」とビジネスマンのための「ジェトロビジネス日本語能力テスト」，日本語教師の教育能力を測る「日本語教育能力検定試験」などがある。就学生の日本語教育を行う日本語学校の認定にも基準が設定されている。

〔1〕日本語能力試験

　非母語話者の日本語能力を測り，認定することを目的とし行われている。国内は 1983 年より財団法人日本国際教育協会，現在は財団法人日本国際教育支援教会が実施し，海外は 1984 年より国際交流基金，現在は独立行政法人国際交流基金（台湾は財団法人交流協会）が現地機関の協力を得て実施する。毎年 1 回行われ，試験は 1 級（上級），2 級（中級），3 級と 4 級（初級後半と前半）に区分され，内容は 3 種の試験（文字・語彙，聴解，読解）で構成されている。平成 15 年度（2003 年度）は国内外・各級を合わせ，応募者数 320,987 人となっている。

〔2〕ジェトロビジネス日本語能力テスト

　日本貿易振興機構（ジェトロ）による日本語を母語としないビジネス関係者を対象とするテストであり，1996 年度より年 1 回実施されている。ビジネス場面での日本語の理解力やコミュニケーション能力の測定・評価を目的とし，理解力を測定・評価する「JLRT（聴読解テスト）」と，口頭によるコミュニケーション能力を測定・評価する「JOCT（オーラルコミュニケーションテスト）」で構成されている。JOCT は JLRT の高得点者に受験資格が与えられる。

〔3〕日本語教育能力検定試験

　外国人に日本語を教える日本語教員となるために学習している者，日本語教員として教育に携わる者などを対象として，その知識および能力が日本語教育の専門家として必要とされる水準に達しているかどうかを検定することを目的としている。1987 年度より毎年 1 回実施されている。財団法人日本国際教育支援協会が実施者であり，試験は 2 種類の筆記試験と聴解試験で構成されている。

　検定試験に合格しても，日本語学校などで教壇に立つには，2 〜 3 年の日本語教育経験が求められる。この経験をどこで積むかが大きな問題である。

　第二言語としての日本語の教育を必要とする外国人生徒は，義務教育に多く在籍しているが，正規の日本語教師のポストは初中等教育には用意されていない。教職課程を履修し，教員検定試験に合格した国語や英語の教師が中学校や高等学校の教師になって日本人生徒を教えるような教員のポストは用意されていないのが現状である。

● 5　日本語教育関連機関

〔1〕社団法人日本語教育学会

　1962 年に発足した「外国人のための日本語教育学会」は，1972 年に「社団法人日本語教育学会」となり，現在は 4,000 人を超える学会員を擁する。学会誌『日本語教育』を刊行し，春季・秋季の大会に加え研究会・研修会を多く開催している。「日本語能力試験」については結果の分析・評価を行い，「日本語教育能力検定試験」の認定も行っている。

　海外の諸地域の教師会，学会とは連携をとり，情報提供・収集を行い，国際会議の開催などを行っている。

〔2〕独立行政法人国立国語研究所

　1948 年に現代日本語の総合的研究を目的として発足した国立国語研究所に 1977 年に日本語教育センターが設置され，日本語教育研究，教員研修，教材開発の四半世紀を経た現在，組織の変更で「日本語教育センター」は「日本語教育部門」となったが，引き続き，教材研究，研修事業，情報収集・提供などを行い，日本語教育の研究・支援を行っている。

　日本語教育研修の内容は社会のニーズに応じて変わったが，研修修了生の多くは国内外の日本語教育現場でリーダーとして貢献している。

〔3〕独立行政法人国際交流基金

　1972 年に開設された特殊法人国際交流基金は海外の諸地域・国との文化交流を行ってきた国際的機構であるが，その柱の一つが世界に対する日本語教育である。海外の日本語教育に対し，専門家の派遣，教材の供与，日本語教育のためのリソースの提供を行う一方，海外からの日本語教師招聘研修を行ってきた。研修は日本語国際センターで長期・短期において開催され，多くの研修修了者が海外の諸地域のリーダーとして現地の日本語教育に貢献している。

　海外 18 か国に 19 か所の拠点（日本文化会館 3 か所，日本文化センター 7 か所と事務所 9 か所）をもち，文化交流事業を行っているが，日本語普及は日本より派遣された専門家が現地教師との連携をとり，協力体制の中で進めている。

注

1）国際交流基金（2004）『海外の日本語教育の現状　日本語教育機関調査・2003 概要』参照。詳しくは国際交流基金（2005）『海外の日本語教育の現状　日本語教育機関調査・2003 年』凡人社　参照。
2）『日本語教育振興協会ニュース』No. 83 参照
3）帰国者のために用意された『中国からの帰国者のための看听学』は（絵を）見て，（音声を）聴いて学ぶという教材である。『中国からの帰国者のための生活日本語』は中国帰国者定着促進センターから日本社会に出て，生活する際に必要な場面で交わされる日本語を学ぶように作られた教科書である。

文　　献

国際交流基金（2004）『海外の日本語教育の現状　日本語教育機関調査・2003 年　概要』凡人
　　社。

日本語教育振興協会（2005）『日本語教育振興協会ニュース』No. 83

文化庁国語課（2004）『平成 15 年度国内の日本語教育の概要』（文化庁ホームページより。
　　http：//www.bunka.go.jp）

文部科学省初等中等教育局国際教育課（2004）『日本語指導が必要な外国人生徒の受け入れ状況
　　等に関する調査（平成 15 年度)』

索　引

監修者略歴

きた はら やす お
北 原 保 雄

1936 年　新潟県に生まれる
1968 年　東京教育大学大学院文学研究科
　　　　　博士課程退学
現　在　日本学生支援機構理事長
　　　　　前筑波大学長
　　　　　文学博士

編集者略歴

はや た てる ひろ
早 田 輝 洋

1935 年　東京に生まれる
1968 年　東京大学大学院人文科学研究科
　　　　　修士課程終了
　　　　　前九州大学・大東文化大学教授
　　　　　文学修士

朝倉日本語講座 1
世界の中の日本語　（新装版）　　　　　定価はカバーに表示

2005 年 6 月20日　初　版第 1 刷
2018 年 5 月10日　新装版第 1 刷

監修者　北　　原　　保　　雄
編集者　早　　田　　輝　　洋
発行者　朝　　倉　　誠　　造
発行所　株式会社　朝　倉　書　店
　　　　　東京都新宿区新小川町 6-29
　　　　　郵 便 番 号　　162-8707
　　　　　電　話　03 (3260) 0141
　　　　　F A X　03 (3260) 0180
　　　　　http://www.asakura.co.jp

〈検印省略〉

教文堂・渡辺製本

朝倉日本語講座 （新装版）〈全 10 巻〉

筑波大学名誉教授　**北原保雄** 監修

各 A5 判・並製　各定価（本体 3400 円＋税）

日本語学の全領域にわたり日本語の諸相を解明。最高水準の知見を体系的かつわかりやすく解説した好評シリーズ，待望の再刊。

上記価格 (税別) は 2018 年 5 月現在